明治の建築家 伊東忠太 オスマン帝国をゆく

Miyuki Aoki Girardelli
ジラルデッリ青木美由紀

ウェッジ

イスタンブルの忠太から米沢の父、祐順に送られた絵葉書。一九〇四年五月十五日付。日本建築学会建築博物館蔵

忠太のポケットで苦楽をともにした「野帳」。第九巻は「土耳其」。日本建築学会建築博物館蔵

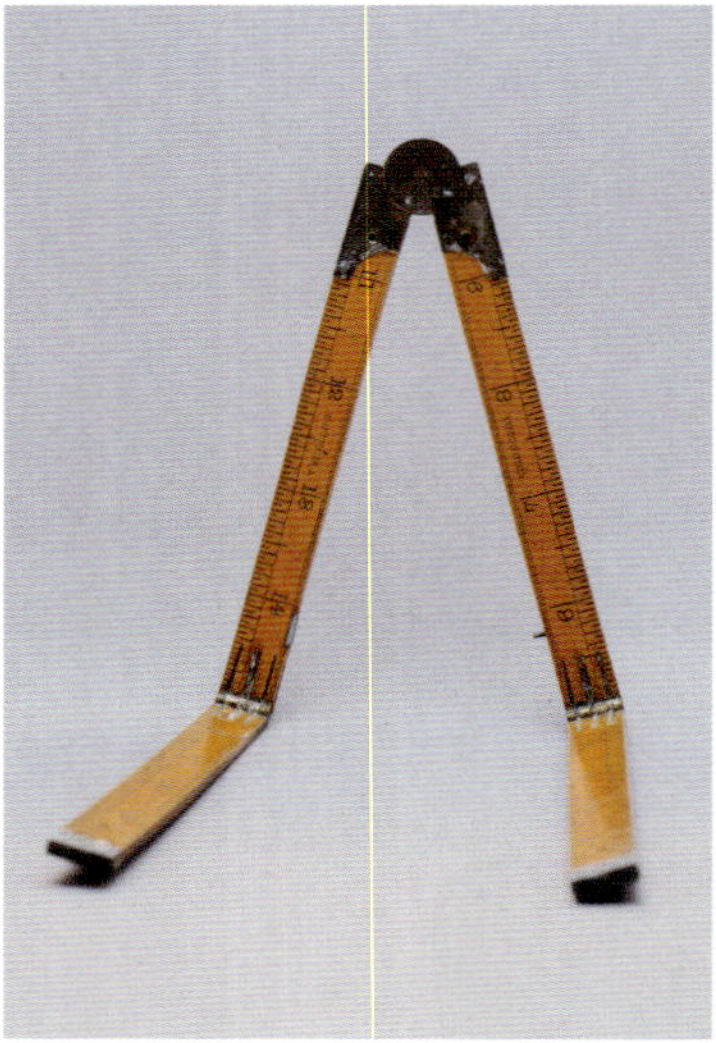

忠太遺品より、折りたたみ式物差し。これもインチだ。

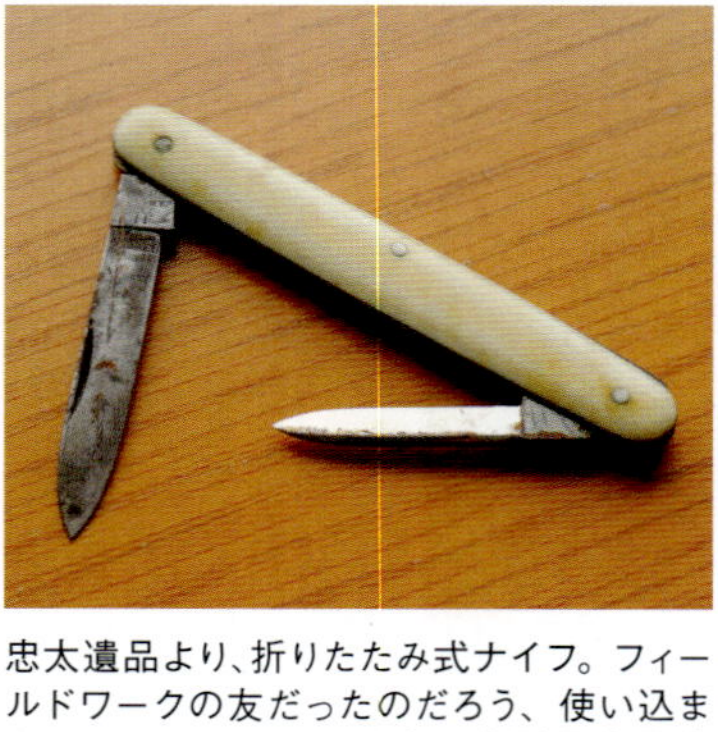

忠太遺品より、折りたたみ式ナイフ。フィールドワークの友だったのだろう、使い込まれている。このページ全て山形県立図書館蔵

忠太遺品より、携帯用の拡大鏡。

忠太遺愛の巻き尺。旅行中はインチ、メートル、尺寸をすべて使っていた。この巻き尺はインチ。

オスマン帝国スルタンから拝領のメジディ三等勲章。米沢市上杉博物館蔵

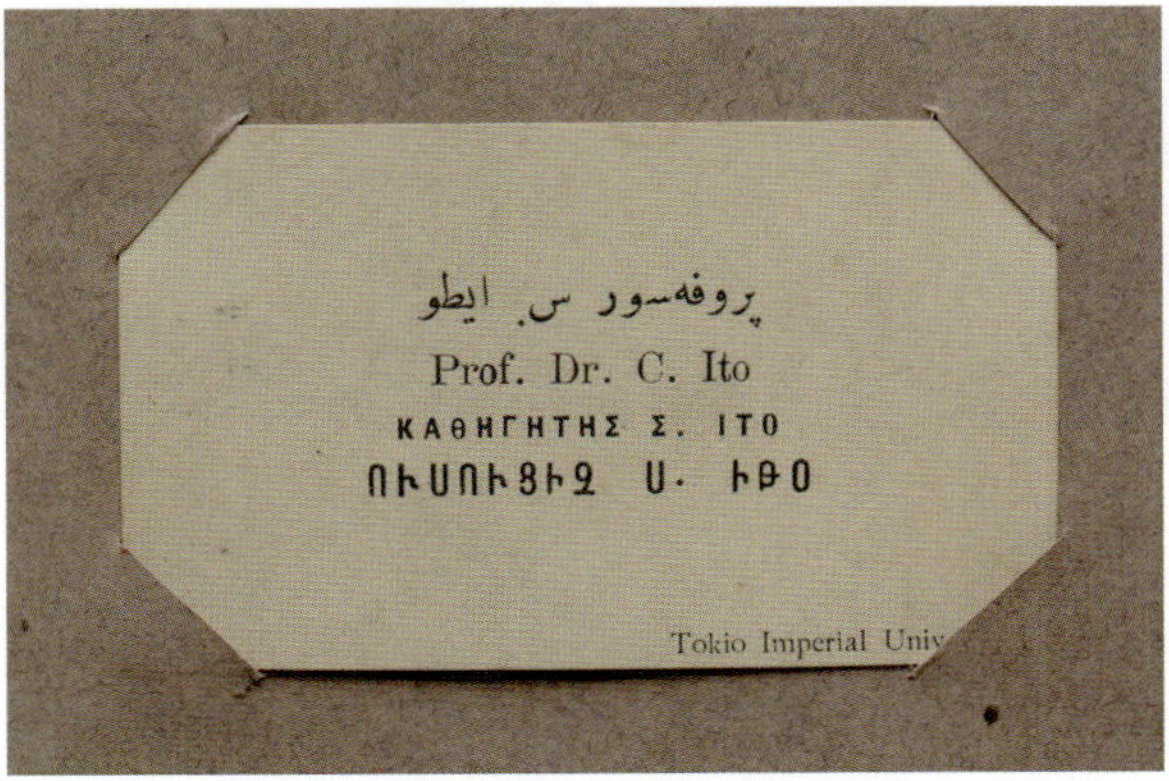

オスマンル語、英語、ギリシャ語、アルメニア語の四カ国語で名前が記された忠太の名刺。山形県立図書館蔵

中村商店で寅次郎の優秀なパートナーだった中村榮一と忠太のあいだには、頻繁な葉書のやりとりがあった。
日本建築学会建築博物館蔵

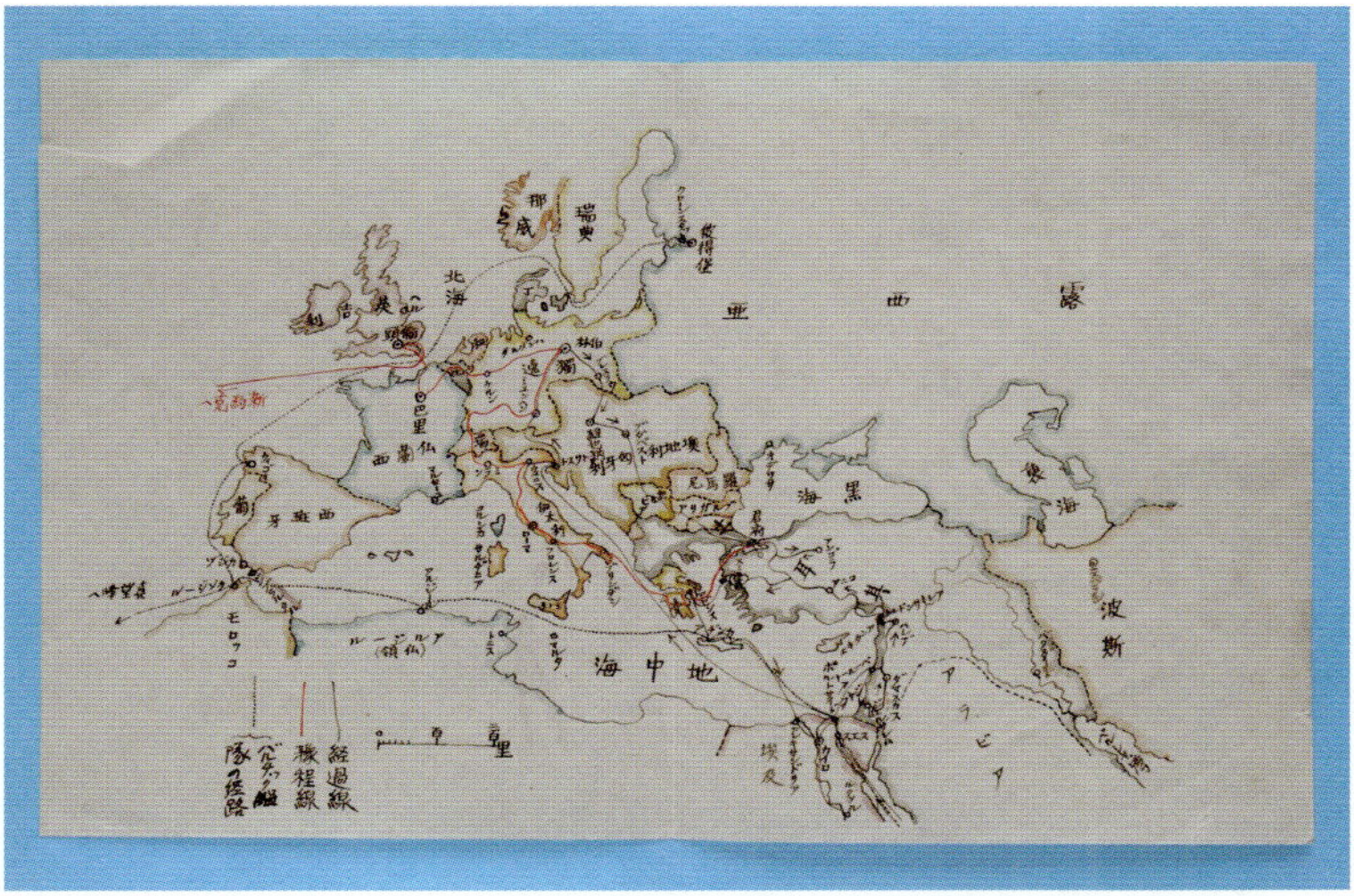

忠太が米沢の両親に送った旅行の経路図。自分の旅行の経路、進路と、バルチック艦隊の進路が同時に描かれている。山形県立図書館蔵

痒い、痒い、痒い。夜な夜な襲いかかる臭虫を日本刀で斬ろうともがく忠太。野帳第九巻　日本建築学会建築博物館蔵

大山大将の日露戦争での活躍を自分の奮闘になぞらえる忠太の戯画。なんたる自負。野帳第十一巻　日本建築学会建築博物館蔵

イスタンブルの乾物屋の主人だった従僕イスマイルは、忠太のオスマン帝国旅行の道連れだった。野帳第十一巻　日本建築学会建築博物館蔵

行く手を怪物に阻まれ、よよと泣き崩れる旅姿の娘・
忠太。野帳第十一巻　日本建築学会建築博物館蔵

忠太が中村寅次郎に送った絵葉書。二人の女性寓意像の新月は日本へ赴く寅次郎、紅雲は欧州への旅を続ける忠太。山田家蔵

明治の建築家　伊東忠太　オスマン帝国をゆく

目次

表紙・本文総扉図版：
Pietro Montani, Divers Art Ottoman Moderne, Usul-u Mimari-i Osmani / l'Architecture Ottomane（『オスマンの建築様式』）, Wien, 1873, Planche XXVII　より

装幀　奥冨佳津枝

はじめに

数年前の十二月のある日、筆者はイスタンブルの日本総領事館で行われた天皇誕生日レセプションに出席していた。

宴《うたげ》も果てて、人々がそろそろ帰りかけた頃、老婦人、と呼ぶにはまだ早い年頃のひとりのトルコ人女性が目にとまった。胸に菊を象《かたど》った七宝のブローチをつけている。日本の勲章、外国人に贈られる旭日小綬章だ。

軽い気持ちで尋ねてみた。「お見受けしたところ、日本の勲章をつけていらっしゃるようですが、日本とどのような関係がおありなのですか」と。

女性はまっすぐこちらを見て、ふっと微笑《ほほえ》んだ。

「八〇年代にイラン・イラク戦争があったとき、テヘランに日本人が置き去りにされたのをご存知ですか」。

知っている。一九八五年三月十七日、四十八時間の猶予期限以降イラン上空を飛ぶ飛行機はすべて撃ち落とすとサダムが宣言し、他の各国は自国の飛行機で退去したのに、日本は航空会社の労働組合が拒否して救援機を送れず、二百人以上の日本人がテヘランで立ち往生した事件だ。あの時はたしか……。

するとと女性は姿勢を正し、こういった。

「そう、あのとき私は、日本人を救出にいったトルコ航空の飛行機にいた、乗務員だったのです」。

話を聞きつけて、彼女の友人たちがまわりにやってきた。「そう、私も」。「私も」。日本とトルコのあいだの伝説のように語り継がれた話を、現実として生きた人が目の前にいる。鳥肌が立った。

品のいい老紳士がいった。「私がパイロットでした」。

「テヘランへ行くことになった時、怖くなかったのですか」と尋ねてみた。パイロットの紳士は、「いいえ。行かせて下さい、と自分からいいました」。そして、こう続けた。「日本人は、百年前、エルトゥールル号が遭難したときに、トルコ人を助けてくれたでしょう、こんどは私たちの番だと思ったのです」。

ああ、私たちは積み重ねられた歴史のなかにいるのだ、と思った。そのことを自然に受け入れて行動できるのは、尊いことだ。二〇一五年はその事件からちょうど三十年。エルトゥールル号事件から数えて、百二十五年にあたる。

そして、日本とそんな不思議な縁のあるトルコという国を、百十年前に旅した物好きがいた。本書の主人公・伊東忠太《ちゅうた》（一八六七‐一九五四）である。

山形の米沢に、「ネッチョ」という言葉があるという。道路の両端に二メートルほど積み上げてある、雪深い米沢を訪ねた時に聞いた。「粘り強く、熱心に頑張り通す」というような意味だそうだが、一言でいうなら、伊東忠太こそ、「ネッチョ」なやつかもしれない。

明治時代、「建築」という言葉を提案し、われわれ日本人の言語生活に定着させた人物。建築を研究するためだけに世界を一周した、酔狂な男。「ネッチョ」の一念で〝前例がない〟と渋る上層部を説得し、費用を国費で賄わせて敢行した、三年三ヶ月におよぶ世界旅行。一九〇二年三月から一九〇五年六月まで、留学先は、正式には「中国・印度・土耳古《トルコ》」とされた。

明治の新学制で教育を受けた第二世代の建築家、日本最初の建築史家、建築世界旅行の遂行者、東京帝国大学教授。妖怪を愛し、多くの妖怪を描き、嵩《こう》じて妖怪について〝最初の〟学術的論文を執筆した趣味人、軽妙洒脱《しゃだつ》な戯画を得意とし、築地本願寺の設計者であり、建築家として文化勲章を授勲した最初の人物……。

本書は、伊東忠太の、挙げればきりがない広範な経歴と業績、八十七年間の長きにわたる生涯のうち、ほんの八ヶ月半を切り取ったものである。

忠太がオスマン帝国で過ごした八ヶ月半。

イスタンブルでスルタンから勲章を拝領し、灼熱《しゃくねつ》のアナトリアで臭虫《とこじらみ》に悩まされ、日露戦争中にロシア船に乗って地中海を渡る……彼の行動範囲は、現代の国境でいえば、トルコ共和国はもとより、ギリシャ、エジプト、イスラエル、パレスチナ、レバノン、シリア、ヨルダンに跨《また》がる。これらの地域は、いま、出口の見えない争いのさなかにある。

「法隆寺建築の源流はギリシャだ!」という自説を証明するため、単身乗り出した世界旅行の途上、八ヶ月半を過ごしたオスマン帝国で、何度も挫《くじ》けそうになりながらも、明治の建築家が獲得しようとしたもの。それは、激動の政治状況のなかで、急務として確立を迫られた、当時の日本人としての世界観であり、それに基づいた建築観だったのではないか。

伊東忠太はその生涯にわたり、七十六冊の「野帳」(フィールドノート)を遺している。遺族によって寄贈され、現在日本建築学会建築博物館に大切に保管されている野帳は、日本近代建築史の第一級資料である。多くが丸善市販のおよそ縦十六センチ×横十センチの同型で、ひとつひとつ、丁寧に自らの手で装丁され、自筆で表紙・標題がつけられ、さらに特注の木製ケースに収められている。

足掛け三年三ヶ月におよんだ世界旅行の途上で書かれた野帳は全十二冊。野帳全七十六冊の、最初の十二冊である。このうち、オスマン帝国領内で書かれたものは四冊におよぶ。単純計算すれば、全旅程のほぼ三分の一である。

旅行中、忠太の上着のポケットで、あるいは手鞄《てかばん》のなかで一緒に旅をし、おそらく何千回となく出し入れされた野帳は、四隅が擦り切れながらも、忠太と一緒に日本へ帰国した。

帰国後も、ことあるごとに取り出され読み返されただろう野帳は、約百年後の二〇一〇年、「トルコにおける日本年」をきっかけに、はじめてトルコへ、すなわちそれが記載された地へ、里帰りした。忠太のポケットから出て博物館の資料となってからは、初の海外旅行である。イスタンブルで行われた展覧会「三日月と太陽　イスタンブルの三人の日本人　山田寅次郎・伊東忠太・大谷光瑞《こうずい》」（原題：HİLÂL ve GÜNEŞ İstanbul'da Üç Japon Yamada Torajirō, Itō Chuta, Ōtani Kōzui）で、野帳に披歴《ひれき》された忠太のトルコ観察は、イスタンブルの人びとに再び邂逅《かいこう》した。

忠太が見た百年前のトルコは、どんな姿をしていたのだろう。

トルコを、世界を見た忠太は、何を考えたのだろう。そして、そんな若者がひとり、闊歩《かっぽ》したのは、どんな時代だったのか――。

明治の建築家が模索した世界観を求めて、忠太とともに、われわれも旅に出よう。ひとまずの行き先は、イスタンブルである。

アメリカ大陸での行程については不明点があり確定できないが、野帳第十二巻のメモ、両親宛の手紙より推定した。また経路については「今度は桑港（サンフランシスコ）は通りません。桑港横浜間はハワイに寄港しまして二十日間を費やしますから。桑港へ御出し下さツた御手紙はバンクーバーえ取り寄せることに致します」という記述から、大陸横断鉄道を利用したと仮定した。

①ムンバイ及び西印度の石窟、②ラジュプタナ地方、③バグダッド国の古都、④ガンダーラ、⑤カシュミーラ、⑥グジャラート

11月 2日　ラワルビンヂ発
11月 3日　カシュミール国入国
11月 6日　スリナガル入国　文部大臣ライ・ナラエン氏宅寄寓
11月15日　出国
12月28日　ボンベイ着

1904年

1月 6日　ボンベイ発、南印度及び錫蘭（スリランカ）
①ムンバイ州、②ハイダラバード国、③マドラス州、④マイソール国、⑤錫蘭（スリランカ）、英領印度外だが印度の一部と仮定
1月23日　マドラス州チダンバラム発、タンジョールへ
2月 3日　ボンベイ着
3月19日　ボンベイ発、現イタリア・トリエステ（当時はオーストリア・ハンガリー帝国領）へ向かう。ミュンヘン経由でベルリンへ。ブレスラウ、ウィーン、ブダペスト、セルヴィア、ブルガリア経由でイスタンブルへ
5月 8日　イスタンブル着

● 5月8日以降1905年1月24日までのオスマン帝国内での行程は、本文182～183ページの「オスマン帝国内での経路概略図と行程概要」を参照のこと

● 以下、野帳に記されたメモより記載。予定の可能性あり

1905年

1月24日　イスタンブル発、ピレウス（アテネの港）へ
1月26日　アテネ着
2月 3日　アテネ発
2月 9日　ナポリ着
2月15日　ローマ着
3月 5日　ローマ発　フィレンツェ着
3月 9日　フィレンツェ発　ヴェネツィア着
3月12日　ヴェネツィア発　ヴェローナ着
3月13日　ヴェローナ発　ミラノ着
3月15日　ミラノ発　ストラスブール着
3月18日　フランクフルト着
3月19日　ベルリン着
3月31日　ベルリン発　ケルン着
4月 1日　ケルン発　パリ着
4月11日　パリ発
4月20日　ロンドン着
5月 1日　ケンブリッジ着
5月 6日　オックスフォード着
5月 8日　ロンドン着

● 以下、両親宛の手紙に記された最終案と思われる行程

5月19日　倫敦発同日リバプール港出航（「……この間太［ママ］西洋上九日間……」）
5月27日　米国　ニューヨルク着（「……この間十日間ニューヨルク及付近見物……」）
6月 2日　ニューヨーク発（「……今日出発……」「この間六日間北米横断……」）
6月11日　英領アメリカ、バンクーバー港着
6月12日　バンクーバー発（「……エンプレス、オフ、ジャパン号に便乗……」、「……この間二週間太平洋上……」）
6月25日または26日　横浜着（「……横浜着の日と時間とは東京の船会社でも運送店でも（横浜でも）分ります……」）

伊東忠太　世界旅行の経路概略図と行程概要

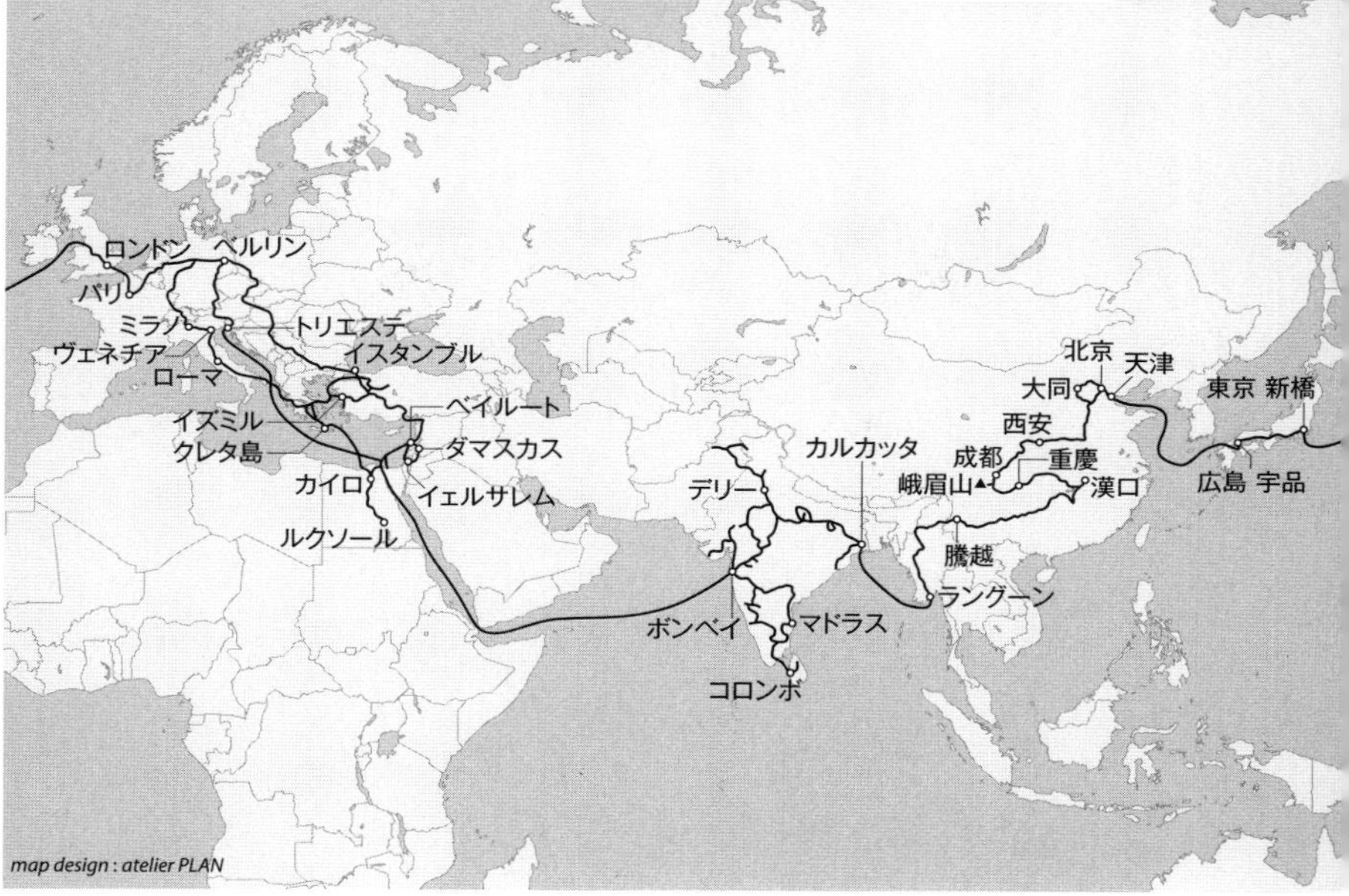

行程概要 1902年（明治35）3月29日～1905年（明治38）6月25または26日

・「野帳」および各種書簡より、主な発着地と日付を記載した。「野帳」や各種書簡に、日付の記載がない場合は、行程を読み取れる記述から日付を算出した。また、日付の表記は西暦に改めた。また、上掲の地図とともに、都市名は原則として伊東忠太の旅行当時の呼称に統一した
・発着地のほか、特記事項について（　）内に概要を記載した。また、忠太筆記による特記事項は「　」内に記載した

1902年

3月29日	東京・新橋発
4月 2日	広島・宇品発
6月 1日	北京発
6月 6日	宣化府（寒暖計で計測）
6月10日	張家口を出発
7月 6日	保定発（鉄道にて北京に帰る）
8月 5日	北京発（河南、開封へ向かう）
8月29日	開封発
9月 9日	洛陽出発　河南から陝西省へ
9月23日	西安着
9月29日	西安出発（西関を過ぎ、「蜀の道」へ進む）
11月 2日	成都（「8日間滞在した」とあるので出発の日付から逆算）
11月10日	成都発
11月17日	蛾眉山登山に出発（往復6日）
11月23日	蛾眉県を出発、再び嘉定府へ
11月27日	徐州府を出発、金沙江を下って重慶へ向かう漢口の新聞に載る、重慶（逆算すると12月4日到着）帝国領事館に9日間滞在
12月13日	重慶発（7日間滞在なので逆算すると21日到着）宣昌府黎明抜錨
12月28日	沙市着（日本総領事館あり）
12月31日	漢口着（「人口八十万、支那内地第一の大都会」40日間滞在）

1903年

2月10日	漢口発（大江を下り、湖南へ向かう。小蒸気船「永平（7.80トン）」目的地は湖南、貴州、雲南の三省を縦断、山越えにミャンマーに出る計画）
2月13日	湖南省長沙府到着（「三昼夜」という計算のため）
2月17日	長沙発、水路常徳へ
3月 1日	常徳発
3月26日	貴陽府着（「日本人二人が騎馬にて出迎え武備学堂　六名の日本教習が教鞭をとる」）
4月 3日	貴陽発　雲南へ向かう楊松駅にて大谷光瑞の枝隊、京都大三校等学校生野村礼譲（岐阜県大垣の人、英文学志願）、同茂野純一（和歌山県有田の人、哲学志願）に遭遇
4月22日	雲南着
4月27日	雲南発　西へ向かう（呂河街　英国人の宣教師　大理、騰越、バーモでの紹介状を乞う）、南詔「大理の建築」を見る（「海抜平均六千尺以上」）
5月12日	雲南発　ミャンマー街道へ向かう 騰越着　英国総領事館がある
5月29日	騰越発
6月 5日	ミャンマーのバーモ着、ラングーン発（ベンガル湾を4日間、ハグリ河を渡る）カルカッタ（インド旅行は同年6月-翌年3月の9ヶ月間）
9月20日	ムンバイ発（西北インド及びカシュミールの旅）

凡例

- 伊東忠太に関する引用については、主に野帳、野帳に挿入されているメモ、葉書、封書に依拠している。引用に際し、主要なものについては典拠を各章末に記載しているが、一つひとつ断り書きを入れていない場合がある。
- 各種資料の引用に際しては、読みやすさを考慮し、旧漢字を新字、旧仮名遣いを新仮名遣い、片仮名を平仮名にし、ルビを振るなど適宜変更している。また欧文と日本語が併用されている文については、適宜日本語に翻訳した箇所がある。
- 明治時代の日本では、「オスマン帝国」の呼称は一般的でなく、「土耳古」あるいは「土耳其」（いずれもトルコ）と呼ばれていた。しかし当然ながら、これは現在のトルコ共和国ではなく、現在のエジプト、シリア、パレスチナ、イスラエル、レバノンを含む、オスマン帝国支配下の地域の総称である。明治時代当時の文献を見る限り、一般的には土耳「古」と表記され、土耳「其」は、政府刊行物など公式的なものに頻繁にみられる。忠太は一貫して「其」を使っているので、本書もそれに倣って原則的には土耳「其」とし、引用などの場合のみ、そのまま土耳「古」を用いた。
- 国名および地名等は原則としてその時点のものとし、（ ）内に適宜補足した。地名等の振り仮名やルビについては通例に従い、原音（片仮名）または日本語読み（平仮名）を施している。
- 「満洲」（現中国東北部）および「満洲国」は満州と表記し、「支那」は本文中では原則として「中国」と表記し、当時の固有名詞や引用文では「支那」と表記している。
- 本書の引用文には、現在では配慮の必要な語句や表現が含まれている箇所があるが、当時の史料や記録の引用としてそのままとした場合がある。
- 本文各頁のノンブル上の線画は、伊東忠太設計の一橋大学兼松講堂内の装飾レリーフ（阿吽の型）をもとに描き起こしている。

写真撮影

中川道夫＝東京大学大学院工学系研究科建築学専攻所蔵資料（39、44頁を除く）、山形県立図書館所蔵伊東忠太関係資料

第I章

ガラタ橋の上で

――忠太、イスタンブルをゆく

一九〇四（明治三十七）年五月八日、忠太はガラタ橋のたもとにいる。三十六歳の初夏、オスマン帝国の帝都イスタンブルである。

ごった返す人波。赤いトルコ帽（フェズ）を冠《かぶ》り、黒の洋装上下に身を固めた上流紳士、上は洋装で下半身はシャルヴァール（トルコ式もんぺ）という出《い》で立ちの男性。大きな荷を背負う足ハマル（荷運び人）、頭のてっぺんから足首まで布ですっぽりと全身を覆ったムスリム女性、パリの最新流行のドレスに身を包み、日傘を手に闊歩する上流婦人。霞《かすみ》のように透けて見える薄色のヴェールに顔を覆う。靴磨き、シミット（ドーナツ型のごまつきパン）売り、熊を連れた見世物屋。黒人に白人、トルコ人、アラブ人、アルメニア人、ユダヤ人、ギリシャ正教徒、ブルガリア聖教徒。それに交じって野良犬やスリまでもうろつく。キイキイキイキイ、という甲高いカモメの鳴き声、潮の香り、黒い煙を出す蒸気船のエンジン音、物売りの叫び、手押し車の軋《きし》り……。

忠太はそのなかで、ただひとりの日本人だった。

正面の水際にイェニ・ジャーミの円《まる》屋根が見える。エジプトから着いた船が、積み荷を陸揚げする場にできた、その名もムスル・チャルシュス（エジプト市場）から上がる収益で運営されるモスクである。その少し上方右手には、丘の頂上にシルエットを織りなす、オスマン建築の精華スレイマーニエ・ジャーミイ。鉛筆のようなミナレットが屹立《きつりつ》する。左手には、ビザンチン時代の大聖堂アヤソフィア、いまはイスタンブル最大のモスクである。そして緑に覆われたトプカプ宮殿の三角屋根が立ち並ぶ。
翌日、忠太は米沢の父祐順《すけより》に絵葉書を書く。「君士坦丁堡《コンスタンチノープル》の市街の景　高キ塔ある円屋根の大建築は回教寺院　忠太」。**（巻頭カラー頁参照）**

忠太の歩いたイスタンブル

イスタンブルの市街は、大きく三つに分かれる。黒海とマルマラ海を繋《つな》ぐのはボスフォラス海峡（正式名称はイスタンブル海峡）。**（写真1）**言わずと知れた、アジアとヨーロッパの境界である。トルコ語でそれぞれ、アナドル（母なる豊穣）、ルメリ（ルームの地）と呼ばれる。ルームとは、ビザンチン帝国、ひいてはローマ帝国のことである。そしてルメリの南端は、三角形の亀裂状に入り込む金角湾を隔てて現在のいわゆる旧市街と新市街となっている。この金角湾にかかるのが、ガラタ橋である。

当時「スタンブル」とよばれた旧市街。マルマラ海に突出する三角形の半島が、宮殿岬《サライ・ブルヌ》である。宮殿岬の丘の上には、かつて政治の中枢だったトプカプ宮殿が君臨する。皇宮は一八五六年に新市街北のドルマバフチェ宮殿、さらに北のユルドゥズ宮殿へ移ってしまったが、全世界

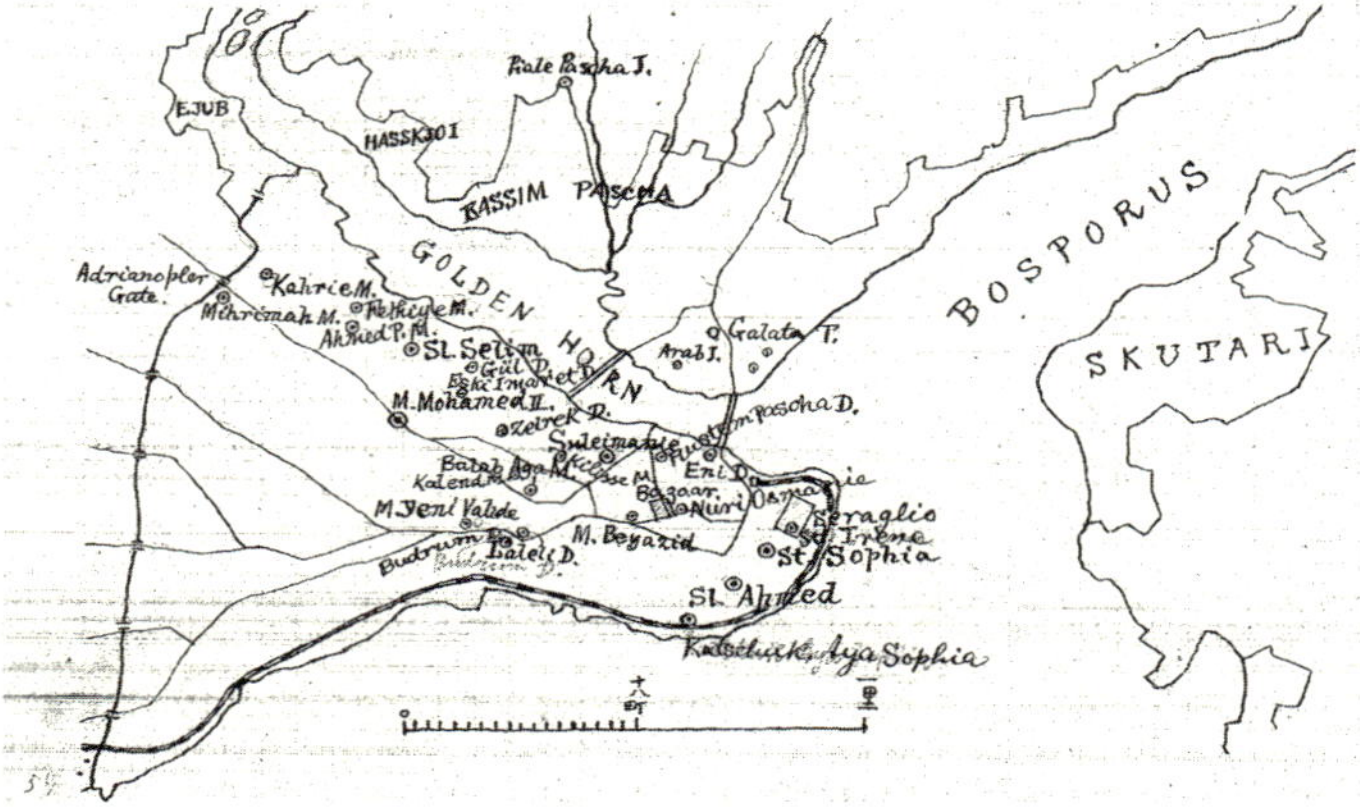

1. イスタンブルの名所や地形も手書き地図でチェック。野帳第九巻　日本建築学会建築博物館蔵

2. 忠太撮影の、グランド・リュ・ド・ペラとよばれたペラ大通り。東京大学大学院工学系研究科建築学専攻所蔵

のムスリムにとって重要な聖遺物「聖なる外套《がいとう》」の安置所はいまも旧宮殿で、精神的拠《よ》り所としての意味は変わっていない。旧宮殿周辺には、独特の木造の高級官吏の家が多い。

いっぽう橋を隔てたガラタは、ビザンチン時代からジェノヴァ人の居住区として栄え、その伝統から非ムスリムや外国人が多く居住している。十九世紀になってから、いち早く西洋式の石造・煉瓦《れんが》造建物が登場したのはこの地区である。

スタンブルとガラタがはじめて恒久的な橋で結ばれたのは、近代化宣言後の一八四五年のこと。忠太のいま歩いている橋そのものが、近代化の象徴なのだった。すでに橋は三代目である。通行のたびに徴収される料金は、人、動物、荷物の有無などで細かく区分され、馬車料金は徒歩通行者の十倍以上。慎《つつ》ましい日本の建築学徒、忠太は、当然徒歩である。

ベルリンに留学中の兄祐彦《すけひこ》と暫《しば》しの再会後、鉄道でハンガリー、ルーマニア、ブルガリアを経由してイスタンブル入りした忠太が降り立ったのは、ガラタ橋の旧市街側の袂《たもと》にほど近い「酢屋《シルケジ》」駅。有名な「オリエント急行」の発着駅でもある。至近距離には問屋街「木の城《タフタカレ》」、対岸のアジア側やボスフォラス海峡沿いの村々への定期船が発着するエミノニュがある。ガラタ橋を渡ると、右手の海沿いには大型船の停泊場で税関のある「黒村《カラキョイ》」、左手の丘の裾野に金融の中枢、バンカラル・ジャッデシ（銀行大通り）がすぐにはじまる。ガラタ橋は、これらを一望する場所にある。

ガラタ橋を渡り終えた忠太は、左手のユクセック・カルドゥルム（高敷石）に向かってまっすぐに歩を進める。イスタンブルは、丘の多い街である。アナドル、ルメリ、スタンブルの三つの部分は、それぞれが海から切り立つ丘状になっている。ペラ大通りは、海峡沿いに切り立つ丘の、尾根筋にあたる。ガラタ橋の海際からここにたどり着くには、当然この急な坂道を上らねばならない。だが、その心配はいらない。この街には地下鉄が開通している。一八七五年開通の地下鉄テュネルは、一駅だけのケーブル式だが、一八六三年のロンドン地下鉄に続き、世界で二番目に古いものである。一九二七年東京の地下鉄銀座線開通時、ポスターは「東洋唯一の地下鉄道」と銘打っていたが、実はこちらのほうが正真正銘の東洋初だった。

ものの三分で到着するペラ大通りは、石畳で覆われた目抜き通り。パリと見紛《みまが》う豪華なファサードの建物が建ち並んでいた。**（写真2）**

オスマン帝国は、イスラム教の盟主である。だが、帝都イスタンブルは、なんと人口の半数以上が非ムスリム。世界最大のユダヤ人コミュニティー、ギリシャ正教徒、アルメニア人コミュニティーを擁する、多民族の都市だった。代々イスタンブルを故郷とするヨーロッパ市民であるレヴァンティン、インドからの流民であるロマ（ジプシー）、奴隷としてアフリカから連れてこられた黒人、帝国内のアラブ系諸民族、イラン系、中央アジアのトゥルク系諸民族も多くいた。

ペラ（現在のベイオウル）の住人には、なかでも非イスラム教徒や外国人、改革派のイスラム教徒が多い。ヨーロッパ最新流行のモードや家具を売る一流店、西洋式のカフェやレストラン、劇場、ホテルが軒を連ねる上流人士の社交場。第一の共通語はフランス語で、ペラ大通りは、グランド・リュ・ド・ペラと呼ばれた。

イタリア人やルームの建築家が設計したアール・ヌーヴォやネオ・バロックの瀟洒《しょうしゃ》な建物はいまも残り、当時を彷彿《ほうふつ》とさせる。八十歳代のイスタンブルっ子たちは、「ペラといえばねえ、男性は帽子にジャケット、ネクタイなしでは歩けないところでしたよ」。一九六〇年代に子ども時代を過ごした世代くらいまでは、「ペラに行くと言えば、いちばんのよそ行きを着せられたものだ」と懐かしむ。昔の銀座のようだが、至近に国際港カラキョイを控えていたという点では、横浜のような国際性もあわせもつ。いまは、盛装の紳士淑女は、ジーンズにへそ出しの若者たちにとってかわられ、国際性は世界各国から押し掛ける観光客たちに受け継がれている。

「ネッチョ」が勝ち取った中国・印度・土耳古留学

東京新橋から西へ向かう列車に乗ったのが、二年と少し前、一九〇二年三月二十九日。中国、東南アジア、インドをあとにした。新橋から広島へ向かい、宇品《うじな》から海路天津へ、天津から至近の北京へ。そこから大同、甘鄲、洛陽、西安、成都、重慶、武漢と続く中国内陸の旅。その後南下して、貴陽、昆明、騰沖を経由し、ビルマ（現ミャンマー）領土に入り、バモー、マンダレー、バガンそして一路海港都市ラングーン（現ヤンゴン）へ。船路カルカッタ（現コルコタ）へ向かい、各地を回りながら南下してボンベイ（現ムンバイ）へ。

ひとり旅である。いった先々で通訳や荷物運びの従僕を現地調達するが、身の始末はすべて自分でつける。十九世紀に欧州の貴族のあいだで流行した、教育の最終仕上げとしてのいわゆるグランド・ツアーとは大違いである。その費用は、明治政府によって賄われていた。

忠太の旅行の正式な名称は、「中国・印度・土耳古留学」。

忠太が東京帝国大学の助教授となった一八九九（明治三十二）年当時、教授昇進には三年間の欧米留学が不文律だった。日本文学や漢文学の分野でさえ、欧米に留学しなければ教授になれなかった時代。しかし打診されたときに、忠太が懇望したのは、西洋ではなく、東洋への留学だった。日本建築の源流を学術的に辿《たど》るには、日本への仏教伝来の窓口となった百済、そのさらにもとである中国、インドの建築を見なければならないと心に決めていたのだ。

忠太のネッチョぶりは、ここでも発揮される。

「前例がない」と渋る当時の造家学科主任教授辰野金吾（一八五四－一九一九）を口説き落とし、「文部省が許可しないだろう」と難色を示す学長の古市公威《こうい》（一八五四－一九三四）に、忠太は、日本建築史にとって「支那《しな》印度等東洋の国々の建築を知ることがいかに重要か」をうるさいくらいに懇願、説得に努めたという。

そしてとうとう、「帰途は欧米経由たるべし」との条件付きながら、ユーラシアを巡《めぐ》る旅の許可を、文部省から勝ち取ったのである。内談から正式許可まで、実に丸一年かかったというから、両者の攻防の様子も想像がつく。忠太の東洋建築踏査旅行は、こうして世界一周旅行へと様変わりすることになる。

そのような旅立ちから約二年あまり。オスマン帝国は、「印度まで伸ばした足は更に進んで西亜細亜《アジア》の地まで印《しる》されなければ充分とはいへない」と、ぜひとも踏査を希望した地だった。いわば忠太の旅行の、ハイライトである。

忠太が見たかったのは、インドからこのイスタンブルにまで至る過程だった。しかし、日露戦争前夜のこと。当初インドからアフガニスタン、トルキスタン、イラン、アルメニア経由で黒海航路からイスタンブルに入る計画だった忠太は、インド政府からアフガニスタンへのヴィザの発行を拒否される。そして一九〇四（明治三十七）年二月八日、日露戦争が勃発。そのとき忠太は、セイロン島（現スリランカ）にいた。陸路の移動を断念した忠太は、いったんインドに戻り、ボンベイからオーストリア領トリエステ（当時）に向かう船に急ぎ乗る。ここから北上したベルリンで、ちょうど医学留学していた長兄祐彦との待ち合わせがあったのだ。無事兄と落ち合い、ともに過ごした忠太は、ひとり東欧経由の鉄道でイスタンブル入りするべく、車上の人となったのである。

土耳其入国 ―― 忠太の第一印象

オスマン帝国の領内に入ったとたん、忠太は意外な困難に直面する。徹底的な荷物検査である。国境だけでなくイスタンブルの終着駅でも厳重な検査で、「凡《すべ》ての荷物は底を叩《たた》いて悉皆《しっかい》かきまわし、新聞雑誌、書籍は其《そ》の何種のものたるを論ぜず、理不尽に取り上げてしまう」[*1]というありさまだった。

さらに、日本国旅券が「全然無効」とわかる。トルコ領事館の証明を添えなければならないが、正式国交のない日本にはトルコ領事館がないから「日本から土耳其へ直行することは到底不可能」。どこか外国のトルコ領事館から証明を受ける必要があった。そんな洗礼を受けて、さしもの忠太も「凡《およ》そ、世界中で露西亜《ロシア》と土耳其ほど旅客に不便を与える国は無い」とぼやいたほどである。

夕焼け空に映える、モスクの円蓋とミナレットが織りなすシルエット、朝ともなれば、青く輝くボスフォラス海峡。イスタンブルは美しい街である。忠太も、「其の丘陵起伏の間に樹林や寺院が聳《そび》えて海水に映ずる有様《ありさま》は、欧羅巴《ヨーロッパ》中最も風景の好《よ》い首府だ」と描写している。

しかし、それは遠望したときの話だったらしい。古今東西の旅人のあいだで有名なのは、外から見たときの詩的ともいえる美しさと、実際に市街を歩いたときの落差である。忠太もその例に漏れない。「坂だらけの道路は一面に圓石《えんせき》を矢鱈《やたら》に敷き込んであるから実に歩行に困難」で、そのうえ「汚穢物《おわい》を路上に棄《す》てるので異臭紛々、道の凹《くぼ》みには汚水停滞して盛《さかん》に悪臭を放ち、無数の痩犬は此《こ》の間を徘徊《はいかい》して餌をあさっている」と、目も当てられない。

筆者は本書の冒頭で、忠太のイスタンブル入りを旅情たっぷりに描き出してみせた。だが、忠太は頭のなかでこんなことを考えていたようだ。

忠太の土耳其への第一印象は、必ずしも好意的とはいえない。たとえば、赤い「土耳其帽」への違和感。フェズと呼ばれる赤いトルコ帽は、近代になって登場したいわゆる「発明された伝統」である。服装改革により伝統的な服装が廃止、西洋式になったのち、被り物として導入された。もともとはオスマン帝国の北アフリカ海軍の船の漕《こ》ぎ手の帽子だった。身分の上下、洋服、伝統服にかかわらず、成人男性はみな同じものをかぶる。忠太は、それを奇妙だと感じ「あの無趣味な赤い帽を黒い洋服を着け白いハイカラをつけた上に載せたところは如何《いか》にも滑稽《こっけい》である」と違和感を述べている。

忠太は人びとの顔だちも、しげしげと観察した。

> 土耳其人の容貌の中で一番目立つものは其《そ》の鼻である。いずれも異常に凸隆しているが、一般に眉間の窪《くぼ》みが極めて少《すく》く、ここから約四十五度の角度で鼻が突出し、すすむこと全鼻長の三分の一位にして、忽然《こつぜん》として折れて約六十度の角となり、一直線に鼻端に至る。

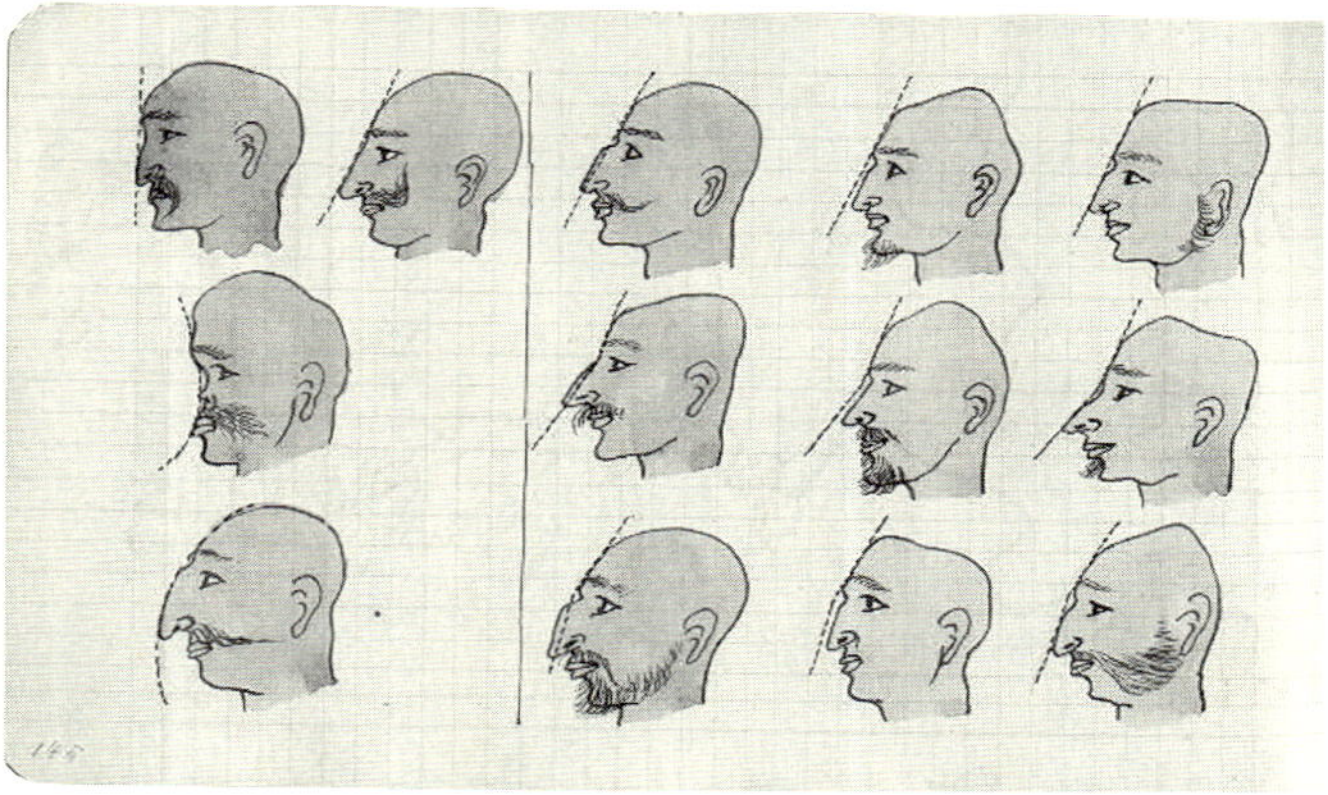

3. 忠太は「土耳其人の鼻」の角度を真剣に研究した。現代のトルコの人に見せると一番人気。野帳第九巻　日本建築学会建築博物館蔵

鼻端より更に水平に約二十度の角をなして内に進み口唇上に達するのである。鼻端はそれ故にいつも鋭角をなしているが、往々除外例はある。[*2]

東京帝国大学助教授の建築家らしく、鼻の角度までしっかり計算しているところはご愛嬌《あいきょう》。野帳に、さまざまな鼻のタイプを描いた絵を残してもいる。（写真3）これは現代のトルコ人に一番人気で、私はこれ、あなたはこれじゃない？と、絵を前にたいへん盛り上がるのである。

異文化への好奇心は、独特の木造建築や暮らしぶりの観察へもおよぶ。忠太にとってとくに印象深かったのは、「土耳其時間」である。

イスラム教にはヒジュラ暦という独自の暦があるが、時間の計算も同様である。日没が零時《れいじ》なので、毎日零時が移動する。日が長くなる季

節には毎日時計を一分進め、短くなる季節には同様に遅らせていくのである。いまでは西洋式の時間で一日五度のお祈りの時間が表示されるが、当時は社会階層や宗教的コミュニティーによって使い分けられ、イスラム教式と西洋式のふたつの時間が平行していた。これを忠太は、「土耳其を旅行するには時計が二つ要る」と驚いた。

考えてみれば日本でも、忠太の訪問のつい三十年ほど前の一八七三（明治六）年までは、同様に日出《ひので》と日没を基準にした不定時法が用いられていた。だが忠太はオスマン帝国で遭遇した不定時法を完全な異文化ととらえ、西洋式のものを「普通の」時間、と無意識に書いている。その点、明治の新世代エリートらしい。

忠太と寅次郎

ペラ大通りには、パリの街路と同じに、網の目のようにいくつものパサージュ（アーケード街状の小路）が枝分かれする。有名なのは現在居酒屋街《メイハーネ》となっているアール・ヌーヴォの花小路《チチエツク・パサジュ》、それに付随する骨董《こっとう》街の鏡小路《アイナル・パサジュ》、小物雑貨屋が店を連ねるハズオプーロ小路《パサジュ》*3。

イスタンブルに到着した忠太はすぐに、そんなパサージュのひとつ「アズナヴール・パサジュ」

に向かったはずだ。この地に住むたったふたりの日本人を、訪ねるためである。ひとりは山田寅次郎、もうひとりは中村健次郎。このふたりは、もうかれこれ十年以上、この地で貿易商「中村商店」を経営している。フランス語教育のエリート校ガラタサライ高校や、アガサ・クリスティーが定宿とし、現在も続くペラパラス・ホテルのある界隈《かいわい》である。

イスタンブルの一等地に店を構える日本の貿易商事務所、「中村商店」。ペラの人々にはフランス語でメゾン・ジャポネーズ（日本屋）[*4]とよばれるこの店は、イスタンブルを訪れる日本の貴紳の立寄先だった。大阪に本店のある悉皆業《しつかいぎょう》「中村商店」の次男で退役海軍大尉の中村健次郎（一八六二－一九四七）が本来の店主。[*5]日土民間外交の草分けとして有名な山田寅次郎（一八六六－一九五七）が、支配人を務めていた。忠太が訪ねたのも、寅次郎だった。**（写真4）**

寅次郎がイスタンブルに定住するようになったのは、一八九〇（明治二十三）年和歌山県の串本沖でオスマン帝国の軍艦が遭難した海難事故「エルトゥールル号事件」が直接のきっかけである。商店としての業務をはじめたのは、中村健次郎がイスタンブルに渡航した一八九三年頃と見られている。その後、第一次世界大戦中の一九一五（大正四）年まで続いた。

日土関係史上名高い中村商店だが、その知名度にもかかわらず、実際の活動は近年ようやく明らかになりつつあるところである。中村健次郎の存在も、比較的最近になって知られるようになった。というのも、愛嬌ある人柄とその後の成功したキャリア、日土関係への貢献度のせいか、山田寅次郎に言及した文献のほうが圧倒的に多く、注目されていたからである。寅次郎本人も、『土耳古画観』、『新月山田寅次郎』などの著書を残している。
サービス精神旺盛な性格もあるのだろう、欧州を股にかけて動き回る日本の旅人たちへの寅次郎の奉仕ぶりは、めざましい。さながら、イスタンブルを基点にした情報ステーションである。

たとえばこんな具合。一八九六年、ジャーナリストの徳富蘇峰《そほう》（一八六三－一九五七）、朝比奈知泉《ちせん》（一八六二－一九三九）が別々にイスタンブルを訪れた。寅次郎は、別々に欧州を動くふたりの旅先に手紙を出して、それぞれの動静を伝えている。朝比奈などは、欧州で出会った寺内正毅《まさたけ》（一八五二－一九一九）少将（後の総理大臣）にイスタンブル訪問を勧《すす》めて寅次郎を紹介し、紹介したのでよろしくと寅次郎に書き送っているほどである。寺内は勧めに応じて実際イスタンブルを訪れている。

4. 忠太撮影の寅次郎肖像。今回の新発見である。東京大学大学院工学系研究科建築学専攻所蔵

寅次郎が便宜を図った人々の顔

ぶれを見ると、東伏見宮依仁親王《ひがしふしみのみやよりひと》（一八六七－一九二二）、近衛文麿《このえふみまろ》の父、近衛篤麿《あつまろ》（一八六三－一九〇四）、紀州徳川十五代目当主の徳川頼倫《よりみち》（一八七二－一九二五）などの皇族、華族から、陸軍軍人の福島安正《やすまさ》（一八五二－一九一九）、乃木希典《まれすけ》（一八四九－一九一二）陸軍大将、また徳富蘇峰、徳富蘆花《ろか》（一八六八－一九二七）などのジャーナリスト、文人まで、実に多彩である。

現在、イスタンブルの総理府文書館に保管される文書からは、世界都市イスタンブルの一等地に店を構え、トルコ語と当時の国際ビジネス語であるフランス語を流暢《りゅうちょう》に操り、宮廷とも良好な関係にある洒脱な国際人、山田寅次郎の姿が浮かび上がってくる。忠太のイスタンブル訪問時点では、寅次郎はすでに在イスタンブル十二年のベテランだった。そして忠太もまた、寅次郎がイスタンブルで面倒をみた著名人のリストに加えられることになる。

忠太は、寅次郎とどのようにして出会ったのか。

二〇一〇年の「トルコにおける日本年」関連行事として山田寅次郎、伊東忠太、大谷光瑞の三人に焦点を当てた展覧会「イスタンブルの三人の日本人」展の準備をきっかけに、山田寅次郎と伊東忠太の親しい交友関係を発見した筆者にとって、それは大きな疑問だった。

ふたりは、米沢と群馬の沼田、東京帝国大学に横浜の語学学校と、出身地も違えば出身校も違う。かたや帝国大学助教授（当時）、かたや在野の実業家。専門分野は建築に茶の湯（あるいは貿易商）と、接点が見つからない。山田家が所蔵する寅次郎の遺品のなかに、イスタンブル到着前、忠太がインドから送った絵葉書が存在することから、少なくともふたりが、忠太のイスタンブル到着以前から面識があった、あるいは連絡をとりあっていた、ということはわかっていた。このふたりを繋ぐキーパーソンがいたに違いないのだが――。

あれかこれか考えていたところに、決定打が見つかった。

キーパーソンは、なんと福島安正だった。一八九二年にポーランドから東シベリアまで、騎乗ではじめて単独踏破し、世界の注目を浴びた陸軍情報将校である。

忠太はたいへん筆まめで、世界旅行の途中、いった先々から米沢の両親をはじめとして、多くの知己に絵葉書や封書を送った。それらの書簡は、山形県立図書館に封書が、日本建築学会建築博物館に絵葉書が、それぞれ保存されている。その一通、イスタンブルへ移動する前にインドのボンベイから両親に宛てた手紙のなかに、筆者は次のような記述を見つけた。

……二月末孟賣《ムンバイ》を発し三月中旬土耳其のコンスタンチノープルへ着し同所の日本人山田寅次郎と申す人の家に寄寓《きぐう》することに致しました。この人は永く同地に住し、大《おおい》に土地の信用あり、福島安正氏と懇意にて、私は福島少将の添書をもって同氏を訪《おとな》うのです。山田氏よりも乍《たちまち》不応分の御世話致し度《た》いと云《い》ッて来て居りますから大層仕合《しあわ》せです。四月中旬頃から当分ハコンスタンチノープルに住まいます。

忠太がこの手紙を書いたのは一九〇四（明治三十七）年二月上旬。手紙には三月中旬コンスタンチノープル着予定とあるので、実際の到着は当初の予定から二ヶ月近く遅れたことになる。山田寅次郎と福島安正の交友は、二〇一〇年に見つかったばかりである。山田家所蔵の寅次郎の絵葉書コレクションから判明した。

日露戦争当時、ロシアのバルチック艦隊の動静を、イスタンブルの海峡を見下ろすガラタ塔から監視していたことで知られる山田寅次郎は、その功績上、帝国陸海軍の将校たちとの交流も多かった。シベリア単騎旅行から帰還後も、バルカン半島やインドなどで何度も実地調査をしていた福島安正にとって、イスタンブルは、重要な拠点だっただろう。寅次郎の絵葉書コレクションのなかでも、雄渾《ゆうこん》な筆致の福島安正からの絵葉書の数は、群を抜いて多い。

いっぽう忠太は、世界旅行出発前、福島安正に面会して旅行先の情報を得たのだろう。忠太本人はこの旅行に軍事的な任務を帯びてはいなかったが、文部省の正式な命を帯びて建築の調査に旅立つ忠太にとって、福島は具体的なアドヴァイスを得られる貴重な存在だったにちがいない。

そんなわけで、忠太のイスタンブルでの滞在先は、初対面の山田寅次郎方だったのである。

【引用文献・註】

＊1　「土耳其・埃及旅行茶話」、『伊東忠太建築文献　第五巻　見学紀行』　龍吟社　一九三六年　五一五頁

＊2　「土耳其・埃及旅行茶話」、『伊東忠太建築文献　第五巻　見学紀行』　龍吟社　一九三六年　五二九頁

＊3　ハズオプーロはパサージュの元の持ち主の名。次のアズナヴールも同様。

＊4　山田家の所蔵する広告用の紙ナプキンには、Maison Japonaise K. Nakamura & Cie（Co. のこと）と印刷されている。

＊5　中村健次郎については、稲葉千春「日露戦争―明石大佐とロシア革命運動」（ロシア史研究会編『日露二〇〇年―隣国ロシアとの交流史』彩流社　一九九三年）を参照。

第Ⅱ章

伊東忠太とは誰だろう？
——明治日本の「建築」誕生

珈琲を待ちながら

「中村商店」で寅次郎から出迎えられた忠太は、イスタンブル流のもてなし作法に則《のっと》って、まずは一服、と、どろりと甘く濃い珈琲《コーヒー》を供されただろう。オスマン帝国の南端イエメンから届く珈琲豆を香り高く煎《い》り、石臼で衝《つ》いて極細の粉にし、砂糖とともに水から煮出した、いわゆるトルコ珈琲である。トルコ珈琲を出されたら、すぐに口をつけてはいけない。粉が沈殿するのを静かに待って、上澄みを飲む。渇きを癒《いや》すのではない。ゆったりと過ぎゆく時間を楽しむ、その心得が肝心である。

じわじわと炭火で珈琲が煮えていくのを待つあいだ、われわれは、われらが主人公、忠太がなぜここにいるのか、そもそも伊東忠太とは誰なのか、この章でざっと見ておこう。

少年時代の忠太に、印象的な逸話がある。

小学校のとき、もっとも好きな授業は地理だった。あるとき、教師に丹波の地図を描けといわれ、少年忠太は、黒板に寸分違《たが》わぬ地図を描いてみせた。これには命じた教師のほうが感嘆し、「地理の伊東」と黒板に大書して賞賛した、と、晩年の忠太は懐かしく回想する。

同じ頃かどうか、和紙に面相筆《めんそうふで》で丹念に描かれた、南北アメリカの地図も残っている。「伊

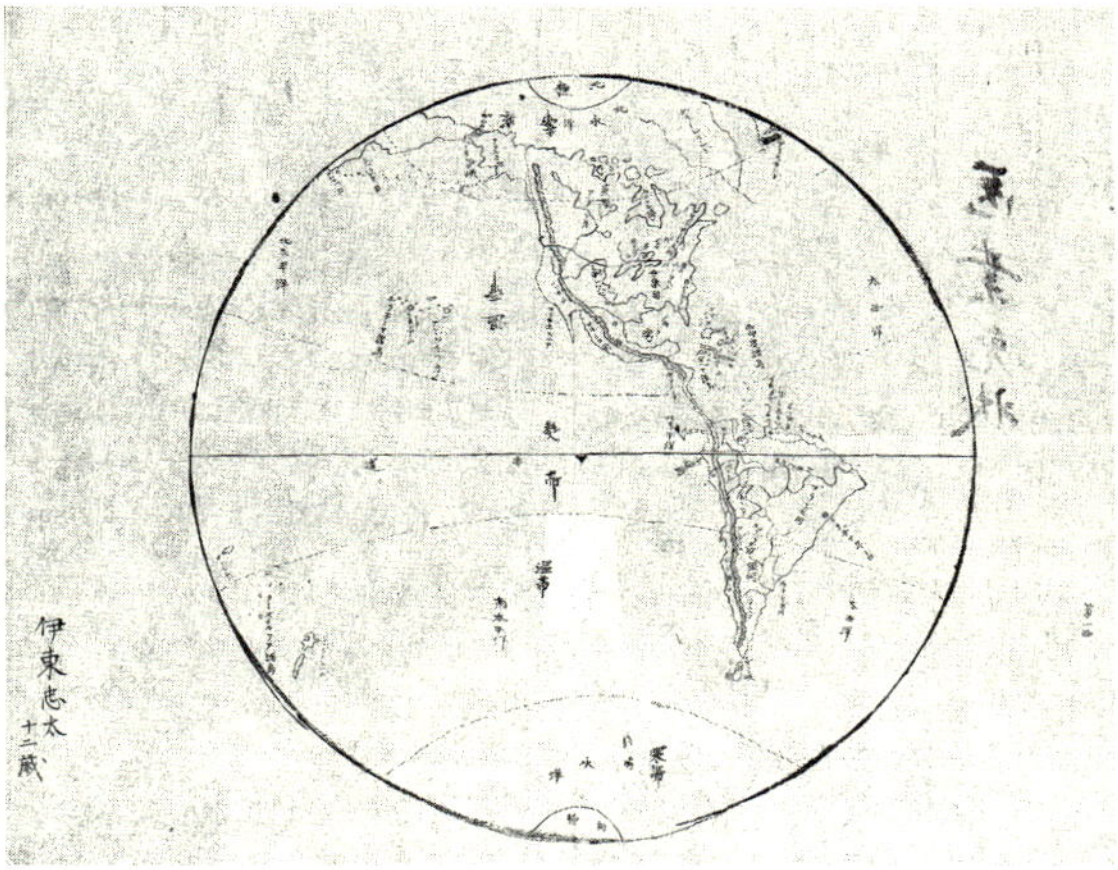

1. 面相筆で描かれた南北アメリカ地図。伊東忠太十二歳、とある。
東京大学大学院工学系研究科建築学専攻所蔵

東忠太十二歳」とある。（写真1）

忠太の地理への傾倒、空間把握の正確さは、その頃から群を抜いていた。

世界旅行中の野帳のページのあいだにも、旅行の経路図や訪問先周辺の地形図、手書きの地図が多く描かれている。どれもが正確で緻密だ。描くことに喜びを感じているように見える。その原点は、きっとここにあったのだろう。

伊東忠太は、一八六七（慶應三）年十月二十六日、羽前国《うぜんのくに》米沢、現在の山形県米沢市座頭町に生まれた。明治維新の一年前のことである。旧幕府側の上杉家、中央に出ても薩長出身の若者たちのように、恵まれた出世の機会はなかなか訪れない土地柄である。忠太はそんな米沢の、帯刀を許された代々の医家の次男坊だった。

父祐順《すけより》は陸軍軍医で、のちに米沢に医院を開業した。藩公の侍医を務めた祖父昇廸《しょうゆう》は、若き頃長崎に留学してシーボルトに師事、医学・蘭学《らんがく》を修めた、筋金入りのインテリである。長兄祐彦《すけひこ》は家業を継いで医者となり、ベルリンへ留学、のちに医学博士、九州帝国大学教授となった。

母は花といい、生来芸術に趣味が深い人だった。すこし絵も描けたという。草紙錦絵が大好きで、カチカチ山や桃太郎、山椒《さんしょう》大夫や夕張月などの話を幼い忠太に「あわれ深くもまた面白く話してきかせた」。忠太の物語好き、絵への興味は、この母の感化だった。

忠太は数え年五歳で藩校の興譲館《こうじょうかん》に入学し、古典的な教養である漢学を叩《たた》き込まれる。「三字訓」という漢文を習い、「いろは」は終《つい》に習わなかった。その後、父の任務にともない東京へ移住し、数え年七歳で番町小学校へ入学、十三歳からやはり父の任務の関係で千葉の佐倉へ移住、鹿山小学校、旧制鹿山中学校へと進んだのち、一八八一（明治十四）年、数え年十五歳で東京外国語学校独逸《ドイツ》語科に入学した。四年後、同校の廃止とともに第一高等中学校に編入、父方の叔父にあたる官僚・政治家平田東助《とうすけ》宅から兄とともに通学した。のちに伯爵となった平田東助は、ドイツに留学して政治・経済学を修め、日本で最初に博士となった人物である。農商務省大臣、内務大臣、内大臣を歴任し、山県有朋《やまがたありとも》の側近としても知られている。

一族の出世頭のこの叔父は、留学先のドイツを崇拝し、「事学問に関する限りドイツは世界第一なり」と主張したという。忠太もそれに従って東京外国語学校でドイツ語を選択した。語学はのちにたいへん役に立ち、世界旅行中、大英帝国の外交官をして「ドイツ語が非常に堪能」といわしめ、ナチス時代のドイツでは、大学に親善教授として派遣され、講義も行った。

妖怪博士忠太の少年時代

忠太は、幻視の人でもあった。

それは幼いときからだった。晩年になってから「或《あ》る晩、母につき添われて便所へ行くとき、不可思議な鳥など蛇などが見えた」と回想している。そして、あれを捕らえて下さいとせがんで母を驚かし困らせた。帝国大学工科大学時代の日記でも、空想に耽《ふけ》る自分の癖を「例ノ持病」とよび、「コレヲ除カザレバ到底真味ノ学問ハ出来ザルベシ。又《また》全ク空想ナキトキハ、余ハ無情無味ノ木石タラン」。

現れては消える空想の妖怪たちを、忠太は描かずにはいられなかった。古今東西の妖怪に通じ、妖怪について日本ではじめての学術論文「妖怪研究」を書きもしたが、筆を執《と》って描く妖怪は伝統的な妖怪とはかけ離れた独創的なものが多い。野帳にも、まじめな建築図面やメモなどの合間合間に、グロテスクで少しユーモラスな妖怪の絵がたくさん描かれている。丁寧に水

彩で彩色され、楽しんでいた様子が窺《うかが》える。（第Ⅷ章写真3参照）

妖怪に限らず、絵を描くことが生来好きで、色紙や大画面にきちんと描いたものから野帳や講義ノートの隅々まで、あらゆるところを絵で満たさずには済ませられない。幼少時、大人たちは「忠太には紙さえあてがって置けば大人しくてよい」といい、忠太は自分で考案して双六《すごろく》、草紙、凧《たこ》などを作った。将来は画家になりたいと夢見ていたが、あるとき「容を正し」た父に、頑として反対されたという。いわく、「苟《いやしく》も男児たるものが国家の為に竭《つく》す事を考えずに、美術家になろうとは腑甲斐《ふがい》ない料簡《りょうけん》である」。美術などは枝葉末節で、士人のなすべきものではない、という父。忠太は父の意見が腑に落ちず、「その場は不得要領《ようりょうをえず》に終わった」と晩年に述懐している。

そんな父と正面衝突をすることもなく、忠太が建築を志したのは、一八七三（明治六）年に設立された工部大学校（当初は大学、のち一八七七年に改称）が、東京帝国大学に編成しなおされるかもしれない、と、噂の出ていた頃だった。直接のきっかけは、「手で仕事のできるものは、いざというとき決して食いはぐれがなくていいぞ」という、信頼する同郷の先輩内村良蔵の助言と、絵を描くのが好きな自分の性向だった。「工科の中でも芸術的な要素をもつ」というのが、建築に決めた理由だった。

結局忠太は、新編成の東京帝国大学工科大学に入学した。だが、当時その学科は、「建築」と呼ばれてはいなかった。

「造家」学科。

土木、機械、電信などとともに、当時、工科大学の主要学科のひとつはそうよばれていた。

では、いつ「造家」は、われわれの知っている「建築」となったのだろう？

そのいきさつには、忠太の「ネッチョ」な追求があったのだった。

維新後二十年足らずのあいだに、明治政府が進めた改革は抜本的だった。政治の仕組みから経済、法律、軍事、技術、農業水産、ありとあらゆる分野におよぶ。西洋から専門家、いわゆるお雇い外国人が招聘《しょうへい》・雇用され、知の移植が推進された。教育や文化の方面でもそうである。建築は、新政府の政策のシンボルとして、重視された。新築の公共建築はなんでも西洋式となる。


それをつくる建築家も、最初はほとんど外国人。西洋の正規の教育を受けた人もいれば、そうでない人もいた。高等教育機関、工部大学校で日本人の建築家を育成するべく雇われた外国人教師も、そうだった。

たとえば、明治政府最初期の建物の建築家として知られるフランス人教授ボアンヴィル（一八五〇－一八九七）。その講義は、卒業生たちの回想によれば、はなはだ要領を得ないものだったらしい。そんななか、はじめて体系的に建築を教えたのが、イギリス人教授ジョサイア・コンドル（一八五二－一九二〇）だった。日本に来た当時二十四歳だったが、西洋のアカデミックな建築教育を受けたはじめての教授だった。温厚な性格もあって、「日本近代建築の父」と

2. 忠太の卒業設計、ゴシック様式の大聖堂。ヴィオレ・ル・デュクへの傾倒が読みとれる。東京大学大学院工学系研究科建築学専攻所蔵

親しまれる。

教授陣は外国人だから、当然、授業は外国語で行われる。言語は英語だったらしい。最初の学生は四人のみ。いくつもの大学に何百人もの学生を擁する建築学部がある現代と比べると、たいへんな少数精鋭である。学ぶのは、西洋式の「造家」法。忠太の回想によれば、何ごともヨーロッパの模倣が望ましく、コンドルは、英国式が最良と学生を方向づけていたという。[*1]

いっぽう、大学の外の、横浜の工事現場は、江戸の伝統からの転換期だった。棟梁《とうりょう》がナマコ壁でホテルを意匠し、瓦職人が煉瓦《れんが》を試作し、左官が柿渋でペンキをつくる。[*2]「建築家」という職業など、現場にはまだ存在しなかった。

忠太が東京帝国大学を卒業した一八九三年とは、そんな頃だった。

卒業論文の題名は、「建築哲学」。卒業設計は、ゴシック式のキリスト教大聖堂の計画だった

（写真2）。一度も外国に出たことのない二十六歳の若者による、ゴシック式の教会堂の設計。実作を見たことがあるはずもない。

ヨーロッパ製の用紙にインクで描かれた忠太の卒業設計は、いま見ても、たいへん立派な作図だ。筆者がふだん指導している、Auto CADの製図しかしたことのない現代トルコの建築学生は、はじめてこれを見たとき、一様に感嘆の声をあげ、近寄って仔細《しさい》に眺めた。そして、口々に尋ねる。

「日本って、キリスト教が盛んなんですか？」「なんで日本でゴシック建築？」

日本が近代化したことを当然と思っているわれわれ現代の日本人には、それほど奇妙なこととも思われない。だが、日本が近代に経験した葛藤に不案内な外国人からすると、この疑問はごく自然なものだろう。むしろ、外国人に指摘されてはじめて、伝統日本から近代日本への転換が、外から見ればすごく奇異に見えることに驚かされる。

日本人が、なぜ西洋建築を学ぶのか。

グローバリゼーションといわれる現代でこそ、「近代化」は「西洋化」と同義ではないと、われわれは知っている。だが、このふたつがほぼ同義だった当時、この疑問を、日本人としておそらくはじめて頭の中に浮かべたのが、われらが主人公、伊東忠太だった。そして、忠太の関心は、西洋建築を究めることではなく、日本の建築の源泉を探ることに向かっていった。

大学院を修了した忠太が最初に手がけた仕事は、京都の平安神宮の建物の設計監理である。

学校で習ったのは西洋紙にペン書きのゴシック聖堂だったが、彼が生きたのは、和紙に毛筆書きの仕様書をやりとりする日本の現場だった。大学出の超エリートといっても、大工の棟梁に仕事を教わらなければ何もできない。なんでも西洋式をコピーするのがよいとされる「造家」法を授ける近代的大学教育に、疑問をもったのは当然だろう。

忠太のオリジナリティーは、若者なら誰でももつ疑問を、不満だけで終わらせず、これに基づいて発言し、粘り強く説得し、行動した点である。忠太は、世代的には、お雇い外国人の教授と、工部大学校の第一期卒業生の両方から授業を受けた、第二世代にあたる。東京駅赤煉瓦駅舎で知られる先輩の辰野金吾が、留学先の英国で、コンドルの師バージェスから日本の建築について尋ねられ、何も答えられずに恥じ入ったという有名な逸話は、忠太ら第二世代に強烈な印象を与えていた。

「造家」か？　「建築」か？

忠太の発言と行動は、まず「造家」の問い直しからはじまった。

卒業の翌年、一八九四（明治二十七）年に忠太は『建築雑誌』に論文「アルキテクチュールの本義を論じてその譯字《やくじ》を撰定し造家学会の改名を望む」を発表した。当時使われていた「造《ぞう》家《か》」という言葉は、西欧語のArchitectureの翻訳語だが、内容は、家を造《つく》ることだけではない。公共建築や記念碑などもあるのに、「造家」とは「素《もと》より無稽《むけい》」だ。忠太は、「造家」には、芸術の観点が抜けている、と指摘したのだった。Fine artsが「美術」、Electricityが「電気」。どれほど多くの言葉が、明治のはじめ頃、新たに日本語に登場したことか。「建築」という言葉がごく一般的な現代から考えると不思議なようだが、当時は大まじめに議論されたのだった。

ではArchitectureの訳語はなぜ「建築」となったのだろう。論文中、忠太自身は、「建築」を主張するよりむしろ、回答を広く問うスタンスである。「建築」の訳語は、造家と比べるとまだいいようだが、意味が茫漠《ぼうばく》としていて適当とはいえない、と自分でも述べている。結局最適の語が見つからないまま、「建築術と訳すのがもっとも近いのではないか」と結論づけた。

Architectureの訳語を「建築」と日本語に定着させた。忠太、弱冠二十七歳の功績である。忠太の提案は、西洋からの「技術」の移入に偏重していた当時の日本の建築業界に、「芸術」の側面をも認めさせた。この言葉の導入によって、「建築」は、造るだけでなく、日本が過去に生み出してきた建造物も射程に入れることになった。こうして「造家学会」は、現在も続く「建築学会」(一八九七年)に、東京帝国大学の「造家学科」は現東京大学の「建築学科」(一八九八年)となった。

忠太の発言と行動の第二は、建築を文化財の範疇《はんちゅう》に入れる努力である。それは、全国宝物取調局総裁の九鬼隆一《くきりゅういち》（一八五〇－一九三一）へ送った抗議文としてあらわれた。

大学院にすすんだ忠太は、同時に東京美術学校（現東京藝術大学）で、「建築装飾術」の講座を教えることになる。「日本美術史」の枠組みをつくった岡倉天心（一八六三－一九一三）が校長である。忠太は、岡倉との交流から刺激を受け、やがて「日本建築史」の体系化を夢見るようになる。

そこへ、京都の平安神宮の設計監督技師の任務が舞い込んだ。二年ほど滞在した京都で、あるとき全国宝物取調局が講演会を催した。全国宝物取調局は、文化財の所在を確認し、国外流出を防ぐ目的で一八八八（明治二十一）年、東京帝室博物館内に設けられた組織で、全国的に調査が行われていた。

京都での講演の趣旨は、「日本美術の優秀性を指摘し、その保存の重要性を強調するもの」だった。だがこれを聴いた忠太は、たいへん憤慨する。建築が一切保存の対象となっていなかったからだ。そして、九鬼に宛てて長文の手紙を書き送った。

これに対して九鬼は、丁寧な返書を送った。「建築を取り扱わなかったのは部下に詳しいものがいなかったまでで、深い意味はない」という内容だった。そして一八九六（明治二十九）年、内務省内に古社寺保存会が新設されたとき、忠太は委員に選ばれた。九鬼の計らいか、白髪の長老たちに混じってただひとり、三十歳にも満たない若者の抜擢《ばってき》だった。委員として忠太は、全国各地を隈《くま》なく歴訪、古社寺を実地調査することになる。博物館寄託の古文書の自由な閲覧も許された。このときの経験が、のちのち日本建築史体系化の足がかりとなった、と晩年の忠太は述懐している。

ギリシャから奈良へ――『法隆寺建築論』

忠太の発言と行動の第三は、「日本建築史」の源泉の探求だった。これは最終的には、イスタンブルへと忠太を導いた、世界旅行となる。そもそもの発端は、『法隆寺建築論』（一八九三年）と題した博士論文だった。この論文で、忠太は法隆寺が日本建築の最古とはじめて指摘した。そして、法隆寺の建物が、特別に考案された意匠や「精神」を反映する「建築」であり、その源流はギリシャにまで辿《たど》れると主張したのだった。

ギリシャから奈良へ……現代から見れば突飛にも見えるこの論説は、忠太によれば次のような文化の伝播《でんぱ》経路を前提としていた。第一に、仏教伝来の経路を考えれば、奈良の法隆寺の建築が朝鮮、中国から影響を受けていることはあきらかである。第二に、中国建築も、仏教の発祥地であるインドまで遡《さかのぼ》ることができる。第三に、アレクサンダー大王の東征によってインドの仏教美術がギリシャから影響を受けたことも周知の事実である。ガンダーラの仏教美術を見

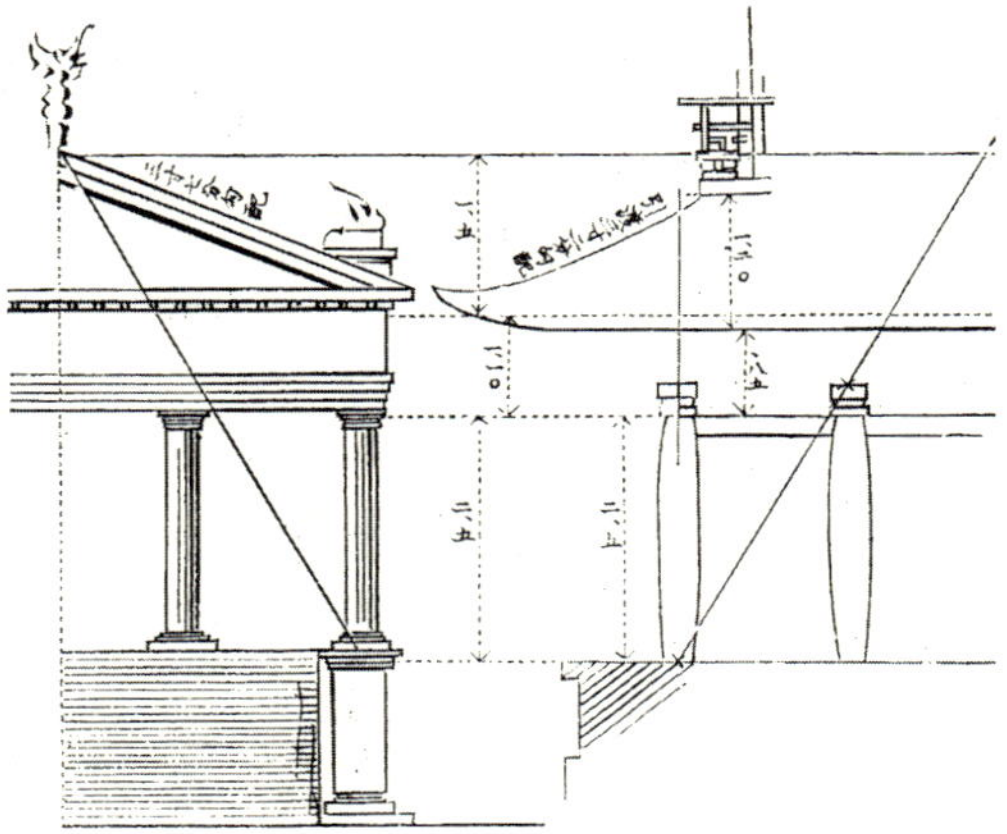

3. 法隆寺の中門の柱とエトルスクの神殿を比較。『建築雑誌』一八九三年十一月号

よ。したがって、日本の法隆寺にも、ギリシャの影響が見られるのである。彼自身の考えるこの論理に基づき、忠太は証拠を挙げていった。法隆寺の建築の柱の仕様、また、「唐草」とよばれる装飾文様がそれである。

　柱から見てみよう。忠太によれば、法隆寺中門の柱には、ギリシャ建築に必ずあるエンタシスがある。エンタシスとは、ギリシャ建築で、柱の中ほどを上下両端よりも柱の直径の三分の一くらいまで次第に太くする技法で、視覚的に好ましい効果を上げるためといわれている。忠太は、ギリシャ、というよりもエトルスクの神殿に注目し、これを法隆寺と比較した。(写真3)だが、意気揚々と掲げられたこの説は、その後批判にあい、改稿されて、最終稿までにこの「法隆寺エトルスク説」はほとんど鳴りをひそめることになる。

それでも、奈良をギリシャにつなぐ、忠太にとって動かぬ証拠は、もうひとつあった。日本絵画史上最古の作例として有名な法隆寺金堂の玉虫厨子《たまむしのずし》である。須弥壇《しゅみだん》のふち飾りの文様について、当時熱い議論があった。多年生の蔓草《つるくさ》である忍冬《すいかずら》を様式化した忍冬唐草《にんとうからくさ》の文様は、形を変えて中央アジア、西アジア、インドなど世界各地にみられる。中国・朝鮮を経由した日本にも作例がある。だが忠太はあるとき、玉虫厨子の忍冬唐草だけが、ギリシャ建築の忍冬（英語のハニーサックル）とそっくりなことを、みつけたのである。ハニーサックルは、インド建築をイランに結びつける証拠として、フーシェなど欧米の学者たちが熱心に追求していたテーマでもある。そのとき忠太は、「膝を拍《う》ちて其《そ》の東西交通の確證《かくしょう》を得たることを絶叫」したという。*3

法隆寺にギリシャ式のエンタシスや忍冬があることが、どうして忠太をこれほど興奮させたのか。この背景には、訳語すらちゃんと決まっていなかった日本の「建築」が、当時西洋の学界から全く認められていなかったという、残酷で切実な現実があった。

罵倒された日本建築

一八七六年に出版された英国の建築史家ジェームズ・ファーガソン（一八〇八―一八八六）

の著書『インド及《および》東洋建築史』。類書としてはもっとも早い時期に出版され、東京帝国大学でも教科書とされていた。著者のファーガソンは、もともとインド駐在の情報将校で、建築史の専門家ではない。日本に来たこともない。だが、「その頃日本に紹介されていた殆《ほとん》ど唯一の建築史書」だった。

この本のなかで日本建築は、次のように紹介されている。

「日本人は人類の建設する人種には属さず、この壮麗さの作法（訳注：建築のこと）について、まったく好みを持ち合わせていない」。さらに、「建築芸術全体の歴史のなかで、一定の場所を占めるに足らない」（拙訳）とまで言われている。今読めば、笑ってしまうほどの侮辱である。明治の「造家」学生忠太は、これに真剣に憤激し、反発した。そして、日本建築史の体系化を志したのだった。

もちろん現代では、ファーガソンの著作は、十九世紀後半の大英帝国の西洋至上主義的、人種主義的建築史観のあからさまな例として、日本建築史以外の文脈、とくにインド建築史でもしばしば批判的に言及される。だが残念ながら、ファーガソンのこの見解は、当時の欧州の学界での主流でもあった。

ファーガソンの同時代人の英国の建築史家、バニスター・フレッチャー父子（父・一八三三−一八九九、子・一八六六−一九五三）による、「建築の木」[*4]を見るとわかりやすい。**（写真4）**木は、地理、地質、気候、宗教、社会的及政治的、そして歴史の六つの要素に根を張る。幹が育ち、とりどりの様式という花を咲かせる。だが、幹を形成するのは、ギリシャ、ローマ、ロマネスクから欧州各国の特徴をもつゴシックとルネサンス。西洋古典建築史の王道である。ここからのみ近代様式、つまり当時の現代建築が花開く。いっぽうペルー、メキシコ、インド、中国および日本、ビザンチン、サラセン（中世イスラム）は、枝葉末節で未来につながっていない。

しかし、忠太は考えた。もしも日本建築が、その源流で西洋建築史の王道、ギリシャとつながっているとしたら、どうだろう。日本建築は、少なくとも西洋建築史と源流で関係のある存在として世界建築史に組み込まれ、自動的にその地位は向上するはずだ。

現代から見れば、忠太の理屈は、涙ぐましい西洋至上主義である。欧州の学者に向かって、日本建築を、新しい価値観として堂々と突きつけるのではない。彼らがよいと認める価値体系を使って、「日本もそれを源流とする、だから日本を認めるべきだ」と関係づけたにすぎない。しかも日本語だ。しかし、明治の日本には、そうでもして世界に自分を認めさせる必要が、どうしてもあったのだった。

日本の建築芸術の、世界建築史のなかで占める位置。

ファーガソンが日本の建築を罵倒したちょうど同じ頃、海峡を隔てたフランスでは、限られた人にのみ理解できる新しい「好み」として、建築ではなく日本の美術が取り沙汰されていた。しかし、のちにアカデミズムを突き崩し、モダニズムとよばれることになった一連の動きの起

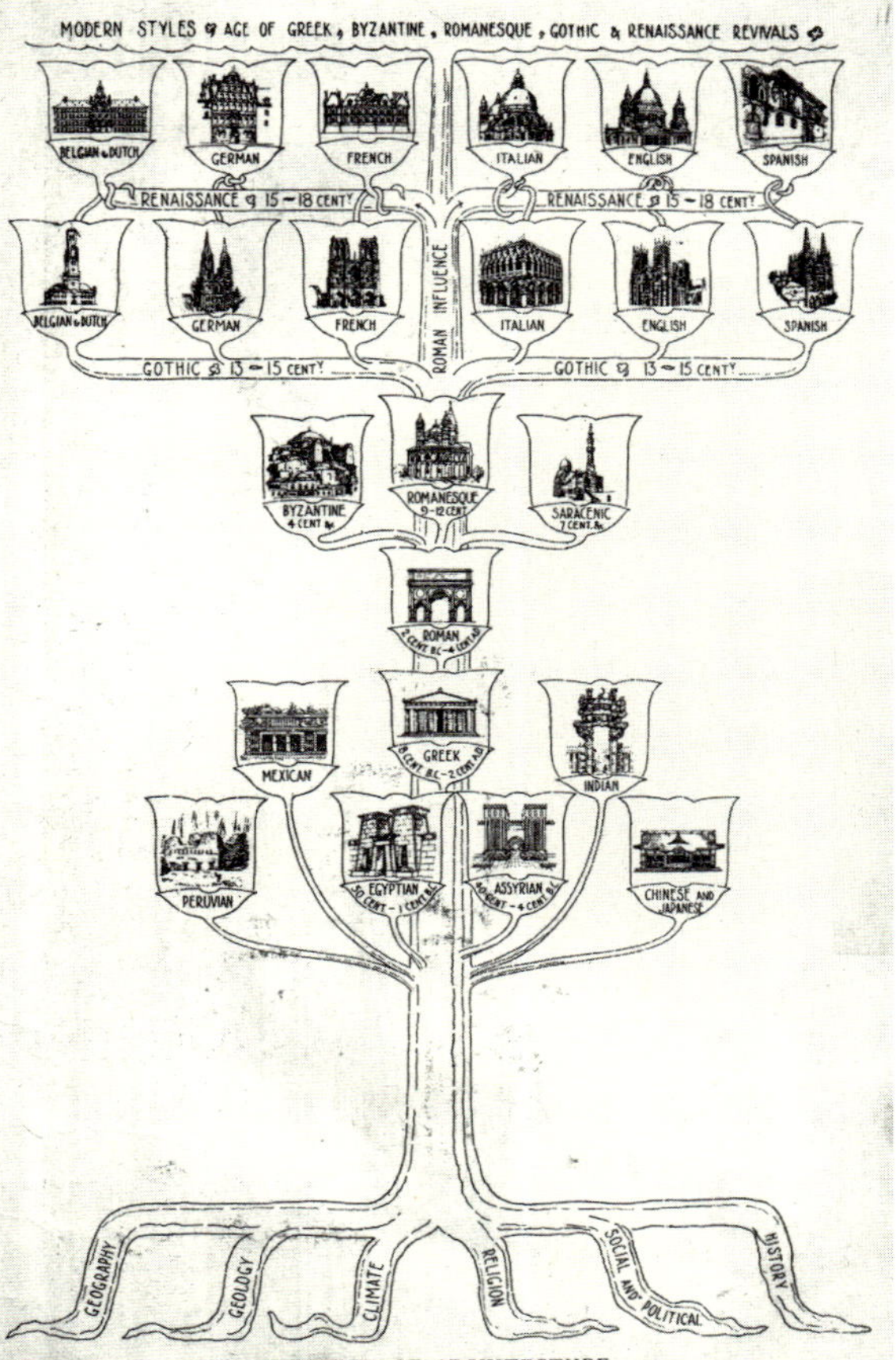

THE TREE OF ARCHITECTURE,
Showing the main growth or evolution of the various styles.

The Tree must be taken as suggestive only, for minor influences cannot be indicated in a diagram of this kind.

4. フレッチャー著 『建築の木』(A HISTORY OF ARCHITECTURE)
一九〇五年発行より「建築の木」。

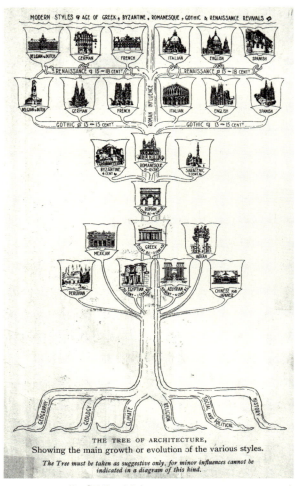

爆剤となった「日本の美術」とは、江戸、新しい明治日本が、古い過去として拭い去ったはずの残滓《ざんし》だった。日本の美術が近代に経験したジレンマは、この点にある。

ファーガソンの本が出版された一八七六年は、モネが金髪碧眼《へきがん》の自分の妻に日本の打掛《うちかけ》を着せかけて描いた大作、「ラ・ジャポネーズ」が発表された年でもある。奇《く》しくもその年、東京帝国大学建築学科で教鞭《きょうべん》をとるべく、コンドルは来日した。

ヨーロッパにとって「日本」は、あきらかに、同時代的なかかわりを共有する存在となりつつあったのである。

だとすると、忠太が目の敵にした西洋至上主義の世界建築史観も、実は西洋での「古典」の価値が揺らぎはじめた時代の反動と、透けて見えてくる。発展せずもの言わぬ東洋、西洋にとって凝視《ゲイズ》の対象だった「東洋」が、国際舞台で自らを演出し、発言しはじめた時代、という文脈で読み直される必要が、あるだろう。

ヨーロッパの歴史観にとって、西洋だけを能動的で発展するもの、それ以外の「他者」を受動的で静止したもの、とする見方は、当時の常識だった。西洋の知的パラダイムが築き上げたこのような姿勢、ことに西欧と中東とのあいだの、このようなかかわり方が、エドワード・サイード（一九三五－二〇〇三）によって「オリエンタリズム」と名付けられたのは、今から四十年ほど前のことにすぎない。[*5] ファーガソンやフレッチャーを見れば、オリエンタリズムは、中東だけでなく、インドやペルーや中国、日本などの非西洋地域全般に広げて考えられる問題だったことがわかる。

ファーガソンやフレッチャーは、当時日本だけでなく、全世界で英語を解する知識階級から多く読まれていた。忠太が憤慨したのは、日本を受動的で、壮麗な建築を築く「建設する人種《ビルディング・レイス》」ではない、とする決めつけだった。そしてそれを不快に思ったのは、ひとり日本の忠太だけではなかった。インドやトルコなど他の非西欧の国々にも、似たような憤慨があった。英国人ヘンリー・ヴォリスは「トルコ人は、アラブ人と同様、芸術的な人種には属さない」[*6]（拙訳）と、ファーガソンの引き写しのような人種差別的表現でトルコをおとしめた。

これは非西洋各国での「自国の」美術史・建築史記述のはじまりと、ほぼ軌を一にする。[*7] オスマン帝国は、早くも一八七三年、ウィーン万国博覧会に際して「オスマン建築の優越を世界に知らしめるために」、『オスマンの建築様式』[*8]と題した初の公式的建築通史を刊行した。インドでは、エルネスト・ビンフィールド・ハヴェル（一八六一－一九三四）やアーナンダ・クマラスワーミー（一八七七－一九四七）らインド芸術の自律性を掲げた美術史家たちが気炎を上げていた。忠太の憤激は、同時代性のある、世界に共通するものでもあった。

日清戦争に勝利し、日の出の勢いだった当時の日本の知識人にとって、文化的に劣等という西洋の学界からの評価は、堪え難いものだったにちがいない。忠太が反発し、世界を旅行し、日本の世界観を確立することで挑戦したかったもの。それは、西欧の知的言説の、日本へのオリエンタリズムだった。

あらゆる分野で西洋式がよいとされ、洋行をしなければホンモノではないと思われた時代。そんな時代に、忠太の旅は、地理的には日本の西にあるのに「東洋」とよばれ「オリエント」とよばれ、現代でもいまだにそう呼ばれている、その方角へ向かっていく。西欧からオリエンタリズムの視線を注がれた日本は、その視線を、あたかも鏡に映すように反射させて、自分より西にあるものを「東」と名づけた。自分の身を「西」に置いて、日本もオリエンタリズムの主体となることを望んだのである。日本はおりしも台湾を獲得し、朝鮮半島に食指を動かしていた。

忠太の世界旅行は、西洋の日本にたいするオリエンタリズムへの反発からはじまった。しかし、いったん「西」側に身を置いて眺めようとした忠太のまなざしは、カメレオンのように色を変える。旅した国々を、必要以上に傲慢《ごうまん》な筆致で書く。かといえば急激な欧化で伝統建築の消えゆくさまを悼《いた》む。ときには、軍艦と大砲の戦地に思いを馳《は》せながら、日本の古武士を描く。

優越と劣等感。忠太の旅には、日本人である忠太自身の、他の東洋諸国へのオリエンタリズムが色濃く影を投げかけている。しかも、忠太の旅はそれだけで終わらない。やがて忠太は、西洋人が絶対的他者として「オリエント」と呼んだ、中東地域にも身を置くことになる。「西」から見ようとした明治知識人にとって、中東は西洋のオリエンタリストたちと同じ意味をもったのだろうか、それとも、どこか違っただろうか。この類似と差異のあいだにこそ、日本人が近代化の過程のなかで物質的繁栄とひきかえに得たもの、そして決定的に失ったものがひそんでいるに違いない。

【引用文献・註】

＊1 岸田日出刀（ひでと）は、伊東忠太の回想として記述している。『建築学者 伊東忠太』乾元社 一九四五年

＊2 このあたりの事情は、初田亨『職人たちの西洋建築』（講談社 一九九七年）に詳しい。

＊3 十三蜜陀模様「法隆寺建築論」、『伊東忠太著作集 1 日本建築の研究（上）』原書房 一九八二年 一一三頁

＊4 Banister Fletcher, A History of Architecture, B.T.BATSFORD,London,1905（First ed.1876）

＊5 エドワード・サイードが『オリエンタリズム』を世に問うたのは、一九七八年のことである。Edward Said, Orientalism, Vintage Books, 1978.

＊6 Henry Wallis, The Oriental Influence on the Ceramic Art of Italian Renaissance, London, Bernard Quaritch, 1900. 引用部分の原文は次の通り。"The Turk, like the Arab, does not belong to an artistic race".

＊7 インドの事情については、Partha Mitter, Much Maligned Monsters: a history of European Reactions to Indian Art, Chicago, University of Chicago Press, 1992. オスマン帝国の事情については、Ahmet Ersoy, "Architecture and the Search for Ottoman Origins in the Tanzimat Period", Muqarnas: An Annual of the Visual of the Islamic World, vol. 24, 2007, pp. 117-139. を参照。

＊8 Ethem Paşa, etc., Usul-u Mimari-i Osmani, Wien, 1873.

第Ⅲ章

「回教／イスラム」建築初体験

旅路で聞いた長女の誕生

新婚一年の妻、千代子を東京においての旅路だった。忠太三十五歳、当時としては晩婚である。

千代子は、越後新発田《しばた》藩の藩医入澤恭平の娘で、東京帝国大学教授、宮内省侍医頭《じいのかみ》を歴任の内科医入澤《いりさわ》達吉（一八六五－一九三八）の妹である。忠太は義兄の医学的見地にもとづく、椅子式の入澤邸を設計してもいる。現存するこの「荻外荘《てきがいそう》」は、のちに政治家の近衛文麿（一八九一－一九四五）が購入して、数々の会談、さらに第二次世界大戦直後には、その死の舞台ともなった。

その千代子が、出発まもなく懐妊した、かもしれない。

第一便は一九〇三（明治三十六）年五月三十一日、忠太は北京から米沢の両親に「まだはっきりしないので大騒ぎをしないように」[*1]と書く。内緒の知らせを両親に伝え、妻側をあわてさせた能天気な夫が浮かぶ。千代子は、青山の実家にいた。

いよいよ確実との知らせは同年七月。忠太は北京から早速、「男児ならば祐基、祐元、太郎、一郎、一（はじめ）」、「女児ならばはつ、きく、よし」[*2]と、理由つきで提案した。翌年一月に少し帰国して「愛児の顔も一寸《ちょっと》見たき心地致し候」と書いたが、実現しなかった。

第一子は女児で、菊の季節に因《ちな》み「きく」と名付けられた。男児でなくて落胆したと、両親に率直に述べているあたり、いかにも明治の男らしい。だが、子供が健康で僥倖《ぎようこう》と妻を庇《かば》う文面からは、子煩悩で家族思いの人柄がうかがわれる。東京の千代子は、きくの写真や手形を送って成長の様子を伝えた。

初対面は、生誕の二年後だった。きくは三歳になろうとしていた。三年三ヶ月の大旅行の背後には、日本に残された妻と、まだ見ぬ我が子があったのだった。

出発には、決死の覚悟があったはずだ。一九〇二（明治三十五）年三月二十九日、東京・新橋駅には、百数十名の親戚・朋輩《ほうばい》が見送りにきた。一年後の同日、中国の貴陽《きよう》から忠太は、一年間無事の喜びと感謝を両親に書き送った。

旅のあいだには、道連れを亡くしたこともあった。中国で一部同行した横川省三（一八六五–一九〇四）は、蒙古《もうこ》で客死した。インドでは、留学僧の堀至徳を忠太自身が荼毘《だび》に付した。同乗した馬車が横転し、怪我《けが》が破傷風となった。命に別状はなかったが、忠太自身もインドでマラリアを患った。

忠太の生涯を通じた膨大な業績を見わたすとき、なんといってもその基礎には、健康で強靭《きようじん》な体力がある。色白で細身、身長五尺一寸（約一五四・五センチ）と小柄だったが、粗食に耐え、どんな環境でも眠った。本人は「日々斬新なる発見、発明に謀殺《ママ》され候為《た》め病魔のツけ入るべきすき間無之《これなし》*3」と嘯《うそぶ》いた。余談だが、写真に服の皺《しわ》が目立つのをしきりに気にした手紙もあり、お洒落《しやれ》で見栄《みえ》坊な性格がほのみえる。

忠太の中国旅行

本章では、忠太がイスタンブルに至るまでの旅の軌跡をざっと見ておこう。天津に上陸、北京からはじめた中国旅行を、忠太は五つの行程に分けた。

第一は、天津、北京と山西省、第二は、北京から保定、正定経由で河南省の開封へ至り、鄭州、陜州、華州等を経て西安まで、第三が、西安から咸陽県、秦嶺を越えて漢中に到着、剣州、綿州を経て成都まで、第四が、蛾眉《がび》山登山と、叙州、揚子江を下って重慶、漢陽、漢口経由で貴陽まで、第五が貴陽から雲南、趙州、大理、永昌を経て騰越から緬甸《ビルマ》（現ミャンマー）に入るまで、一九〇二年四月八日から翌六月一日までの一年二ヶ月弱である。北東部から蛇行しながら南西部に進んだ。

実は忠太にとって海外、中国への旅は、これがはじめてではなかった。

一九〇一（明治三十四）年七月から一ヶ月強、北京の紫禁城の調査をしている。その前年の義和団事件鎮圧後、華族の岡部長職《ながもと》（一八五五－一九二五）の肝煎《い》りで実現した。工学士土屋純一（一八七五－一九四六）、写真家の小川一真（一八六〇－一九二九）、通訳の岩原大三（大三郎とも記す）らとともに、日本人建築史家によるはじめての海外調査でもあった。[*4]

忠太は生涯で通算十回中国に渡り、精力的に調査している。[*5] 目的は、ひとつには、法隆寺をはじめとする日本建築の源流を探ること、もうひとつには、日本政府の植民地的関心とも重なるが、広い意味での「東洋」建築の裾野の検証にあった。漢文の素養のある日本人にとって中国研究は、西洋諸国に比べ出遅れた東洋研究で互角に戦える分野だったはずだ。インド、トルコを「深く研究する価値がある」としながらも、のちに忠太が中国研究に重点をかけていった背景には、そんな事情もあっただろう。

忠太、雲崗石窟を「発見」

一九〇二年六月一日から一ヶ月強の山西旅行。ひとりで出発した世界旅行だが、このときは横川省三、宇都宮五郎と通訳の岩原大三が一緒だった。馬車と驢馬《ろば》の編成で、「一行は皆怪しげな洋装で、頭には大きな兜《かぶと》型の夏帽を戴《いただ》き、七ツ道具を肩や腰に犇々《ひしひしと》つけた有様《ありさま》はなかなか凛々《りり》しく見えた」。

途中、宿の手代の強い勧めで「覚束《おぼつか》なくも」馬と鞍《くら》を購入、騎馬旅行を敢行する。いちばん経験のある横川省三が先頭で、大同を目指したのが六月十日。十五里も行かないうちに馬が暴れて逃げ出し、野山を越えて追いかけ捕まえるのに丸一日がかりという珍事もあった。

この旅行で、忠太は雲崗石窟を「発見」する。

忠太の世界旅行の最大の成果は、〈雲崗石窟の発見〉とされている。**（写真1）** 法隆寺のエンタシスがギリシャからの伝播《でんぱ》と証明したい忠太にとって、雲崗石窟の仏像が、法隆寺の本尊、釈迦《しゃか》三尊像とほぼ同じ特徴をもつことは、伝播の経路の発見を意味する。忠太はすぐさま『建築雑誌』にその容貌が「法隆寺金堂内の壁画に於《お》けるものと酷似」し、衣紋も「同所の鳥仏師《ママ》作のものに酷似」し、模様は「全然我が所謂《いわゆる》推古式即《すなわ》ち法隆寺式」と報告を送った。[*6]

日本語でのみ発表されたため、建築史的には、功績はフランスの調査隊のものとなった。だが忠太は、雲崗石窟の存在の発見者となるよりも、法隆寺をギリシャにつなぐ痕跡の「発見」を、むしろ喜んでいたのではないか。忠太自身はのちにこの「発見」を、全くの偶然で、「此《こ》の地に拓跋《たくばつ》氏時代の遺跡が現存していようとは夢想しておらなかった」[*7]と語っている。

重大「発見」をした忠太の旅の目的は、達せられたも同然だった。だが、欧米のつくった「世界建築」を覆したい忠太。基礎となる建築知識はどうしても、自前のものであるべきだ。それには、自分で歩き、見るしかない。旅はまだまだはじまったばかり、そして世界は広いのだ。

1. 雲崗石窟寺院の発見は世界旅行中ピカイチの成果。写真は後年の訪問時による。前列右が忠太　日本建築学会建築博物館蔵

「回教建築」との出会い

中国で忠太は、仏教と喇嘛《ラマ》教の寺院をおもに観察している。だがここでは、忠太と「回教建築」（いわゆるイスラム建築）の出会いを示す、面白いものを紹介しよう。

北京へ戻り、南西方面の河南、開封、洛陽へ出発したのが一九〇二年八月五日。東周、漢、後魏、隋、唐の歴代王朝の古都洛陽は、忠太の訪問時には「魏の胡大后《ママ》が建てたという永寧寺の百丈の宝塔」も「唐の皇城宮城の殿門」も跡形もない、人口二万五千の田舎町だった。洛陽郊外の龍門石窟寺院は、「様式は、後魏のものは全く我が法隆寺式」、「唐のものは全く我が天《てん》平《びょう》式」。柱の意匠などに西域＝インドの影響を認めた。

この洛陽で、忠太ははじめて回教寺院である「清真寺」を訪問した。

現代の読者には「回教（イスラム教）」というと中東のイメージが強いが、忠太も述べるように、イスラム教徒は共産主義以前の中国では決して少数派ではない。いわば、シルクロードの後裔《こうえい》である。またインドは、ティムール帝国やムガール帝国など強力なイスラム王朝の本拠地でもある。つまり、忠太はトルコでいきなりイスラムに遭遇したのではなかったのだ。

忠太によれば、当時洛陽城外にはモスクが十、信徒は二千人ほどいた。モスクは、「外観は支那《しな》風であるが、内部の設備は全くアラビア本土のモスクと同様」で、教徒は「頭の尖《とが》った帽を冠《かぶ》り、其の上に額のところへ布を巻きつけて」いた。

当時の中国で盛んな宗教として、喇嘛《ラマ》教、禅教（仏教）、儒教の次に「回教」を挙げる忠太は、「ほとんど支那の各方面に分布され、教徒は一種の戒を持ってなかなか頑固」と解説する。諸説あるが、イスラム教はアラブ商人の通商ルートから中国へ伝来し、遅くとも唐代にはモスクがあったとされる。

一九〇二年九月二十三日、忠太は西安に到着した。隋、唐、漢、秦、後周などが都としたこの都市は、人口約五万と忠太は見た。それでも、写真原板や日本の巻煙草《まきたばこ》、風呂敷など外国雑貨も手に入り、日本に留学経験のある中国人政治活動家から一本の日本酒を贈られるなどの珍談もあった。

西安には、大秦国景教流行中国碑がある。「大秦国の僧阿羅本が景教の教典を将来《ママ》し」各地に教会を建てた経緯を記したもので、唐の建中二（七八一）年の日付と、古代シリア文字の銘をもつ。碑は宗教弾圧でいったん埋没し、十七世紀前半に出土した。忠太はここを訪ね、拓本をとった。

キリストの位格をふたつとする景教（キリスト教ネストリウス派）は、コンスタンティノポリス（現イスタンブル）総主教ネストリウスが説いたが、四三一年、エフェソスの公会議で異端となり、東方へ流れた。

碑は、イスタンブルと西安の繋《つな》がりを示す証拠物である。忠太はのちにシリアで、ギリシャ正教の管長に拓本を見せ、読んでもらったのだが、それについては第X章で詳述しよう。西安内外の古趾《こし》は面白く、探検には「少くとも六ヶ月」必要だが、わずか五日で去るのを忠太は残念がった。

　西関を過ぎ、蜀の道へ進む。忠太は詳細な行程図を添え、「蜀の道中は名所古蹟斗《こせきばか》りに御座候」、「四川の地は三国志の踏査の如《ごと》き心地致し申候」*8と物語の舞台を歩く期待を米沢の両親に書き送った。

　粗末な支那服で全中国を回る米国人宣教師夫妻に出会いつつ、「偉大と言うよりも寧《むし》ろ凄壮《せいそう》……凄壮と言うよりも寧ろ悲壮」な秦嶺山脈一万尺を越え、漢中に入った。建築は煉瓦より木材、木割りも軽快で軒が反り返った中清式となる。忠太は、北清より遥《はる》かに豊富な窓や欄間《らんま》の挟間《はざま》に「往々アラベスク的のもの」を見る。

「アラベスク」は、多く「唐草」と訳されるが、西欧語からの造語で、「アラビア風の」を意味する。蔓草《つるくさ》の絡み合いと幾何学パターンからなる文様である。いわゆるイスラム美術では、ルーミー紋とよばれる。起源は中国、イランなど諸説あり、ユーラシア大陸全域で見られる。のちに論文「飛鳥《あすか》模様の起源に就《つ》いて」を発表する忠太は、具体例を細かに観察していた。西安では古碑に「龍」や「唐草」を確認した忠太だが、漢中ではじめて「アラベスク」の語を使用した。

　十一月二日、三国時代の蜀（蜀漢）の都、成都に到着。忠太は、この人口三十万近い大都会を、内陸都市としてシカゴに比べた。忠太によれば繁華な市街は、最大で二間半（約四・五メートル）ほどの「道路の幅が狭い結果」。石敷で泥濘《ぬかるみ》がなく、北清より遥かに便利、「木造建築が発達し泥土の家は勿論《もちろん》ない、煉瓦家も比較的に少い」と記録した。

城内の寺社祠廟を訪ねるうち、忠太は文殊院という大伽藍《がらん》でまた「アラベスク」に遭遇する。窓の挟間の意匠で、「あるいは回教の影響に由《よ》るのではないか」とまで書いた。

中国で忠太は、しばしばイスラム風装飾に注目したが、世界旅行中は深入りしなかった。それが叶《かな》ったのは帰国四年後の一九一〇年春である。広東の回教建築を実地調査し、「広東に於ける回教建築」を発表した。[*9] 文化的相違や許可手続きを乗り越え、回教寺院懐聖寺を調査した忠太は、外観は中国建築の特徴なのに、内部にはミフラーブ（聖龕《せいがん》[*10]）やミンバル（モスク内に設置されている説教壇）を備え、アラビア本土のモスクと同様と書いた。

ところで忠太は、旅行中さまざまな文化的相違に遭遇した。

道中苦楽をともにした愛馬が、成都到着後死んだ。宿の人々に弔いを頼み、代価を払おうとすると、逆に主人が銀二両をくれようとする。不審に思って質《ただ》したところ、主人は、動物の葬式など思いもよらず、食用馬肉や皮を買い取るのは自分のほうだと思い込んでいたのだった。忠太は結局、代価なしで馬の亡骸《なきがら》を宿の主人に与えたが、「多分憐《あわ》れむべき馬は皮は剥がれ、肉は寸断されて市場に繋がれたことと思う」と諦《あきら》めた。

動物であれ、「よく私に慣れて犬の如く」苦役に耐えた馬に恩を感じる日本人と、実利的な中国人の文化の違いが見えて、面白い。

峨眉山登山と旅費の捻出

忠太は登山もした。「三年有余の世界旅行中最も愉快なる事項の一つ」、峨眉《がび》山登山である。峨眉山は道教や中国仏教の聖地、普賢《ふげん》菩薩の霊場で、二十六の寺院を有する。

登山は一九〇三年十一月十七日より往復六日間、護衛兵六名、人夫二人、忠太と岩原に従僕で十一人、全員の食料持参の大編成だった。当時中国の内地旅行は、政府の保護が必要だった。日本領事館から「護照」（旅券）の発行を受け、旅行の際経路の各地方官衙を訪問すると、護衛兵、宿の手配から晩餐《ばんさん》、次の目的地への通達、車馬の用意までしてくれる。だが、小使《こづかい》、給仕人、掃除番などへの心付け、護衛兵には日当一人一日百文の規定で、旅費はかさむ。湖南省の長沙府では、以前「細井工学士」に百人の兵をつけたときいて驚き、自分のときは極力少数でと願ったが、大船一艘《そう》に水兵十三人、武官一人。その後の常徳では、「従兵十一人、県吏一人、轎夫《きょうふ》（輿《こし》を担ぐ人）六人、自分と岩原君」で二十人だった。

節約旅行の方法もある。「手続きを踏まずに、全く官衙の保護を受けずに……（中略）……

支那服を着け、支那人に化け」るなら、旅費は一日百文から二百文ですむ。中国語に堪能であることが必須条件だが、忠太は「体面を構わず時間に制限を置かない人に限る」と切って捨てている。

　文部省の留学費では足りるはずもない。旅費の問題は忠太の頭を常に悩ませていた。そこで、当時農商務大臣だった叔父平田東助へ無心した。ボンベイから米沢の両親への便りには、「文部省からの支給でできる丈《だ》けのことをして居れば論はないのです。支給が不足で出来兼ねる所を無理に仕《し》ないで、他日又《また》充分の支給を受けて出直すと云《い》う法もあります。御仰《おっしゃり》し通り百や二百の補助は何の効もないので、どうしましても千金の補助でないとその甲斐が御座リマ船《ママ》*11」とある。

　資金があればできる旅と、できない旅がある。欧米列強の外交官や富裕層を向こうに、日本政府派遣の学者である。「万一不叶《かなわぬ》ときは夫《そ》れ迄《まで》ですから、強《たっ》て御両親様や叔父様の御心排《しんぱい》は、何卒御無用にして下さい。忠太必ず自分の力で見苦しからぬ工夫を致します」……見栄っ張りといえばそれまでだが、忠太の言辞には、日本を代表して外国にいるという気概が見える。ネッチョの忠太、見込み薄と思われた追加の旅費は結局認められた。

　のちに貴陽から雲南へ向かう途中、楊松駅で、西本願寺の大谷光瑞率いる大谷探検隊の支隊、京都第三高等学校生の野村礼譲、茂野純一に出会った。忠太は、部下が馬五頭で「二馬を乗用とし、三頭を荷物用とし、別に従者二名馬夫二名……従者のうち一名は料理人」*12という旅行ぶりに、「つくづく今自分の試みつつある旅行の姑息《こそく》にして小規模なるを恨んだ」と漏らした。当時の年間予算が京都市とほぼ同額という西本願寺の財力を、まざまざと見た気がしたことだろう。

これがきっかけで、忠太は日本へ帰国直後の一九〇六年夏、京都に大谷光瑞を訪問し、帰国後最初の設計作品となる西本願寺大連別院（一九〇七年）、同鎮西別院（一九一〇年）〈いずれも実現せず〉設計の依頼を受ける。計画は実現しなかったが、真宗信徒生命保険株式会社本館（西本願寺伝道院、一九一二年竣工《しゅんこう》）で、忠太は「インド・サラセン様式」の意匠を結実させた。建築家と施主の幸福な関係は、のちに忠太生涯の代表作、築地《つきじ》本願寺を完成させたのだが、あとで述べることにして、再び忠太の旅行に戻ろう。

忠太は、徐州府《じょしゅう》（現在の江蘇省北西部）で英米仏の宣教師十数人の勢力争いを目撃したり、瀘州《ろしゅう》（現在の四川省南部）の師範学堂教官の日本人伊藤松雄に歓待されたり、漢口の新聞に載ったりしながら、重慶に到着する。日本領事館に九日間滞在し、雲南ビルマ事情に詳しい仏領事と面会、次に備えた。北京出発前、我が子を見にここから一時帰国を考えたが、叶わなかった。

この先は、揚子江を利用して南下する。宣昌漢口間には、日本の商船会社、支那の招商局、英国の二社の四つの汽船会社が就航している。忠太は英国のジャーデン・マヂソン商会の「可《か》なり美しい船」江和号の一等、三十両也に乗船した。支那人は一等に乗れず、「支那一等」が十両で、逆に日本人は一等以外には乗れない、と忠太は記録している。

漢口は、節目だった。一九〇三年の大晦日《おおみそか》に到着し新年を迎えた忠太は、女児誕生を知る。各国領事館があり、同郷の親友大滝八郎もいる人口八十万の大都会に四十日間滞在、収穫物を整理し、次の旅に備えた。

漢口よりビルマへ

湖南、貴州、雲南の三州を縦断、山越えしビルマ（現ミャンマー）へと漢口を出発したのは、翌年二月十日のことだった。南下につれ、忠太は中央政府の力が遠ざかるのを実感する。大魚塘（湖南省と貴州の境界付近）では、悪漢に髪を引っ張られ、「東洋鬼東洋鬼」と嘲笑された。雲南ではさらに露骨で、中央政府の保護を受けていると訪問しても顧みられもせず、夜宿屋の部屋に投石するものさえあった。英仏の宣教師や外交官は、強力なネットワークで存在を誇示していた。

雲南は、「回教が盛んに行われている」。植生が違う。ミャンマー人、老撾人、安南人、苗族、シャン（白夷または辣人）、カチン人など民族的にも多様だ。忠太は建築的にも、「面白い装飾文様が多い、多分回教芸術の影響がある」と注目し、清真寺（モスク）の装飾を描写した。

雲南の手前の貴陽県では、「木か紙を様々な形に切り抜いて互いに組み合わせた様な図案」[13]の中古以来の建築装飾を、忠太は「支那の回教伽藍」にもあり、「アラビア芸術と何等《なんら》かの関係」と考えた。雲南の先の南詔・大理は、かつて回教が盛んだったので、「定めてみるべき回教建築があったろう」[14]が、戦乱での破壊を惜しんだ。現存のものも「建築装飾文様などに回教趣味のものはずいぶん少なくない」[15]と見た。

ミャンマー街道へ向かったのが一九〇四年五月二十七日。太平舗で校倉《あぜくら》造りの家屋群に感動したり、旧知の井戸川大尉一行と偶然再会したり、永昌府で諸葛孔明南蛮征伐の古蹟を見たりしつつ、忠太はとうとう「支那帝国の南西の門」、騰越《とうえつ》に行き着いた。太平洋戦争末期に激戦区ともなった場所である。人口九千、イラワジ川の支流太平河の上流で、海抜五千八百尺（約千七百六十メートル）、ミャンマーとの税関も兼ね、英国総領事館がある。

忠太は、日本外務省の権限がおよばない地域で、英国のネットワークを利用している。騰越の英国総領事館の唯一の館員で総領事の「リットン氏」は、ぜひ領事館に泊まれと誘い、歓待した。そればかりか、行き先の「バーモ、マンダレー、ラングーン等の知事、インド政府の外務省及び君子但丁堡《コンスタンティノープル》の英国大使等へ」それぞれ紹介状を書き、医師に診察までさせてくれたのだった。

話は飛ぶが、以前、筆者はイスタンブルの総理府文書館で、オスマンル語の書類に混じって一通、イスタンブルの英国大使館の紋章入りの添え書きをみつけた。そのときは、忠太が英国外務省の後盾を得たのが疑問だったのだが、ここで氷解した。ちょうど一年後のイスタンブルで、この紹介状が役立ったのだった。

熱帯植物に目を奪われながらシャンの地を通過、中国と英領ビルマの国境越えは、一九〇四年六月一日だった。

忠太は北ビルマ最重要の都市新街《バーモ》に到着後、イラワジ川に沿って南下、マンダレー（当時の首都）、パガーン、ブローム経由でアンダマン海に面するラングーン（現首都ヤンゴン）へ出た。一転して仏教の盛んな地に来た忠太は、パガーンのアナンダ寺、タビンユ寺、ガウダパリン寺を訪問し、壮大さに感嘆した。パゴダが皆金箔《きんぱく》張りなのを、「緬甸《ビルマ》の目星《めぼし》い塔はみな此の有様であるから、金箔代は実に夥《おびただ》しいであろう」、ある大塔に寄進された傘蓋《さんがい》は、「代価が英貨五万磅《ポンド》」などと伝えている。

忠太、インドへ

ラングーンから汽船バンガラ号で、忠太は英領インドへ向かう。カルカッタ（現コルカタ）への到着は、一九〇三年七月二日。翌年三月まで、約八ヶ月をこの亜大陸で過ごした。インドで忠太は、大都市を起点にする五つの旅程をとった。

第一は、ベンガルの南西オリッサ地方をめぐる小旅行。第二は、再びカルカッタから、ブッダガヤ、鹿野園《ろくやおん》、ベナレスの仏教聖地、イスラム教遺跡ジャウンプールやラクナウ、ヒンドゥー教、ジャイナ教寺院群カジュラーホ、最古の仏教遺跡サーンチーを経てボンベイ（現ムンバイ）の約一ヶ月。

第三は、ボンベイから北・西インド、カシミール地方で、一九〇三年九月二十日から約三ヶ月強。ヒンドゥー寺院のエレファンタ、エローラ、仏教石窟壁画のアジャンターを訪れた。ムガール帝国の旧都アグラ、インド的仏像の故郷マトゥーラ、その後デリー、ラホール経由でカシミール地方から、忠太の法隆寺建築ギリシャ起源説にも重要なガンダーラ地方を経てボンベイに戻った。同伴者堀至徳は、この旅で死亡した。

第四は、ボンベイからイスラム教が盛んな北部のグジャラート、第五は一九〇四年一月六日から一ヶ月弱、南インド旅行である。イスラム教寺院の多い半独立王国のハイダラバード国、インド第三の都市マドラス（現チェンナイ）、多くがヒンドゥー教でジャイナ教寺院もある半独立のマイソール国、仏教遺跡豊かなセイロン島を訪れた。

大都市カルカッタとボンベイが起点のインドの旅程は、中国旅行とは、大きく性格が異なっていた。ひとつには、旅の速度である。馬で歩いた中国に対し、英領インドは鉄道で駆け抜けた。景色の移り変わりを楽しんだ中国旅行に比べて、短期間でかなりの箇所を訪問したインド旅行は、記録も断片的になったきらいがある。

もうひとつには、文化との距離である。建築史的には未踏とはいえ、歴史や文学でなじみもあり、宗教的にも仏教や儒教が多数派の中国に比べ、インドは仏教生誕地ではあるが、文化的には日本人にほぼ未知の地域だった。

忠太は、西欧中心主義的と反発していたサー・カニングハムやファーガソンの著作を、ほぼ唯一の指針とするほかなかったが、それさえ不完全で偏見に満ちていた。変幻自在に姿を変え、血を好み、性の歓《よろこ》びを謳歌《おうか》する異形の神々の姿は、一神教のキリスト教的文化史観の西欧から、背徳的で悪魔的と描写された歴史がある。*16

日本の多神教的伝統からか、忠太はインドの神々に嫌悪感を抱いていない。「二千年前の人情や風俗や、技術がよく分《わか》る」(ウダヤギリ、カンダギリ)、「極めて精巧であるが、其の彫刻の多くは思い切った男女の像であるので始めて見る人は呆《あき》れ驚く」(コナラック)と、図像を克明に写しもした。

「インド建築の複雑は、殆ど糾問《きゅうもん》的なれど、面白し」。しかし実際は、独自のインド建築史を構築するどころか、参考書の内容を実見し消化するだけで、手一杯の旅行だった。忠太自身も、作品を事前に猛勉強しておき、「これまでの学者の眼に見えた如くに自分の眼にも見えるや否やと試るのである」*17と白状している。

忠太は帰国二十五年後の一九三〇(昭和五)年に「印度建築史」を上梓《じょうし》している。これには、現在のパキスタンや中国に跨《また》がるカシミール地方や、ネパール、チベット、アフガニスタンにあたるガンダーラが含まれる。とくに、通常「インド」には入らない「ブルマ（現ミャンマー）」、「シアム（現タイ）」、「ラオス」、「カンボヂア」、「チャムパ」、「ジャワ」まで含む点は見逃せない。日本の植民地主義と、南・東南アジアが「インドシナ」という軍事上の地域だった、西洋列強の当時の世界観を反映している。

中国とインドの旅の性格の違いは、曲がりなりにも独立国家だった中国と、英国の植民地だったインドという現実の違いでもあった。

インドでの「回教／イスラム」建築初体験

そのインドで、忠太はより本格的に「回教建築」を体験した。

ニューデリーの南東約五〇〇キロ、古来イスラム教が盛んなラクナウで、忠太は「大イマンバラ寺」（バラ・イマームバラ、シーア派のモスク複合施設、一七八四年建立）を「実に宏壮《こうそう》な建築で例の半球状の屋根、細く高い隅塔が面白く空中に突き出ている」と評した。有名なタージ・マハルは「美しさ限《かぎり》なし」だが、忠太自身は夫のアクバル大帝の墳墓が好みで、「森厳、雄壮な建築で、タージ・マハールなどの類いではない」。ファテプールシクリにあるアクバルの宮殿と伽藍では、広大さに驚かされた。

そして、「回教寺は一般に規模が開濶《かいかつ》で爽快で、印度教のように沈鬱《ちんうつ》で韜晦《とうかい》なところは少しもない。教義の上から自《おの》ずから建築の性質も異なって来る」と、回教建築の明快さを指摘している。インドで感得したこの特徴は、その後オスマン帝国でも参考としただろう。

インドでの回教建築体験は、これで終わらない。帰国の十五年後、一九二〇（大正九）年に、忠太は論文「印度建築と回教建築との交渉」を発表した。インド建築の起源について、同時代の西欧の議論をふまえたものだ。忠太はこの一文で、ガンダーラを証拠に西洋の優越性を主張するファーガソン、ヴィンセント・スミス（一八四八－一九二〇）ら英国人学者のインド芸術ギリシャ起源説と、インド民族主義の観点から、エルネスト・ビンフィールド・ハヴェルが唱えたインド芸術の自律説を比較考察した。ハヴェルは英国人だが、ノーベル賞詩人ラビンドロナート・タゴール（一八六一－一九四一）の甥で画家のアバニンドロナート・タゴール（一八七一－一九五一）とともに、インド独立の理論的礎、カルカッタ学派の中心人物である。

ハヴェルは、インドのイスラム建築を「イスラム建築の一部」というファーガソンを批判、「インドの建築であって、イスラム建築ではない」とした。

現代では、タージ・マハルなど、インドのイスラム王朝が建てた建築は、いわゆる「イスラム建築」に当然のように入っている。だが一方、最先端のイスラム建築史では、民族・地理、宗教的にも多種多様な文化を「イスラム」の枠組みで画一的にくくるのはそもそも無理がある、との議論も盛んだ。

「イスラム建築」の定義をめぐる二十一世紀の議論は、二十世紀初頭に白熱した、民族か、宗教かの、建築の分類の基準の問題が、形を変えて蘇《よみがえ》ったようでもある。ただ、二十世紀初頭の議論では、「イスラム建築とはなにか」との根本には疑問がもたれず、アラビア半島のものだけが基準で、民族的な解釈に終わった。いわゆる「イスラム建築」の、地域や民族を跨いだ多様性・普遍性の議論は、ポスト・コロニアリズム以降のことだろう。

忠太は、双方の論点を整理し、「拱《きょう》」（アーチ状の構造部分）、「球蓋《きゅうがい》」（窪み状のドーム構造部分）、「構造」、「装飾の文様」の四点で「印度建築」と「回教建築」を比較して、「印度回教建築は何処《どこ》までも印度の建築である、印度国民の建築である」が、回教の影響はあり、「印度回教式」と名付けうる、と結んだ。

忠太の頭にはこのとき、西洋の様式を導入した明治日本があった。回教の様式を「西洋の様式」に、インドを「日本」に置き換えている。「東京駅の建物は日本の建物である、日本国民の建物である、英米の建築家は彼の如き意匠計画は建てない」という。「日本の西洋建築」は「印度回教式」がインドであると同様、日本の一部だ。この主張には、アジア民族主義の傾向がみえる。

もちろん、帰国後時間を経ており、この論考は旅の収穫そのものではない。だが、六年後の

『東洋建築史概説』[18]を見ると、「回教建築」体験が、なにか根本的な変化を忠太の世界観におよぼしたような印象を受ける。

本書の第一章は「亜細亜《アジア》に於ける希臘《ギリシヤ》・羅馬《ローマ》の影響」。『法隆寺建築論』の著者としてわかるが、次がなんと、「初期サラセン建築」[19]、「サラセン建築」だ。中国が含まれないのは別として、この構成は、忠太の「東洋」定義での「イスラム建築」の位置を示している。忠太はいったい、なぜ「サラセン（イスラム）建築」を、『東洋建築史概説』の冒頭に据えたのか。

もしかするとそれは、このインドでの見聞、そしてオスマン帝国での経験と関係するのかもしれない。それを考えながら、旅を続けよう。

【引用文献・註】

＊1　一九〇三年五月三十一日、北京より米沢の両親宛忠太書簡　山形県立図書館蔵

＊2　一九〇三年七月七日、北京より米沢の両親宛忠太書簡　山形県立図書館蔵

＊3　一九〇三年七月七日、北京より米沢の両親宛忠太書簡　山形県立図書館蔵

＊4　村松伸「忠太の大冒険—伊東忠太とアジア大陸探検」（一）－（二十四）、『東方』一五四－一八一号　東方書店　一九九四－九六年

＊5　忠太の中国での活動について、詳しくは徐蘇斌「中国」、鈴木博之編著『伊東忠太を知っていますか』王国社　二〇〇三年

＊6　伊東忠太「北清建築調査報告」、『建築雑誌』一九〇二年九月号　二七三－二七四頁

＊7 「支那旅行談」、『伊東忠太建築文献　第五巻　見学紀行』　龍吟社　一九三六年　一二七頁

＊8 一九〇三年七月三十一日、北京より米沢の両親宛忠太書簡　山形県立図書館蔵

＊9 「広東に於ける回教建築」、『伊東忠太建築文献　第三巻　東洋建築の研究　上』五四九－五七四頁（初出『建築雑誌』一九一七年三月）

＊10 モスク内のキブラ壁（カアバ神殿の方向を示す礼拝堂内部正面の壁）に設置された窪んだ部分

＊11 インドより米沢の両親宛書簡、明治三十六年十一月三十日　孟賣（ムンバイ）　山形県立図書館蔵

＊12 「支那旅行談」、『伊東忠太建築文献　第五巻　見学紀行』　龍吟社　一九三六年　三一〇頁

＊13、14、15　＊12に同じ。

＊16 Partha Mitter, Much Maligned Monsters: a history of European Reactions to Indian Art, Chicago : University of Chicago Press, 1992. エドワード・サイードの友人でもある著者は、『オリエンタリズム』よりも先に、そのインド版ともいえる西洋人のインド建築受容を批判的に歴史俯瞰する本書を発表した。

＊17 「印度旅行茶話」、『伊東忠太建築文献　第五巻　見学紀行』　龍吟社　一九三六年　四二五－四二六頁

＊18 伊東忠太「東洋建築史概説」、『世界美術全集』刊行元不明　一九二六年

＊19 中世のイスラム様式をさす西欧の造語。

第Ⅳ章

伊東博士、イスタンブル建築を斬る

忠太の「必見！　イスタンブル建築リスト」

忠太がイスタンブルで見たのは、どんな建築だったのか。「回教／イスラム」建築体験ならば、そこが気になる。

手がかりは、肌身離さずもっていた「野帳」である。

イスタンブルは第九巻。冒頭に、忠太は十四件の建造物名を列記した。[*1] 実際には、それ以上の三十五件の建造物の記録がある。本書の巻末にリストを付した（**「伊東忠太がイスタンブルで見た建築一覧」**）。忠太自身の表記と、（　）内が現在の呼称である。また、折り込み地図（**「伊東忠太がイスタンブルで見た建築所在地」**）に現在のイスタンブルでの所在地も記したので、忠太の足跡巡《めぐ》りと洒落《しゃれ》込むのも一興だろう。

ざっと分類すると、ビザンチン時代の宗教施設十五件、オスマン朝時代の礼拝施設十件、同非宗教施設六件、ラテン・カトリック系キリスト教宗教施設二件、ビザンチン時代の非宗教施設一件、キリスト教以前のローマ時代遺跡一件である。[*2] ビザンチン時代の宗教建築が多い。対するオスマン建築は、非宗教施設も入れて、やっとビザンチン時代の宗教建築とほぼ同数。

いっぽう、野帳冒頭の十四件の建造物は、すべてがビザンチン時代の教会だ。「ジャーミ（モスク）」の名前が多いが、もとは教会で、オスマン帝国時代にモスクとなったものだ。[*3]

イスタンブル建築＝ビザンチン＝東洋？

つまり野帳から見る限り、忠太の興味は圧倒的にビザンチン建築にあった。イスタンブルで期待していたのは、「回教建築」ではなかったのだ。

意外である。現代ではトルコの建築といえば、アヤソフィアを別にすれば、やはり「イスラム」で、ミーマール・シナンなどの大規模モスクではないだろうか。だが忠太は、イスタンブルで「回教」よりも、東方キリスト教の建築をおもに見た。

この違いは、なぜだろう。

その理由は情報量にある。一九〇四年の時点で出ていた、オスマン帝国領土下の建築史の西欧語の書物は、それほど多くはない。それも、古代ギリシャか、ビザンチンに限られていた。西欧の学術的伝統をふまえてのことだ。野帳にメモされた参考図書でも、「回教建築」の専門書は皆無だ。オスマンやセルチュクの建築は、正統的学術の対象ではなかったのである。日本建築がそうでなかったのと、同じ理由だ。

忠太のイスタンブル建築探訪には、西欧の学問傾向のバイアスが、初めからかかっていた。

1．忠太が「世界有数の美建築」と評したアヤソフィア。建造は六世紀、現在は博物館である。筆者撮影

忠太は、アヤソフィアを「世界有数の美建築」という。**（写真1）**「ビザンチウム時代の寺院は、必ずドーム（穹窿《きゅうりゅう》形の屋根）がある。……一体の調子が西羅馬《ローマ》とは根本的に違って、著しく東洋的の性質が現われている。此《こ》の点に於《お》いてビザンチウム芸術は非常に趣味の深いもの」[*4]と紹介した。

ビザンチン建築が「東洋的」との考えを、忠太は旅行中温め続けた。オスマン帝国の奥へ続けた旅でも、繰り返し登場する。いっぽう、オスマン建築やセルチュク建築も、しばしば「東洋的」「日本的」と記した。直観的な印象だろう。だが、帰国後忠太が日本で初めて「東洋建築史」を書いたと知ると、別の意味を帯びる。忠太の「東洋建築」には、ビザンチンもあったのではないか。

忠太はイスタンブルから「米沢有為会雑誌」

にビザンチンを「東洋と西洋との中間に在るもので、寧《むし》ろ奇抜突飛」[*5]と書き送った。それが旅の終わり近くには、ビザンチンの起源はアラブと同一、ササン朝ペルシャと見るようになっていた。その時代に建造のアンマン城（六一二年、現ヨルダン）を訪れ、「ササン朝美術は独創性を出したもので、ビザンチンとアラブはここから分化している。ビザンチンとアラブがおたがいによく似ているのは、ふたつとも、もともとササン朝ペルシャから出ているから」[*6]（筆者口語訳）と書いた。「ビザンチンは東洋的」とは、当時、忠太ひとりの考えではなかった。十九世紀後半の西欧建築史には、滅亡した帝国ビザンチンは「東洋」であるとの見方が、たしかに存在した。オスマン帝国の首都イスタンブルは、西洋では十字軍の「失われた聖地コンスタンチノープル」。イェルサレムへの憧憬《しょうけい》と奪回の大義名分は、帝国主義の裏の文脈として、建築史記述にも反映されていた。[*7]

　忠太の「東洋」観にも、同時代の西洋の文脈は影響をおよぼしていただろう。

オスマン建築行脚と忠太の見落とし

そのビザンチン帝国を滅ぼしたオスマンの建築に、忠太は手厳しい。「土耳其《トルコ》人はコンスタンチノープルを占領した後、……サンタ《ママ》・ソフィヤの建築には余程《よほど》感心したと見え、これまでの自分の国の固有の建築法を棄《す》てて此のサンタ・ソフィヤの建築法に倣って伽藍《がらん》を造った」*8と書く。

　野帳でも、モスクの記述はそっけない。オスマン建築の精華、スレイマーニエ・ジャーミイ（一五五七年）（写真2）でさえ、「minarets 四本　コノ plan ハ sophia ニ似タリ、Sophia ニ AA、ノ柱ヲイレサル所外ニ異ナル点ナリ、其他《そのた》全ク同シ」*9で片付けられている。簡単なメモのなかに、建築家のシナンが「象足《ぞうあし》」と呼んだ、大円蓋を支える柱の存在を看破しているのはさすがだが。（写真3）

　オスマン建築のなかで、忠太はかろうじてスレイマーニエと、スルタン・アフメット・ジャーミイ（通称ブルーモスク、一六一六年）のふたつを「土耳其全国に於ける二大建築」とした。だがそれも「規模の大きさはアヤ・ソフィアに譲らないくらい」で、全体的には、あきらかにアヤソフィアに軍配を上げている。

　しかし忠太は、重要なものを見落としていた。

現ブルガリア国境に近いエディルネの、セリミエ・ジャーミイ（一五七五年）（写真4）である。スレイマンの息子セリムⅡ世（位一五六六―一五七四）建立のこのモスクは、規模、構造の明晰性、近代性で、他を圧する。同時代のイタリア建築と比肩され、世界遺産でもある。円蓋の直径三十一・二五メートル。僅《わず》かな差だが、直径約三十一メートルのアヤソフィアを超えた。

2. オスマン建築の精華、スレイマーニエ・ジャーミイ(十六世紀)は、イスタンブルの景観に君臨する。手前はガラタ橋。筆者撮影

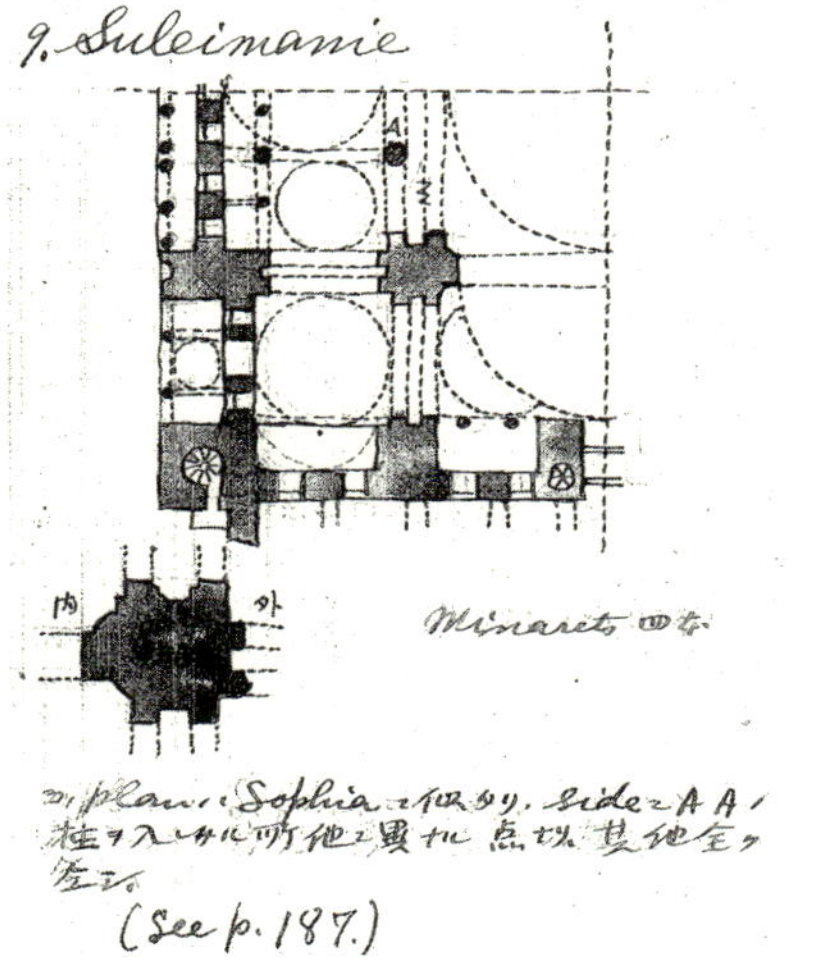

3. 忠太は「象足」の存在を看破し、スレイマーニエとアヤソフィアの違いを見抜いていた。野帳第九巻。日本建築学会建築博物館蔵

4. シナンが自身の最高傑作と称した、セリミエ・ジャーミイ(十六世紀)。二〇一一年、世界文化遺産に登録された。　筆者撮影

オスマン建築のスーパースター、ミーマール・シナンは、自ら口述筆記させた自伝『建築《テズケレ・ウル・》手帳《ビュンヤーン》』で、このセリミエを「名匠たる作品」と別格扱いにした。シナンによれば、シェフザーデ・ジャーミイ（一五四八年）は自分の「徒弟時代の作品」、スレイマーニエは「親方時代」で、名匠がセリミエ。オスマン建築の、堂々たる最高峰だ。

そんな唯一無二のセリミエを、忠太は見ぬままだった。シナン研究が進んでおらず、忠太の参考文献に出ていなかったからだ。叶《かな》わぬ相談だが、忠太がセリミエを見ていたらどう評価しただろう、と筆者は想像する。オスマン建築の点が上がっただろうか、いや、古建築好きの忠太のこと、ビザンチンへの偏愛は変わらなかっただろうか。

「サラセン」――「回教」をめぐる美の尺度

ビザンチン好みという点は加味しても、忠太はオスマン建築に冷酷だ。忠太には、オスマン建築の知識が充分でなかった。

だが、それだけではない。「回教（イスラム）」建築や美術をめぐる、西欧の〈美の尺度〉の問題も絡んでいた。十九世紀から二十世紀初頭、欧州で現代の「イスラム」を意味した言葉、

「サラセン」が鍵だ。

「サラセン」は元来ギリシャ語やラテン語で、アラビア半島のローマ領の「砂漠地方に住む者」を意味した。その後次第にアラブの部族を、八世紀にはビザンチン帝国のギリシャ正教徒が「イスラム教徒」を指《さ》して使うようになる。十六世紀までには、欧州の諸言語で「イスラム」、「ムスリム」を意味するようになった。

第Ⅲ章では中世イスラム、と簡単に説明したが、この言葉には、古代中世の「滅びたイスラム王朝」の色が濃い。十字軍が対峙《たいじ》した、というおまけつきである。十九世紀後半まで続いたインドのムガール帝国（一五二六－一八五八）や、当時現役だったオスマン帝国（一二九九－一九二二）などは、「サラセン」なのか、はっきりしなかった。「サラセン」の定義自体が、曖昧だったのだ。

その傾向は、研究の伝統にも残る。欧米のアカデミズムには、「イスラム」の王道はウマイヤ朝（六六一－七五〇）、アッバース朝（七五〇－一二五八）やマムルーク朝（一二五〇－一五一七）など古代中世の研究、との暗黙の了解が存在した。十六世紀以降のムガール朝やオスマン朝、カージャール朝などは本流外、との無言の圧力が、二十世紀末でもあったそうだ。こんな批評を、『イスラム美術の形成』の著者、碩学《せきがく》オレッグ・グラバールが、死の前の最後の訪問地となったイスタンブルで語ってくれたのを、筆者はこの耳で聞いた。

それだけではない。オスマン建築が東西両方の要素を備え、必ずしも（西欧から見て）「イスラム的」でなかった点は、正当な評価を遅らせた。日本建築を罵倒したあのファーガソンは、別の著書で、オスマン建築を「近代的」、「イタリアのルネサンス建築は間違った近代化の過程を辿《たど》った」、と述べた。[*10] 真逆の例だが、ファーガソンのこの評価が意外だと思わせるほどに、「イスラム」という線引きの先入観、〈「イスラム」と近代性は共存しない〉という予断は、あらゆる場面で、現代にも続いている。

建築王国としてのオスマン帝国

オスマンの建築的伝統には、アラビア半島やアナトリアの中世の建築術と、ビザンチンから受け継いだ円蓋建造技術の両方が備わっている。エフェソス、アスワンなど、領内の遺跡の古材からは、切石《きりいし》を活《い》かした。大規模モスクに帝国内の主要建造物からの部材を転用する「デウシルメ」は、そのほんの一例である。

十六世紀には、オスマン建築は、外交の情報戦の焦点となるほど、ルネサンス建築に同時代的な影響を与えている。シナンが生涯の傑作としたセリミエ・ジャーミイに着手したとき、イスタンブルのイタリア大使は、ただちに前代未聞の大建築事業を本国に報告した。スレイマーニエをわずか七年で、セリミエは六年で完成させたオスマン帝国の建築生産組織は、当時世界の最高水準にあった。

とかく〈大円蓋〉が注目されがちだが、アヤソフィアをはじめとするビザンチン建築は、構造支持体が煉瓦《れんが》とモルタルだったのに対し、オスマンの大規模モスクは、切石だった。

建築の根本が、まず違っていたのである。

切石という点で、オスマン建築の技術は、ビザンチンやアラブ、ペルシャよりも、遥《はる》かにギリシャ、ローマの伝統に近い。同じトルコ系のイスラム王朝ながら、セルチュク建築と決定的に異なる点だ。

切石やアーチの技術に基づき、ドーム架構や生産組織では西洋を凌《しの》ぐ「近代的」なオスマン建築。一方で、小規模モスクや付属設備には切石と煉瓦・モルタルの併用、住宅なら木造など、多様な建築文化が共存する。

明治日本から来た忠太にとって、イスタンブルのオスマン建築は、西洋的な近代性とは異なる高い技術の大規模モスクと、奇妙な張り出し窓が発達する木造の家が併存し、中世的「サラセン」とも違う、矛盾した存在だったのではないか。

忠太は、煉瓦とモルタルで積み上げられたアヤソフィアの重厚さに圧倒されたが、同じくらいの円蓋の荷重を支える構造を究極まで合理化し、石積みで実現したオスマン建築の「軽さ」に秘められた〈近代性〉は、理解できなかった。のちに「建築進化論」で、「木造から石造に進化する」と唱えた忠太の理想は、日本建築が本来もつ「軽さ」ではなく、欧州が伝統とした石造の「重厚さ」だったのかもしれない。

オスマン建築で忠太が唯一褒めている点、それは「装飾」だった。「土耳其人はビザンチウム式の建築法を模倣したが、……其《そ》の装飾は決して模倣をしなかった」、「一体土耳其人は表面を装飾することが好きであって、亦《また》上手である」[*11]と書いた。

装飾は付属物と見られがちだが、いわゆる「イスラム建築」では、枝葉末節ではない。基礎中の基礎である「ヘンデセ」と根底をひとつにする。

「ヘンデセ」は、通常「幾何学」と訳されるが、語幹に「技術」の意味をもつアラビア語起源の言葉である。数学、物理学、建築学、土木学、さらには医学、音楽、書道、細密画など、芸術や科学の基礎だ。

いわゆるイスラム美術に独特の、無限に広がる変化と調和のパターン装飾は、「ヘンデセ」に基づく。ルーミー（いわゆる「唐草」）、ハターイー（草花紋）、幾何学模様、ムカルナス（鍾乳石《しょうにゅうせき》飾り）などの装飾は、イスラムの数学・自然科学の蓄積の昇華だ。

忠太がどう捉えていたかは不明だが、オスマン建築では、宇宙の摂理を象徴する大円蓋を支える構造の幾何学的整合性は、「装飾」と、根元で一貫している。建築家には、複雑な幾何学模様を寸分の狂いなく彫り込む、螺鈿象嵌細工師（セデフキャーリー）出身もいるほどである。

忠太式オスマン建築分類法

オスマン建築にさほど熱心に見えない忠太だが、野帳に、そう言いきれない痕跡がある。大規模モスクを三つに分類した試みである。

円蓋の架構と重量処理は、古来オスマンの建築術の花形だった。のちに、建築史研究の傾向にも引き継がれた。モスク建築を、円蓋と支持構造から分類する方法は、一九七〇年代くらいまで、オスマン建築史研究の主流だった。忠太の試みは、そんな流れに先駆けている。

忠太式分類法の「第一種」は、「真中《まんなか》に鍋を冠《かぶ》せたような屋根を高く築いて、其の四方に鍋の半分の屋根を出す。即ち四方Semi-domeの型」。「第二種」は、「中央の円屋根の前後にセミドームを附《つ》け、左右は切り妻を架ける型」で、「第三種」は、「中央の円屋根の四方が切妻《きりつま》になる型」。代表例は、それぞれスルタン・アフメット・ジャーミイ（一六一六年）、スレイマーニエ、スルタン・オスマン寺（ヌル・オスマーニエ、一七五五年）だ。

〈Semi-dome〉など英語の単語から、なんらかの先行文献によった点は確かだが、二点が興味を引く。第一は、時代的文脈の無視。第二は、ミーマール・シナンの不在だ。

代表作を年代順に並べてみよう。第一種スルタン・アフメットは十七世紀、第二種のスレイマーニエは十六世紀、第三種のヌル・オスマーニエは十八世紀。時系列からいえば、「第二種」―「第一種」―「第三種」とするべきだ。

代表作の出現には、建築史上の訳がある。

イスタンブル征服は、建築史でも大事件である。アヤソフィアの大空間との邂逅《かいこう》。これを自分たちでも実現しようとする。ようやく同程度の大円蓋を達成したのが十六世紀、三代のスルタンに仕えた建築家頭、ミーマール・シナンである。これが、分類で最初に来るべき「第二種」。シナンは、大円蓋だけでなく、空間の通気採光に心を砕いた。アヤソフィアの薄暗く重厚な空間に比べ、四つの「象足」の柱に円蓋を支えさせ、最大限窓を穿《うが》ったスレイマーニエの内部空間は、あくまでも明るく、軽やかだ。仄暗《ほのぐら》さに微光を放つモザイクで全能の神の神秘が演出された東方キリスト教と、闇を鮮やかに照らす光明《ヌル》、合理性の投影である幾何学的整合性を重んずるイスラムとの、宗教的性格の違いでもある。

十七世紀、架構技術とプロポーションは踏襲され、大円蓋への挑戦はやむ。代わりに、都市空間での大規模モスクの見せ方が、脚光を浴びる。通常ミナーレ四本のスルタンのモスクに、六本建てさせたスルタン・アフメット・ジャーミイは、その典型だ。「ブルーモスク」の愛称は、碧《あおみどり》が基調のステンドグラスとチニ（タイル）の華麗さにもよるが、アヤソフィアの真正面の立地は大きい。建築は、装飾性と奢侈《しゃし》を極める。数学の枠、音楽療法の巧者で、螺鈿象嵌細工師の建築家、メフメット・アアの真骨頂である。

忠太は、スルタン・アフメット型を「第一種」としたが、「四方セミドーム」は、十六世紀にすでにシナンのシェフザーデ・ジャーミイがある。シナンは、百以上のモスク建築で、実にさまざまな型を試した。

十八世紀には、外交・内政に宥和策《ゆうわさく》がとられ、建築にも西洋の影響が見られる。「第三種」のヌル・オスマーニエ・ジャーミイはその嚆矢《こうし》である。建築家はアルメニア聖教徒のシモン・カルファ。この頃には、キリスト教徒によるモスク建設も、珍しくなかった。

ヌル・オスマーニエでは、馬蹄形《ばてい》の中庭回廊にバロックの影響が指摘される。装飾でも、古典様式にはない欧風のC字型、S字型曲線がある。のちに、オスマン式バロック（オスマンル・バローウ）とよばれる様式である。

縦長の直方体に四つの大アーチを架け、上に円蓋を被《かぶ》せる。大アーチ内部の壁には窓を配し、内部空間は明るい。ドルマバフチェ・ジャーミイ（一八五三年）、オルタキョイ・ジャーミイ（一八五四年）など、十九世紀の大規模モスクに多い。これもイスタンブル、エディルネカプのミフリマー・スルタン・ジャーミイ（一五六五年）でシナンがすでに試みている。残念ながら忠太式分類は、円蓋と荷重処理のみに注目し、オスマン建築史の流れには無関心である。

忠太は、オスマン建築の技術的・様式的変遷を、どれほど認識していただろう。自分が憤激した、「西洋以外の建築に歴史的文脈と発展を認めない」偏見や態度を、図らずも繰り返してはいなかったか。オスマン建築の歴史的文脈とあまりに無関係な分類を見ると、その思いがよぎる。

忠太とシナン

忠太はシナンのことをどの程度、知っていたのだろうか。

その名前に言及したのは、たった一度である。代表作の記述ではない。小品のピヤーレ・パシャ・ジャーミイ（一五七三年）についてのメモだ。英語で、「イスタンブルのカスム・パシャの谷にあり、たいへん趣の異なったモスクである。一五六〇年にドリア指揮下のキリスト教徒の艦隊を破った海軍大将《カプタン・パシャ》によって築かれたもので、おそらく、著名な建築家『シナン』の作品である」[12]（拙訳）とある。

小円蓋を三つずつ二列並べたピヤーレ・パシャ・ジャーミイは、多柱式モスクから発想されている。多柱式とは、古都ブルサの初期オスマン建築、ダマスカスのウマイヤッド・モスク（七〇五年）にも源流を遡《さかのぼ》る。空間を碁盤の目状に仕切って交点に柱を置き、間隙を小さなドームで覆う。

一五七三年竣工《しゅんこう》、晩年の作品だ。スレイマーニエやセリミエを完成させたシナンが、原点に戻った。大規模モスクで得た構造技術を実験的に加えた点で、玄人好みの作品である。オスマン建築の分類をした忠太が、タイプ外のモスクに興味を覚えた、と考えるのも楽しい。

同時代建築へのまなざし

ところで忠太は、同時代のイスタンブルの建築的動きを、どう見ていただろう。十九世紀以降、自国の「建築史」記述と、欧州で主流だった歴史主義の傾向が、オスマン帝国でも芽生えたと、忠太は知っていただろうか。

オスマン帝国はじめての公式的「建築史」書の誕生は、日本とよく似ている。

一八七三年のウィーン万国博覧会で、オスマン政府は官製のオスマン帝国建築史『オスマン《ウスル・ウ・ミーマリー・》の建築様式《イ・オスマーニー》』をまとめた。日本政府が初の美術史書『稿本日本帝国美術略史』を、一九〇〇年のパリ万博で出版したのと、同じである。ちなみに、忠太はこの本の「建築之部」を執筆している。明治政府がはじめての万国博覧会正式参加にてんやわんやだった同年、オスマン帝国は国際舞台で自国の建築史を披露していた。二十七年の開きである。

日本版建築史書は、色刷りと写真入り、最初フランス語、翌年日本語で出版されたが、オスマン帝国版は、フォリオ版、[*13]色刷り十四点を含む一八九点の銅版画入りで、仏、独、オスマンル語の三ヶ国語併記だった。

本書は、オスマン建築成立の歴史的経緯と、三つの見どころを示した。第一が十五世紀ブルサの初期オスマン建築、第二がオスマン建築の理論的基盤、第三が花形建築家ミーマール・シナンの全建築作品リストである。

出発点は似ているが、ふたつの建築史書は大きく違う。日本版は、過去の傑作のみで同時代への言及はないが、オスマン帝国版は、過去の記述とあわせ、現在と将来の方向性を強調した。出版当時の当世風、ネオ・オスマンル様式である。欧州で流行したオリエンタリズム様式のオスマン的解釈だ。

建築家として、忠太は同時代の新傾向に無関心ではなかっただろう。傍証がある。イスタンブルで知り合った人びとの顔ぶれである。

毎日通った博物館（現イスタンブル考古学博物館）の当時の館長は、ハリル・エテム・ベイ（一八六一－一九三八）。フランス人考古学者ギュスターヴ・メンデル（一八七八－一九三八）を招聘《しょうへい》して館蔵品総カタログを作成させた人物である。当時からすればウィーン万博など三十年以上昔の話だが、『オスマンの建築様式』のパトロンだった当時の大宰相、イブラヒム・エテム・パシャ（一八一九－一八九三）の直系の孫だった。考古学博物館の創立者オスマン・ハムディ・ベイ（一八四二－一九一〇）の甥でもある。オスマン・ハムディは、文化財の海外流出を防止する法律を整備し、パリのエコール・デ・ボザールでレオン・ジェローム（一八二四－一九〇四）に学んだオリエンタリスト画家でもある、トルコ近代美術史のＶＩＰだ。日本で言えばさしずめ、黒田清輝《せいき》と九鬼隆一の業績を、足して二で割ったような人物である。忠太は、そんな一族の末裔《まつえい》と、知己を得たのである。

オスマン帝国で出会った人々

山形県立図書館には、「西遊紀念名片子」**（写真４）**なるものが保存されている。二〇一二年一月、筆者の調査により、全冊が、忠太がオスマン帝国旅行で出会った人びとの名刺帳と判明した。見開き十四ページの和綴《と》じの冊子に、全六十六点。オスマン帝国旅行中の忠太の交友関係を辿《たど》る、貴重な資料である。

領事、パスポート係官、通訳、軍人など、旅行の関係諸官が多いが、ほかにもある。予想に違《たが》わず、「オスマン帝室博物館非常勤館長」ハリル・エテム・ベイのフランス語の名刺があった。個人的な交流もあったのだろう、イスタンブル出発に際して、山田寅次郎などに混じって、ハリル・エテム・ベイ直筆の連絡先が、忠太野帳の第十二巻にある。

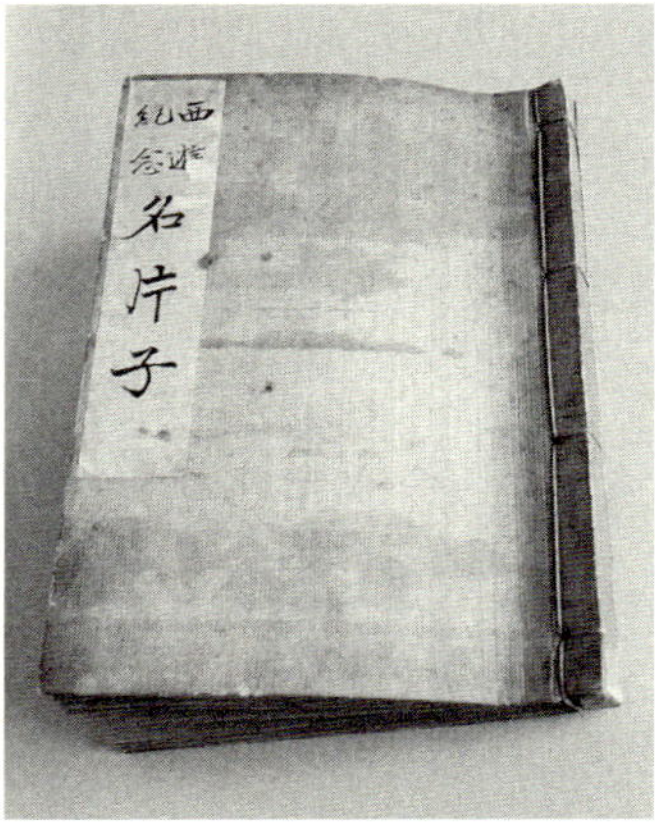

4. 忠太がオスマン帝国旅行で出会ったひとびとの名刺を集めたアルバム、「西遊紀念名片子」の表紙(上)。忠太がオスマン帝国であった人々の名刺(下)。多くはオスマンル語とフランス語の二カ国語併記である。山形県立図書館蔵

建築家や大学教授もいる。「技師・建築家　M.　ヌリジャン」、フランス語とオスマンル語の名刺。住所はイスタンブルの Avenue de la Sublime Port Messeret Han。アール・ヌーヴォ風の字体「ハイク　T　ジプシー　建築家　ミラノ」はイタリア語。忠太の鉛筆書きで Rue Békiar no.4 Péra Constantinople とメモがある。ヌリジャンはムスリム、ハイクはユダヤ系だろう。

有名人もいる。「カイロ国立博物館保存技官、アラブ文化財保存委員会主任建築家」、マックス・ヘルツ・ベイ（のちにパシャ、一八五六-一九一九）。ナポレオンⅢ世の皇后ウージェニーの訪問時に建てられたカイロのゲジラ宮のドイツ人建築家である。同業者たちと、忠太はどんな話をしたのだろう。

オスマン帝国の建築状況を「総《すべ》て土耳其建築は一種特別で却々《なかなか》奇抜な意匠があるが、近頃おいおい最近の欧羅巴《ヨーロッパ》建築法が這入《はい》って来て、惜《おし》いことには此の固有の形が段々毀《こぼ》れて来た」と語る忠太は、「土耳其固有の建築法が、これから段々廃《すた》れて行くように見えるのは、已《や》むを得ぬことであるが、全くこれを無くして仕舞うのは甚だ遺憾」[*14]と惜しんだ。

忠太が訪れた一九〇四年は、青年トルコ革命（一九〇八年）前夜である。

オスマン帝国は、民主主義先進国だった。一八七六年、アジア初の立憲君主制を実現した。日本より二十年以上早い。ところがアブデュルハミットⅡ世は、即位早々議会を閉鎖し、専制に逆戻りした。明治維新の約六十年前、一八三九年に始まった急激な近代化への、反動でもあった。当然、近代化推進派の反発は激しく、当局も目を光らせていた。忠太が遭遇した荷物検査、情報の国外持ち出し禁止の理由である。忠太は、イスタンブルからの第一書簡で米沢の両親に「欧亜に跨《またが》る大国（面積の点では）でありながら大学と云うものが無いのです。その理由は青年に余り立派な学問をさせると、土耳其の政治、法律、其の他色々なことの不完全なことを悟って終《つい》に革命を企てるだろうと云う心配からであるそうです」[*15]と書いた。

革命は一九〇八年成就、憲政が復活する。思想は建築にも反映される。ボザール式の構造に、鍾乳石飾り《ムカルナス》、タイルなど古典装飾の建築は、のちに第一次国家建築運動様式とよばれた。

近代国家の建設には、多民族共存の「オスマン」でなく、国民国家「トルコ」の民族意識が強調された。非ムスリム主流の建築の分野でも、「トルコ」のアイデンティティを唱えるムスリムの建築家たちが登場する。

第一次国家建築運動の代表格ヴェダット・テク（一八七三－一九四二）やミーマール・ケマレッティン・ベイ（一八七〇－一九二七）は、どちらもムスリムのエリート家庭出身で、欧州留学後自国の文化を見つめ直した新世代である。シルケジ中央郵便局（一九〇九年）、迎賓館アンカラ・パラス（一九二七年）などを見ていれば、「全くこれを無くして仕舞うのは甚だ遺憾」と書いた忠太は、トルコの同僚たちに共感しただろう。建築とは、伝統とは、国家とは、と語り合ったかもしれない。タゴールと岡倉天心の出会いが、インドと日本の真剣な交流に結びついたように、忠太とトルコの国家建築運動もつながれたのかもしれない。だがいかんせん、忠太のトルコ訪問は、四年ほど早すぎた。

オスマン建築にみる東洋的／日本的要素

イスタンブルで忠太は、目に留まった「日本的」要素を書き留めた。たとえばアヤソフィアの装飾文様は、「コノ形日本ノ巴《ともえ》ニ似タルヲ見ヨ　又卍《まんじ》ニモ似タルヲ見ヨ」。ギリシャの装飾（メアンダー）の変化形かとも考えている。

忠太が「日本的」と見たイスタンブル建築は、十八世紀前半のものが多い。バロック的表現とされる一連の作品である。「近頃の建築、ことに泉亭その他で軒《のき》を深く出し、その軒の形は直線的でなく殊更《ことさら》に勾配《こうばい》や曲線的にしたものがある、我が日光の様式と比較するべきもののようだ」[*16]（筆者口語訳）と書く。

忠太が「其の屋根の形は東洋的の考え」とするのは、トプカプ宮殿の第一の門、挨拶《バービュッセラーム》の門の向かいの、「アーメッドの水屋」（アフメットⅢ世の泉亭〈チェシュメ〉一七三〇）。忠太はこの屋根を、「日本の平安大内裡《だいだいり》の八省院《はっしょういん》の青龍、白虎両楼」に比した。「更に日本的の考えの入っている」のが「総理衛門（大宰相府《バーブ・アーリ》）」の門。野帳には「日本風で中央大唐破風、プロポーションが日本的なのは不思議」（筆者口語訳）、両脇の門番小屋も唐破風《からはふ》で、「コノ意匠土耳其固有ト思ワレス考フベシ」[*17]とある。「アヤソフィアの裏門」（同救貧院《イマーレッティ》の門）も同様で、スケッチがある。

十八世紀前半、イスタンブルでは、軒を張り出し、屋根を大きく湾曲させた建築が流行した。端正で幾何学的な古典的オスマン建築にもたらされたうねりは、二十世紀後半、オスマン式バロックと名付けられた。

バロックのオスマン帝国での受容は、十八世紀前半ヴェルサイユ宮殿やマルリ・ル・ロワ城など庭園建築の図面を持ち帰った大使ユルミセキズ・チェレビ・メフメット・エフェンディの功績が大きいとされる。だが専門家のあいだでは、この建築表現を西洋のバロックではなく、インドの影響、イラン起源とする議論、たんに誇張が嵩《こう》じた時代的なものとする説もある。

それぞれの掘り下げは避けるが、忠太が深い軒を「東洋的」、「日本的」と感じたとすれば、「オスマン式バロック」東洋起源説に、一票投じることになろうか。オスマン式バロックの装飾性と唐破風に似た軒は、日光東照宮の濃密な装飾と、精神的に同類といえるだろうか。

忠太が見た「東洋的」なるもの。イスタンブル建築を軒並み斬った伊東博士は、ボスフォラス海峡の東へ向かう。忠太は、そこに期待通りの「東洋」を見つけるだろうか。

だがその前に、次の第V章ではイスタンブルにしばし留まり、忠太滞在の様子を覗《のぞ》いてみよう。

【引用文献・註】

＊1　①アヤソフィア、②カーリエ・ジャーミイ、③クチュック・アヤソフィア、④ボドルム・ジャーミイ、⑤ゼイレック・ジャーミイ、⑥エスキ・イマーレット・ジャーミイ、⑦ギュル・ジャーミイ、⑧フェティエ・ジャーミイ、⑨アフメット・パシャ・ジャーミイ、⑩エミル・アクホール・ジャーミイ、⑪コジャ・ムスタファ・パシャ・ジャーミイ、⑫キリセ・ジャーミイ、⑬カレンデル・ジャーミイ、⑭アヤ・イリーニの十四件（呼称は、「野帳」に忠太が英文で記したのをカタカナに変更）。

＊2　一般に、「イスラム建築」は、キリスト教の施設のように「宗教」と「世俗」に分けられないが、ここでは対比をはっきりさせるために「宗教の礼拝に使われるもの（いわゆるモスク）」と、そうでないものに大別した。

＊3　ただし、十四件のモニュメントのうち、九番目に挙げた「アフメット・パシャ・ジャーミイ」は、イスタンブルにあるモスクとしては「ヒラーミー」・アフメット・パシャ・ジャーミイと「ガーズィー」・アフメット・パシャ・ジャーミイのふたつがあり、前者はビザンチン時代の教会だが、後者はミーマール・シナンによる十六世紀の建造である。

＊4　「欧亜の咽喉（のど）」、『伊東忠太建築文献　第五巻　見学紀行』龍吟社　一九三六年　五九五頁

＊5　「欧亜の咽喉」、『伊東忠太建築文献　第五巻　見学紀行』龍吟社　一九三六年　六〇二頁

＊6　伊東忠太「野帳」第十一巻

＊7　Mark Crinson, Empire Building: Orientalism and Victorian Architecture, London and New York, 1996, p. 76.

＊8　＊4に同じ。

＊9　伊東忠太「野帳」第九巻

＊10　James Fergusson, History of the Modern Styles of Architecture, vol. 1&2, New York, 1891.

＊11　「欧亜の咽喉」、『伊東忠太建築文献　第五巻　見学紀行』　龍吟社　一九三六年　五九六頁

＊12　伊東忠太「野帳」第九巻　原文は次の通り。「Kassim Pascha ノ valley ニアリテ大ニ趣ヲ異ニセル mosque ナリ．It was built by the Kaptan Pasha who defeated the Christian fleet under Doria in 1560, and is probably the work of the celebrated architect "sinan".」

＊13　全紙を二つ折りにして四頁にした判型のこと

＊14　「欧亜の咽喉」、『伊東忠太建築文献　第五巻　見学紀行』　龍吟社　一九三六年　五九七頁

＊15　一九〇四年五月二十日付　伊東忠太より伊東祐順・くめ宛書簡　消印コンスタンチノープル　日付不明　消印東京　一九〇四年六月二十七日　消印羽前米沢　明治三十七年六月二十八日

＊16　伊東忠太「野帳」第九巻

＊17　＊16に同じ。

第V章

忠太、スルタンより勲章を拝領する

「中村商店」に近いガラタに部屋を借り、名刺を作る。
家族や友人に便りを書く。写真館で写真を撮らせて焼き増しし、同封する。イスタンブルの珍しい絵葉書を集める。長旅で傷んだ靴を修理に出す。新しい靴を揃える。洗濯物は洗濯屋に出す。グランド・バザールで買い物する。書物を買い込んでは読み、内陸旅行のルートを検討する。日曜には馬車を雇って郊外に出かける。寅次郎を訪ね、ビールを片手に語り合う——。

一枚の勘定書から——トルコ旅行の懐事情

忠太の野帳第十一巻から、一枚の勘定書が出てきた。**(図1)** 一九〇四（明治三十七）年「六月十六日朝」の日付入り、日本語。約二週間分の日ごとの支出が記されている。寅次郎の筆跡だ。ここから窺《うかが》える忠太の日常は、冒険とはほど遠い、どこにでもある些事《さじ》に見える。

だがこの勘定書の些事から、さまざまなことが読み取れる。

たとえば忠太が、寅次郎にお金を預けていたこと。勘定書を素直に読めば、忠太は寅次郎に、フランスフランをオスマン帝国の通貨ピアストルに両替してもらい、支払いを任せていた。金額は三千七百五ピアストル。忠太自身の説明に基づいて換算すれば、[*1]当時の額で三百十五円ほどだ。蕎麦が一杯二銭の時代、現在二百円とするなら、約三百十五万円。[*2]かなりの高額である。

忠太の買物明細（野帳第十一巻より）　（※筆者註　山田寅次郎の筆跡による）

御預り金　3920 fr. = Piastres 3705 (20fr = P95)

五月三十日迄	第二回報告書明記ノ通り支出			P 1188.75
六月　一日	日本行書状二ツ及端書一ツ			2.50
〃　二日	バザルニテ古物御買物ノ内ニ出ス			20.00
〃	行小船及はし代			1.75
〃	戦争画端書彩色入二十枚			18.00
〃　三日	現金御渡（靴御買入ノ節）			108.00
〃　四日	エデオー分使			4.00
	案内者半日分手当			10.00
〃　五日	日曜サマテヤ行トネル	2	三人にそれぞれ当	…
	橋曳	1		…
	馬車	13		…
	鉄道	6.75		…
	馬車	3		…
	ビール	9.50		…
	鉄道	10.50		…
	橋曳	0.75		…
	鉄馬車	3.00		…
	案内者	15.00		…
		64.50		21.50
〃　七日	現金御渡（書冊御買入ノ節）			190.0
	清国出枕（？）			1.0
〃　八日	靴直し			15.0
〃	〃磨			.50
〃	〃内部革張り			3.0
〃　九日	御名刺百五十枚			15.0
〃　十日	写真小形写し十一枚			17.50
〃	買入大型写真一枚			4.0

（※筆者註　次ページ）

六月　十日	田中氏へ依頼小判焼付写真三枚出ス	P　6.0
	宮中行馬車	17.50
〃　十一日	御宿料六月十七日迄	144.00
〃	現金御渡	120.0
〃　十二日	日曜スタンブル行及ビール	6.75
〃　十三日	洗濯物	9.0
〃	画端書戦争墨画分	5.0
		1929.25

（※筆者註：以下忠太の筆跡）

予算	
残二十日宿料	288
食料六十日当	1000
準備費	500
諸雑費	400
	2188

御預金	3705.00
支出金	−1929.25
差引残金　六月十六日朝	1775.75

即チ　Naporeon 18.65 Piastres 75 sant.
（ママ）

図 1

出会ってまもない。異国の同胞だからか、福島安正という紹介者がいたにしても、破格の信頼ぶりだ。

勘定書の支出は多岐にわたる。ひとりで買い物の場合は、「現金御渡」として受け取っていた。まるで銀行である。数ヶ月後、内地旅行に出た忠太は、やはり寅次郎にまとまった金額を預け、留守中の用や、日本からの送金転送までやってもらっている。

官費旅行で、鷹揚《おうよう》だったのかといえば、実情は苦労していたことは、第Ⅲ章で見た。トルコの物価は「廉《やす》くない方で、大工一日一円六十銭以上二円半位、人夫一人八十銭以上、一円半まで。汽車賃は最も高い所で普通一里凡《およ》そ三銭五厘、上等九銭。鉄道馬車最低八銭。靴磨き四銭。郵税は内国郵便はがき四銭。同じく封書八銭。海岸地はこの半額という工合《ぐあい》で、大凡《おおよそ》日本の二倍」[*3]と書いた。明治人らしく、几帳面《きちょうめん》に日々の収支を綴《つづ》る忠太である。

当時の日本の物価は、白米十キロ八十八銭、東京の大工の一日の手間賃八十五銭[*4]。換算すれば、イスタンブルの物価は、ほぼ三倍だ。

以前の訪問地はどうだっただろう。忠太によれば、中国の護衛兵は一日一人百文（日本の約十四銭）が相場[*5]。オスマン帝国は一円だから、七倍以上の違いだ。中国人水準で護衛なしなら旅費は「一日百文乃至《ないし》二百文で充分」だった[*6]。英領インドは従僕が「一ヶ月三十ルーピー乃至四十ルーピー」[*7]（約十九〜二十六円）と格安だが、インド総督は「年俸二十五万円、知事の上級は月俸三千円」、技手は「月俸七百ルーピー（凡そ四百七十円）」[*8]と、べらぼうな格差である。忠太によれば、オスマン帝国の総督は「年俸二万円以上」[*9]で、インド総督との格差も相当だ。

忠太は実際家である。ここまで細かに物価や通貨換算などの記録のある旅行記は稀《まれ》だ。「船の外は凡《すべ》て二等旅行」のオスマン帝国国内旅行では、「一日平均八円五十銭」だが、「一等なれば一日十五円」、「従僕費は一日四円」と、貴重な数字を残している。

忠太の買い物——勘定書が現存資料に投げかける新たな文脈

勘定書から見えるのは、物価だけではない。

忠太が日本に持ち帰り、現在まで保存されていたもののなかに、勘定書の支払いと一致するものがある。

たとえば写真。勘定書記載の「写真」が、現存することがわかった。日本建築学会所蔵の、忠太の肖像写真である（**写真1**）。イスタンブル撮影のものは二点。一点は胸像、もう一点は立像である。台紙の左下に、**M. Nicolaïdes** 右下には **Stamboul** とある。勘定書の項目「六月十日写真小型写し十二枚」、「買い入れ大型写真二枚」と、まさに一致する。

1. イスタンブル旧市街にストゥディオを構えるニコライデス撮影の忠太肖像。日本建築学会建築博物館蔵

調べたところ、写真家アルキビアデス・ニコライデスの写真館は、旧市街、現イスタンブル県庁近くのバーブ・アーリ大通り、ムスルルオウル・ハンにあった。建築や博物館の調査の通りがかりだろうか、撮影用品を買ったついでだろうか。一九〇二（明治三十五）年のイスタンブル職業年鑑「アニュエル・オリエンタル」によれば、写真館は図書室付きで一般に開放され、出張撮影可能、とある。写真機や写真用品の購入者向けに、無料の撮影技術指導もあった。[*10]

忠太は行く先々で肖像写真を撮らせている。家族や知己に無事を知らせるためもあっただろう。写真をめぐるおかしな逸話もある。アナトリアのコンヤで馬車を走らせていると、あとから追いかけてくる男がいる。地元のアルメニア人写真師で、懇願され、写真を撮らせた。珍しい日本人の写真は写真館のウィンドウを飾り、道ゆく人が集まって眺めたという。[*11] 忠太はずいぶん値切ったが、ちゃっかり屋の写真師はあらかじめ吹っかけていて、値引きにならなかった、との後日談もある。

勘定書と一致するものは、もうひとつある。

名刺である。山形県立図書館所蔵の名刺帳「西遊紀念名片子」の巻頭にある。オスマンル語、英語、ギリシャ語、アルメニア語の四通りの文字で「教授伊東忠太博士」とある。右隅に、英語で小さくTokio Imperial Universityと記されている（巻頭カラー頁参照）。

たった一枚の名刺だが、イスタンブルで忠太のいた社交の環境が、凝縮されている。こんな名刺が必要となるのは、世界広しといえども、イスタンブルだけだろう。旅行で数ヶ月滞在するだけの場所で、名刺を印刷する必要があった。それだけ頻繁に、異なった文化・言語の人々に、新たに知り合う機会があった、ということだ。

わざわざ四ヶ国語にしたところが、いかにも忠太らしい。

当時の社交の言葉は、フランス語だった。「西遊紀念名片子」所収の名刺は、一言語のみは少数派で、ムスリムのオスマン人はオスマンル語、ルームならギリシャ語、アルメニア教徒オスマン人ならアルメニア語、と、母国語とフランス語二ヶ国語併記が主流だ。四ヶ国語刷らせて公平を期したのだろうか。いや、夜な夜な野帳にアラビア文字やギリシャ文字、アルメニア文字を練習した忠太のこと、むしろ洒落《しやれ》のめしたのではないだろうか。

忠太、スルタンより勲章を拝領する

勘定書でもうひとつ、注意を引く項目がある。

「六月十日　宮中行き馬車　十七ピアストル」。言葉通りに読めば、忠太が宮殿へ行くために馬車を雇った、その料金である。忠太は、何のために宮殿へ行ったのだろうか。

それを知るべく筆者が赴いたのは、イスタンブルの総理府オスマン文書館である。ここには、オスマン政府の、あらゆる省庁の公文書が収められている。はたして、伊東忠太に関する文書が九項目現存することがわかった。[*12]

いちばん古い文書は、一九〇四年六月十四日付。勘定書の「宮中行き馬車」の項目六月十日の、四日後だ。もしかするとこのふたつは、関係があるのではないか。

六月十四日付文書は、オスマン帝国国内旅行の許可願いである。「今回デルサアーデット[*13]に到着した日本人建築家・博士の伊東氏が、アヤソフィア・ジャーミイ[*14]とその周辺のシラフハーネ[*15]、皇室博物館[*16]にあるいくつかの収蔵品の写真と絵を制作するための許可を、アナドルの諸県と、バグダッド、エジプト、ダマスカス、イェルサレム、およびイズミルを訪問後バグダッド経由で日本へ帰国する願いを出したので、これについて便宜を図り、要望を関係の諸県に通達するよう……（以下略）」[*17]（拙訳）とある。

当時、オスマン帝国内の旅行にはスルタンの許可が必要だった。ましてや忠太は、当時正式国交のなかった、日本からの旅行者である。許可を待ちながら忠太は、「外務大臣、総理大臣を経て、スルタン陛下のお手元へ廻《まわ》って勅許《ちょっきょ》を得るまでには数十日を要するが、何事も緩慢な国でどうも仕方がない」[*18]とぼやいた。

日付順に追っていくと、忠太に関する通達が、宮中から大宰相府《セダーレット》、内務省《ダーヒリイエ》、さらに関係各所へ、帝国の官僚組織の膨大な網の目の隅々に届くのが見てとれる。おもな行き先は各県担当省、イスタンブル市庁、警察庁、コンヤ、アイドゥンなど地方の各県庁である。結局めでたく許可が出て、忠太がイスタンブルを出発したのは、一ヶ月半後の七月下旬だった。

ところで、忠太が登場する最初のもの、例の六月十四日付文書は「宮中のスルタン付秘書官室より大宰相宛」である。文書内容の出所が高い確率で、スルタン本人であることを意味する。つまり、おそらくほぼ確実に、「宮中行き馬車」の支払いをした六月十日、忠太はスルタン・アブデュルハミットⅡ世から謁見《えっけん》を許された。

例の名刺帳「西遊紀念名片子」には、スルタン付秘書ヒュセイン・ナーイムの、フランス語・オスマン語併記の名刺が納められている。六月十四日以降、帝国の隅々に行き渡った通達は、謁見で願い出た許可が、聞き届けられた結果にちがいない。お膳立てをしたのは、山田寅次郎だったのか、それとも別ルートだろうか。

謁見を裏付けるもうひとつの物証がある。オスマン帝国のメジディ勲章である。これが忠太の遺品から見つかった。先に触れた二〇一〇年にイスタンブルで開かれた展覧会「三日月と太陽　イスタンブルの三人の日本人　山田寅次郎・伊東忠太・大谷光瑞」展準備の調査中、米沢市上杉博物館に保存されているとわかり、筆者が同定した（**巻頭カラー頁参照**）。同館所蔵の伊東忠太遺品目録には「メジ《マ》デヤ《マ》勲章」とあるだけで、博物館側も、それまでどこの国のものかわからなかったという。

　オスマン帝国は、スルタン・アブデュルメジット（位一八三九－一八六一）時代、勲章制度を西洋から導入した。忠太が受けたのは勲三等である。山田寅次郎も一八九二年の最初の来土時、勲章を拝領しているが、勲四等。忠太は当時東京帝国大学助教授で勅任官なので、ランクの差は、本国での身分を反映している。

　勲章を身につける忠太の肖像写真も見つかった。日本建築学会建築博物館所蔵の大礼服の盛装の半身像である（**写真2**）。東京本郷の写真館の名があるので、帰国後の撮影だろう。

　だが不思議なことに、オスマン帝国側の記録が出てこない。勲章授与は本来「勲章帳」に記載され、外国人用もある。「勅令」の場合もある。筆者はすべての文書を洗い出したが、ついに出てこなかった。探索の糸は途絶えたかに見えた。

　だが意外なところから証拠が出た。日本の国立公文書館である。日本人が外国から勲章を受けると、それを佩用《はいよう》する許しを得るための「外国勲章佩用願」がある。明治三十九（一九〇六）年十月提出、十一月五日受領、と内閣府の記録に忠太の名前が出てきた。韓国、スペイン、清

2. 大礼服で盛装の忠太。胸にオスマン帝国スルタンから拝領のメジディ三等勲章が光る。日本建築学会建築博物館蔵

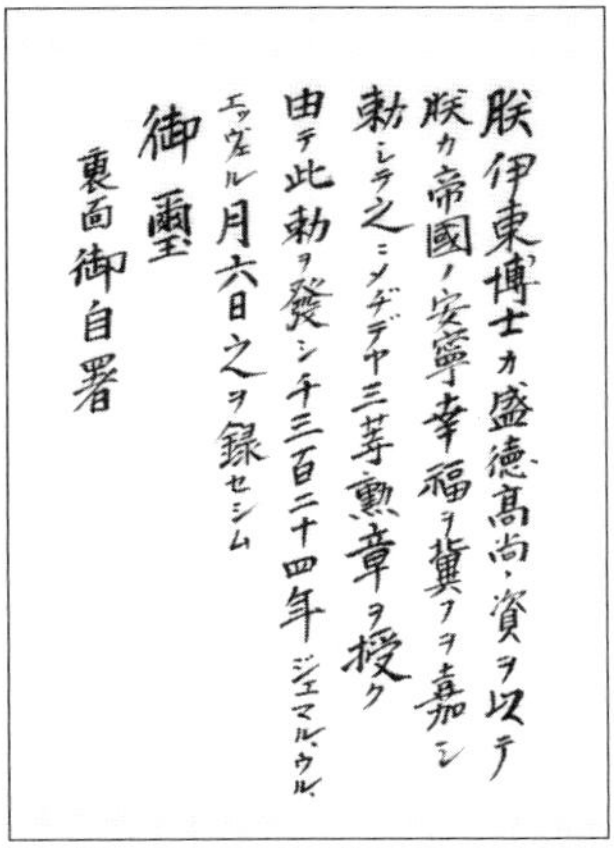

朕伊東博士カ盛徳高尚ノ資ヲ以テ
朕カ帝國ノ安寧幸福ヲ冀フヲ嘉シ
勅シテ之ニメヂデヤ三等勲章ヲ授ク
由テ此勅ヲ發シ千三百二十四年ジエマル・ウル・エッヴエル月六日之ヲ録セシム
御璽
裏面御自署

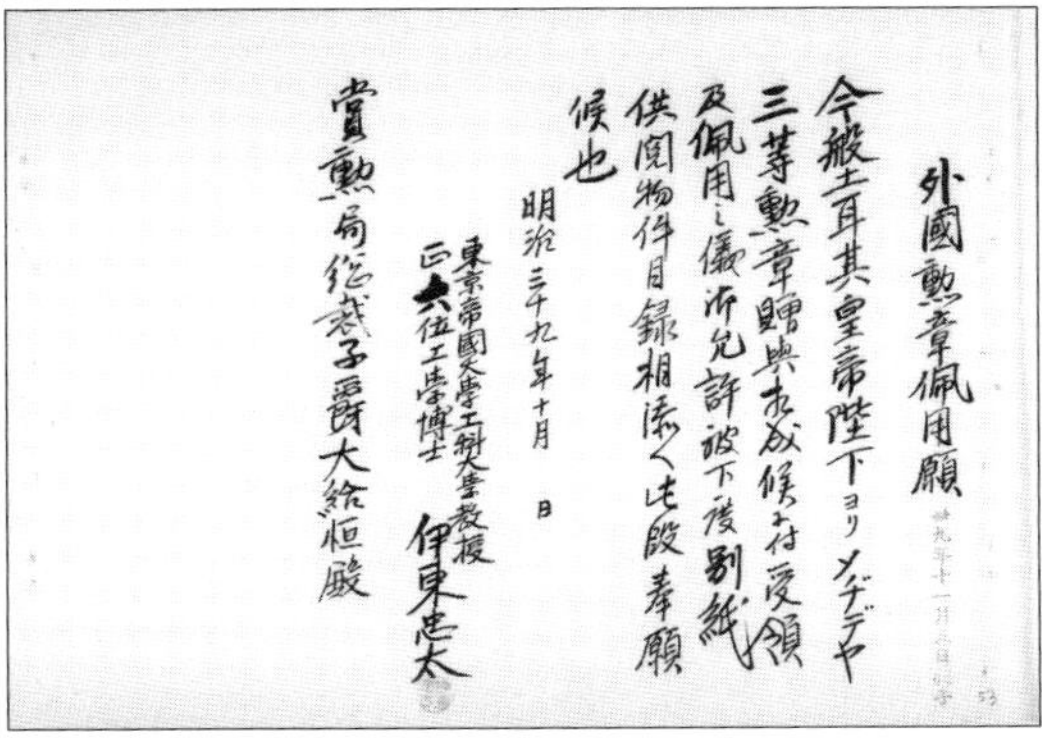

外國勲章佩用願
今般土耳其皇帝陛下ヨリメヂデヤ
三等勲章贈與相成候ニ付受領
及佩用ノ儀御允許被下度別紙
供閲物件目録相添ヘ此段奉願
候也
明治三十九年十月　日
東京帝國大學工科大學教授
正六位工學博士　伊東忠太
賞勲局總裁子爵大給恒殿

3.「外国勲章受領及佩用四止」より伊東忠太の部分。国立公文書館蔵

国、「独逸国《ドイツ》ホーヘンツォルレルン家」などとともに、「土耳其《トルコ》国メヂヂ《ママ》エ第三等勲章　東京帝国大学工科大学教授工学博士　伊東忠太」とある。[*19] 勲記の翻訳全文は、次の通りである。（**写真3**）

朕《ちん》伊東博士カ盛徳高尚ノ資ヲ以《もっ》テ
朕カ帝国ノ安寧幸福ヲ冀《こいねが》フヲ嘉《よみ》シ
勅《ちょく》シテ之《これ》ニメヂデヤ三等勲章ヲ授ク
由テ此勅ヲ発シ千三百二十四年ジェマル、ウル、
エッヴェル月六日之ヲ録セシム
御璽《ぎょじ》
　裏面　御自署

文中の日付「千三百二十四年ジェマル、ウル、エッヴェル月六日」は、イスラムのヒジュラ暦で、西暦一九〇六（明治三十九）年六月二八日にあたる。忠太は帰国の一年後、叙勲の知らせと勲章を受け取ったことになる。こういうわけで、日本建築学会建築博物館所蔵の肖像写真は、一九〇六年十一月以降、本郷の写真館で撮影されたと判明した。

忠太、イスタンブル考古学博物館で拓本とりを要求する

宮中訪問した忠太が願い出たのは、国内旅行の許可だけではなかった。建造物や博物館収蔵品の写真撮影とスケッチである。文書では、建造物、訪問する都市を一つひとつ挙げ、「いくつかは写真を、いくつかは黒鉛筆で外部から絵を描く」希望を出した。イスタンブルの考古学博物館で「いくつかの浅彫り彫刻作品の表面に紙を接着させ中国のインクによって画像を得ること」の許可の追記もある。「中国のインク」とは墨のこと。忠太は拓本を要請したのだった。この希望は叶えられ、「博物館では、私は特に撮影、写生、手拓《しゆたく》等を許されて少なからず便宜を得た」[20]。

忠太によれば、到着以来、「我輩《わがはい》は橋北ガラタに下宿して滞在二ヶ月半の間毎日橋南の博物館や古建築を見学」し、博物館は「尨然《ぼつぜん》たる大建築（その実余り立派でもないのだが）の内に叙利亜《シリア》、埃及《エジプト》、メソポタミア、アルメニア、小亜細亜《アジア》等から発掘された珍奇なる物件が陳列されてある」。お気に入りは、アッシリアの楔形《くさびがた》文字を押した粘土の書類で、「四千余年前の風俗人情を詳《つまびら》かに伝える面白い代物」だった。

許可を申請したのは、アヤソフィア、カーリエ・ジャーミイ、クチュク・アヤソフィア（聖

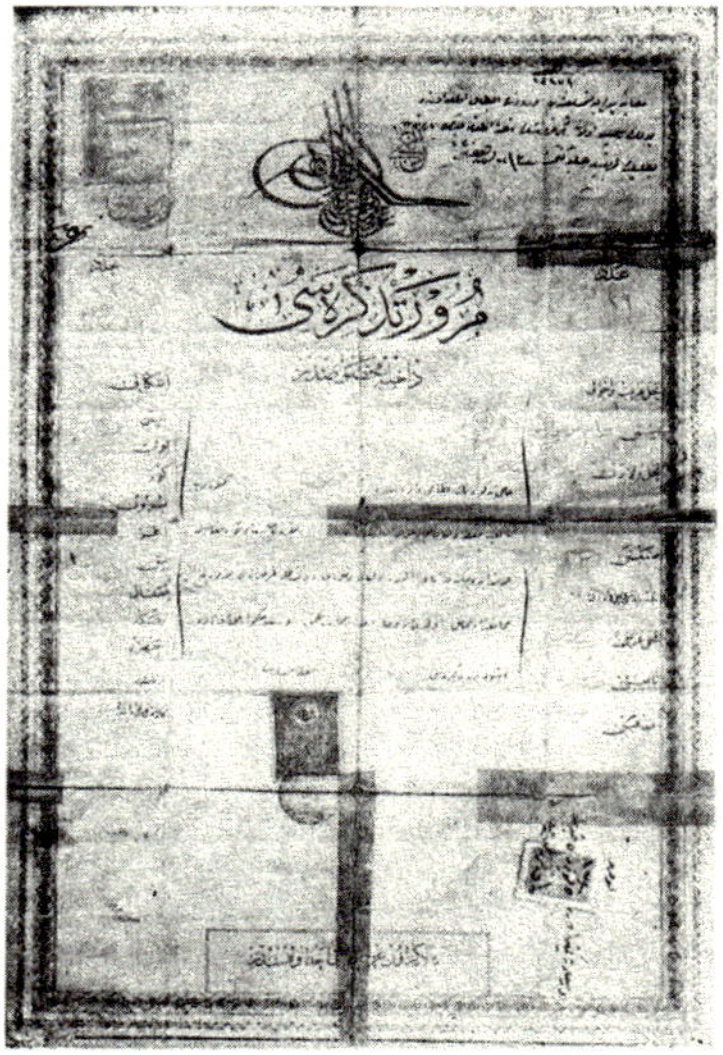

4. 忠太が申請したオスマン帝国内の旅行に対する通行許可証（表面）。『伊東忠太建築文献　第五巻』より

セルギウス・カイ・バッコス聖堂）など十四件、申請時点での予定訪問先は、コンヤ、アクサライ、エジプト、バグダッド、ダマスカス、ベイルート、ヤッファ、イェルサレムなど十七都市である。

　許可証は、絶大な効果を発揮したらしい。

　旅行中、忠太は内務大臣から各州の知事宛ての公文書を二種類携行した。ひとつは「旅行中差支《さしつかえ》なきよう保護を与うべしという命令」、もうひとつは「寺院宮殿乃至古趾等撮影差支なきよう取り計《はか》らうべしという命令」だった。旅行案内書まで取り上げられるひともいたのに、このお墨付きのおかげですべての検査はフリーパス。持ち物は「私の荷物は撮影に関する物品です」[*21]と説明すると、一切手を触れずに通過させてくれた。そのお墨付き、現存先は不明だが、写真が旅行記の口絵に掲げられている。（**写真4**）

「要注意人物」忠太、日英同盟の恩恵に浴す

文書を見る限り、忠太は歓迎されたようだ。しかし、日露戦争のまっただ中。そうばかりでもなかった。

一三二〇年（正教のキリスト教徒のルーミー暦、西暦一九〇四年）六月二十一日付で内務大臣からエーゲ海岸のアイドゥン県宛の文書がある。忠太にオスマン帝国内旅行の許可が下り、各県宛て推薦状が発行されたと通達する文書は、同時に「イトーの行動を監視し、問題があると思われる場合には報告するように」と警告している。[*22] 勅許は出たものの、裏では要注意人物と目されていたのだ。

職務に忠実なイスケンデルンの船着き場役人は、軍隊宛、疑いに満ちた報告を送った。

同年テシュリニサーニー月十三日（西暦一九〇四年十一月二十六日）付文書には、「該当者（筆者註：忠太のこと）は軍隊の一員であると思われ、旅行した各方面でいくつもの絵画と写真を制作し（中略）必要な地方を今のうちから調査しつつあること、トルコ語、英語、ドイツ語、そして少しフランス語を話すこと、当地（筆者註：イスケンデルン）で英国領事と暫時面会した」とある。

「お墨付き」があるとはいえ、当時貴重品の写真機を持ち歩き、撮影やスケッチ、建物の計測などすれば、スパイと疑われてもおかしくはない。英国領事との面会時間まで見られていたとは、イスケンデルンの役人も、念が入っている。

そんな疑心暗鬼の折、忠太を支援したのは、寅次郎だけではなかった。それを示すのが、中国・ビルマ国境の英国総領事「リットン氏」の下りで紹介した、英国大使館の紋章入りオスマンル語の文書である。内容は、忠太の便宜を要請する他のオスマンル語文書と同文だが、なぜ発信元が英国大使館なのだろう。

それには当時の「外国人」のステイタスについて、知る必要がある。

オスマン帝国は、タンジマート憲章（一八三九年）による近代化宣言以降、ムスリムであるなしを問わず、全臣民の法の下での平等、生命、財産の自由と権利を保障した。これは、欧州の事業家に有利となる。オスマン帝国臣民を共同経営者にもてば、現地での事業立ち上げや所有不可能な不動産の問題も解決できるからだ。キリスト教徒の臣民と組めば、文化的にも齟齬《そご》がない。欧州列強の外国人には、従来同様の不平等条約《カピチュレーション》により治外法権が認められていた。オスマン帝国領内でトラブルがあった場合、外国人は自国の法律により裁かれることになる。

近代化政策の財源を多額の外国借款に頼ったオスマン帝国は、一八七五年財政的に破綻。十九世紀後半以降、欧州からオスマン帝国へ資本が流入し、移民も爆発的に増える。帝国主義的触手を伸ばす欧州列強政府の、強力な後押しもある。

一方、オスマン帝国内に居住する外国人は、各国大使館への居住登録が慣例化されていた。欧州でも国境が不安定だった時代、政変により本国で地位を失った人びとが、亡命先としてイスタンブルを選ぶことも多かった。ハプスブルク帝国からハンガリーの独立運動の失敗で亡命したジャーナリストが、ブルガリアのヴィディンでサルデーニャ領事の手助けでフランス国籍を取得、イスタンブルに移住し、ドイツ語の語学教師となる、などということもあり得た。

この時期相次いでオスマン帝国から独立したバルカン半島の国々、たとえばギリシャの住民には、ギリシャ以外に、オスマン帝国、独立を支援した大英帝国の臣民となる選択肢もあった。同様に、ブルガリアの住民は、ブルガリア、オスマン帝国、ロシア帝国から選べた。オスマン帝国と正式国交がない地域からの移住民は、英国、フランス、ロシアなどが「保護国民《プロテジェ》」としてしばしば受け入れていた。各国が競って演出した大国の鷹揚さは、裏を返せば、鎬《しのぎ》を削る帝国主義でもあった。

忠太の場合も、ここに当てはまる。イスタンブルの英国大使は、「リットン氏」の紹介状を受け、オスマン帝国外務省宛の添書を書かせたのだろう。これは、忠太が英国の庇護《ひご》下にあると意味しているのである。

ロシアの南下を牽制《けんせい》する大英帝国は、忠太が日本を発った一九〇二年、極東の島国と日英同盟を締結していた。オスマン帝国に日本大使館のなかった時代、「旅券は日本の外務省でくれたものは全然無効」だった忠太が旅行できたのには、からくりがあったのだ。

忠太が大英帝国から受けた恩恵は、それだけではない。地方を旅行中、忠太が利用したのが英国の外交郵便だったことが、書簡の消印から判明した。米沢の両親宛には、「土耳其から荷物を持ち出すのは大層面倒です。土耳其に関した書類、写真、古器物、その他種々の物品を税関で没収してしまいます。外務大臣の特許を得ようとするには長い時日と金とを要します。故に已《やむ》を得ずミな小包郵便にして外国郵便に託さなけれバなりません」[*23]と事情を説明している。

各地の英国領事館は、情報ステーションとしても機能した。忠太の地方旅行中、イスタンブルの山田寅次郎は、「中村商店」に日本から忠太宛に届く郵便物をとりまとめ、転送していた。経路を聞いておき、先回りして各都市に送ったのだ。宛先は、各都市の英国領事館気付。郵便物を受け取りがてら、忠太は各地の英国領事館を訪問し、領事と面談することもたびたびあった。

日英同盟と日露戦争下のイスタンブル、一九〇四年。東京帝国大学助教授の肩書をもち、国費留学中の伊東博士に、大英帝国の保護は、当然のように与えられたのである。

【引用文献・註】

＊1 「土耳其の通貨は銀本位であって、其の単位はメジテヤと称へ、日本の金に換算すると一円七十銭ほどになる。それをピャストルというものにわけるが、コンスタンチノープルでは一メヂテヤを二十ピャス

トルに分けて使っておる。」

「叙利亜沙漠」、『伊東忠太建築文献　第五巻　見学紀行』龍吟社　一九三六年　四七二頁

＊2　ただし、白米十キロ八十八銭［明治三十七（一九〇四）年、関東農政局、静岡農政事務所ホームページより］の値段を基準に、現在の値段を仮に米十キロ五千円と考えるなら、当時の三一五円は約一八〇万円弱。大金であることに変わりはない。

＊3　「土耳其・埃及旅行茶話」、『伊東忠太建築文献　第五巻　見学紀行』龍吟社　一九三六年　五二六頁

＊4　一九〇三年、一人一日当たり年平均、総理府統計局資料、『続・値段の風俗史』（朝日新聞社）、『物価の文化史事典』（展望社）、日本銀行ホームページ資料より

＊5　「支那旅行談」、『伊東忠太建築文献　第五巻　見学紀行』龍吟社　一九三六年　一四二頁

＊6　「支那旅行談」、『伊東忠太建築文献　第五巻　見学紀行』龍吟社　一九三六年　一四三頁

＊7　「印度旅行茶話」、『伊東忠太建築文献　第五巻　見学紀行』龍吟社　一九三六年　四五一頁

＊8　「印度旅行茶話」、『伊東忠太建築文献　第五巻　見学紀行』龍吟社　一九三六年　四四三頁

＊9　「土耳其・埃及旅行茶話」、『伊東忠太建築文献　第五巻　見学紀行』龍吟社　一九三六年　五七三頁

＊10　ニコライデスについて詳しくは、Bahattin Öztuncay, Dersaadet'in Fotoğrafçıları 19. Yüzyıl İstanbul'unda Fotoğraf: Öncüler, Stüdyolar, Sanatçılar, İstanbul, AYGAZ, 2003, vol. 1, p. 325

＊11　「土耳其・埃及旅行茶話」、『伊東忠太建築文献　第五巻　見学紀行』龍吟社　一九三六年　五三八－五三九頁

＊12　総理府オスマン文書館所蔵の九つの文書番号は、① BOA İ. HUS 123 1322 N 085 1322 N 281, ② BOA Y. EE. KP 22 2111 1322 R 20 1, ③ BOA Y. PRK. ASK 224 57 1322 N 18 1, ④ BOA BEO 2350 176245 29 Ra 1322, ⑤ İ. HUS 117 1322 Ra 096, ⑥ İ. HR 389 1322 R-10, ⑦ İ HUS 119 1322/Ca 016, ⑧ BEO 2372 177885, ⑨ BOA DH. MKT 863 17 1322 R 077.

＊13　原意は「幸福の家」。イスタンブルのこと。

*14 ビザンチン時代のハギア・ソフィア大聖堂。ギリシャ正教の大聖堂として六世紀に建造されたが、一四五三年にオスマン帝国がイスタンブルを征服して以来、ジャーミ（モスク）として使用されていた。当時もスルタンが頻繁に金曜礼拝に使用する、イスタンブル最大かつ最重要のモスクである。トルコ共和国成立以降、博物館となっている。

*15 直訳すれば「武器庫」。ここでは、アヤソフィアの裏手でトプカプ宮殿の第一の庭のなかにあるアヤ・イリーニ（ビザンチン時代のハギア・イレーネ教会）をさす。アヤ・イリーニは、最初武器庫として使われていたが、この時代までには古物・美術品の収蔵庫として使われるようになり、現在の考古学博物館の前身となった。当時、すでに考古学博物館は開館していたが、依然として古物の収蔵庫だった。

*16 現在のイスタンブル考古学博物館。

*17 総理府オスマン文書館 **BOA İ.HUS 117 1322.Ra.96**（西暦一九〇四年六月十四日）なお、本書中のすべてのオスマン語文書解読にあたって、ボアジチ大学の同僚、アフメット・エルソイ准教授にご協力いただいた。記して謝意を表する。

*18 「土耳其・埃及旅行茶話」、『伊東忠太建築文献　第五巻　見学紀行』　龍吟社　一九三六年　五二四頁

*19 国立公文書館、勲 **00172100**　陸軍中将井上光外十四名外国勲章並記章受領及佩用ノ件

*20 「土耳其・埃及旅行茶話」、『伊東忠太建築文献　第五巻　見学紀行』　龍吟社　一九三六年　五二三頁

*21 「土耳其・埃及旅行茶話」、『伊東忠太建築文献　第五巻　見学紀行』　龍吟社　一九三六年　五二八頁

*22 総理府オスマン文書館 **BOA　İHR 44 1322 R 20**

*23 一九〇五年一月二十日付、伊東忠太より米沢の両親宛書簡　山形県立図書館蔵

第Ⅵ章

イスタンブルの日本人——忠太と中村商店の仲間たち

国交なきオスマン帝国で活躍した日本人

多額の旅行費用を預け、拠点とした中村商店。忠太が絶大な信頼を寄せたこの「日本屋《メゾン・ジャポネーズ》」は、イスタンブルの社会で、どういう存在だったのだろう。商店に集った人びとを起点に、忠太とイスタンブルの関係を掘り下げてみよう。

中村商店は、日本人貴顕のミーティング・ポイントだった。忠太も例に漏れず、旅行記の末尾に「始終懇切周到なる世話を竭《つく》された君府《くんぷ》在住の山田寅次郎、中村健次郎両氏に対し、深甚の感謝の意を表し度《た》い」と特筆した。

前述のように、当時オスマン帝国と日本には、正式国交がなかった。欧州列強との不平等条約があり、自国に優位な不平等条約を希望した日本と、新たな不平等条約の締結は避けたかったオスマン帝国は、合意しなかった。正式国交樹立は、トルコ共和国成立後の一九二四年となる。

それならば、と疑問が浮かぶ。

国交のない国で、なぜ山田寅次郎と中村健次郎は、十何年もの長期間滞在できたのか。また、中村商店はどうやって商業活動を行うことができたのか。

それを探りに行く先は、またもや総理府オスマン文書館である。文書によれば、寅次郎の身分は、「スルタンの庇護《ひご》下にある者」[*1]。議会をもたぬ帝王の特権、「宮廷の客人」だったのである。

山田寅次郎のイスタンブルでの活躍の背景には、アブデュルハミットⅡ世の政治的意図が見え隠れする。欧州列強に押され気味の政治経済を、東洋の同胞、日本との協力で打開したい。エルトゥールル号派遣の背景にも、その文脈があった。

山田寅次郎は、群馬沼田藩の江戸家老、中村雄右衛門（莞爾《かんじ》）の次男。現在も続く茶道宗偏流家元の養子となった。家元襲名せぬまま言論界を志し、陸羯南《くがかつなん》、福地桜痴《おうち》[*2]、幸田露伴などと親交を結ぶ。薩長土肥の出身でなければ、事実上出世はむずかしい時代。人生の転機となったのは、エルトゥールル号事件だった。

一八八七年オスマン帝国を公式訪問した小松宮彰仁親王《こまつのみやあきひと》（一八四六－一九〇三）への答礼に、二年後アブデュルハミットⅡ世は明治天皇へ使節を派遣した。帰路、軍艦エルトゥールル号は現和歌山県串本沖で遭難する。村人の懸命の救助のかいなく、全乗組員の九割近く五百八十七名が死亡または行方不明。大惨事は新聞各紙で報じられ、全国的に同情を集めた。寅次郎は、独自に講演会や演芸会を開き、義援金を募った。これを自分で届けるようすすめたのは、当時の外務大臣青木周蔵だった。翌々年一八九二年、寅次郎はイスタンブルの土を踏む。

寅次郎は、オスマン帝国の上流社会に歓待された。当時、社交の言語はフランス語。横浜で学んだ言語が役立った。外務大臣サイド・パシャ、スルタン・アブデュルハミットⅡ世の知己も得、献上した山田家伝来の鎧兜《よろいかぶと》と日本刀は、現在もトプカプ宮殿に保存される。

1. 中村商店の開店案内チラシ。オスマンル語、フランス語、ギリシャ語で書かれている。　山田家蔵

本人によれば、最初の来土時、寅次郎は、オスマン帝国陸海軍士官への日本語教授と、オスマン帝国商工務省管轄の商品陳列館の日本帝国側代理人となるよう、スルタンから要請された。商品陳列館とは、常設の見本市で、実物を見て発注できるよう、商品を展示した施設である。

大阪本店の悉皆《しっかい》業「中村商店」は、この流れでイスタンブルに出店した。ただし最近の研究によれば、日本商品陳列館は当初「中村商店」ではなかった。

最初の渡航時、持参した日本の商品見本をイェニキョイのオスマン商工会議所で展示したところ大好評で、寅次郎は別途「オスマン帝国商品陳列館付属日本品販売所」開設とスルタンの花押《トゥーラ》使用の特許を受けた。神戸三宮《さんのみや》の浅田徐五郎を日本代理店として、一八九三－九四年頃イスタンブルのペラ地区に開設したのが最初だ。[*3]「中村商店」のオスマン帝国での通称、Maison Japonaiseは、「日本館」と訳せる。日本では「中村商店」と知られるこの店は、イスタンブルでは、オスマン帝国商工会議所の日本代表館だった。
その後、どんないきさつで中村商店の直接経営へ変わったか、詳細は不明だ。「中村商店」の開店は、一八九五年十二月二十四日だった。先述した二〇一〇年の「三人の日本人」展準備調査中に山田家所蔵資料から開店案内チラシが見つかった。**(写真1)** オスマンル語、フランス語、ギリシャ語の三ヶ国語のチラシの文面は、寅次郎と「中村商店」の関係を理解する上で重要なので、全文を翻訳する。

ご案内
日出〈オーロラ〉 K・中村&Co.日本館 大阪 日本
コンスタンチノープル代表 T・山田 ペラ支店 店長
19.ハッゾプーロ・パサージュ―19.
廉価による卸売、小売
磁器、漆器、茶、刺繍、絹ハンカチ、屏風《びょうぶ》、段違い飾り棚、玩具、人形、日本趣味品、クリスマスや新年の贈り物に
本チラシをご持参の方は、一ヶ月に限り10%の割引
販売は一八九五年十二月二十四日に開始いたします。[*4]

これにより、現在「中村商店」と知られる商店の屋号が、当初はHINODE "AURORE" だったと判明した。これは、一八九八年にオスマン宮廷から和風建築の注文を請け負ったと『報知新聞』（一八九八年八月三十一日付）に報道された「日出商会」、アブデュルハミットⅡ世の手回り品の菊の紋章入り日本の大工道具の銘「日出商会」と一致する。筆者の調査によれば、トルコ国立宮殿局所蔵の宮廷旧蔵品にも「日出商会」銘の有田磁器が現存する。[*5]チラシにある磁器、漆器、屏風などのほかに、筆者の調査により、一八九七年の時点で、主力商品は絹布と宮廷の購入記録から判明した。[*6]無銭世界一周旅行者中村直吉（一八六五－一九三二）の、西陣と金襴《きんらん》が主商品という一九〇二年の記録とも一致する。

日本の繊維製品のトルコでの現存はこれまで不明だったが、筆者が現在進めているトルコ国立宮殿局所蔵日本美術工芸品の悉皆調査により、ドルマバフチェ宮殿とユルドゥズ宮殿所蔵の暖炉の火除《よ》け衝立《ついたて》二点の絹布が日本製と初めて確認できた。海老茶《えびちゃ》に薄緑または薄ベージュの二色で、鳳凰《ほうおう》、鶴、扇、牡丹、菊など日本的な文様が織り込まれている。

日本製の刺繍額、刺繍衝立、芝山細工や刺繍布張りの家具も現存し、段違い棚や竹家具の一部は、宮廷の購入記録と同定しうる。

寅次郎と中村一族との出会いは、どうだったか。

名城大学教授の稲葉千晴氏による中村健次郎の子孫への聞き書きによれば、東京・大阪間の列車での、偶然の出会いという。寅次郎の旧姓も「中村」だが、親戚筋ではない。[*7]これがイスタンブルへの出店につながる。寅次郎は、当初は「主管《ばんとう》」。のちに二代目中村久兵衛の娘と結婚し、姻戚関係を結ぶ。

ところで、山田家所蔵の寅次郎遺品のなかに、一枚の荷札がある。フランス語で、〈Importé par Torajiro Yamada, Répresentant au Japon du Musée Commercial Ottomane de Constantinople（コンスタンチノープル・オスマン商業博物館日本代表者　山田寅次郎により輸入）〉と印刷されている。

商品陳列館にMusée Commercial（商業博物館）も面白いが、注目すべきは、寅次郎の肩書「日本代表者」である。前述のように、イスタンブルの「中村商店」店主は中村健次郎、寅次郎は「支配人」だ。だが荷札は、寅次郎がオスマン帝国側での日本代表と示している。近年まで寅次郎だけが注目され、中村健次郎の存在が埋もれていたのは、オスマン帝国側と日本側のこのような認識の差もあるのだろう。

日本の出資者中村健次郎と、オスマン帝国での代表権を握る寅次郎。どちらが欠けてもこのビジネスは成り立たなかった。国交なきオスマン帝国でふたりが行った商業活動には、このような背景があった。

日露戦争下、ガラタで諜報活動の一翼を担う

中村健次郎のイスタンブルへの渡航は、一八九三（明治二十六）年とも、一八九六（明治二十九）年以降ともいわれる。退役海軍大尉である。だが、日清、日露と戦争続きの時代、欧州列強の「東方問題」の要衝イスタンブルという場所のきな臭さを考えると、たんなる転職でもなさそうだ。事実、「中村商店」支配人が、日露戦争時ガラタ塔からロシア艦隊通過の監視に協力する、というかたちで、後に明らかになる。

難攻不落といわれた旅順要塞を攻める日本軍に手こずったロシア海軍は、バルト海に展開するバルチック艦隊を、北海・大西洋岸・アフリカ南端喜望峰経由で日本海に送り、旅順港に待機するロシア太平洋艦隊と挟み撃ち、という前代未聞の大作戦に出た。スエズ運河経由は大型の戦艦が通過できず、苦肉の策である。旅順はまだ落ちぬ、という日々、全世界はロシア艦隊の動きを刻々見守っていた。

ロシア海軍には別途、黒海に待機する黒海艦隊があった。一八四〇年ロンドン条約により、活動は黒海内のみ、オスマン帝国の許可なくボスフォラス、ダーダネルスの両海峡の航行は禁止されていた。日本側としては、黒海艦隊の動きも気になる。

そこに山田寅次郎が登場する。実際には、当時のロシア、オデッサ領事飯島亀太郎《かめたろう》と領事館

書記生松本幹之亮による活動だが、お膳立ては当然、現地事情に詳しい寅次郎と元海軍大尉中村健次郎だった。

スパイ冒険活劇の様相を帯びる寅次郎本人の記述は、かなりの脚色ありと現在ではわかっているが、ボスフォラス海峡を見渡す丘に民家を借り、十数人を雇ってガラタ塔の上からも交代で監視したという。

先述の「三人の日本人」展準備調査中、山田家所蔵の寅次郎遺品から、電報の発信記録の束が出てきたとき、関係者は息をのんだ。受取人は、駐ウィーン日本公使、牧野伸顕《まきののぶあき》（一八六一—一九四九）である。

毎日の海峡の状況報告をウィーンに送電していたのは、寅次郎だったのだろう。一日一枚の発信記録の束の厚みには、説得力がある。はるばる日本まで持ち帰り、生涯大切に保管していたところに、日本の運命を支えた、という寅次郎の自負を感じさせる。

そして、寅次郎の走り書きによる、一枚のメモ。

黒海艦隊通過の日付だ。「日露戦争中『ダルダネルス』海峡ヲ脱出スルモノ左ノ如シ」として、「アリョール　（土《トルコ》から）明治三十七年七月四日」。「ペテルスブルグ」、「スモンニスク」の二艦の名もある。

七月四日という日付、忠太が旅行許可を待っていた、まさに同じ時期である。諜報《ちようほう》関係者と接触があったかは不明だが、忠太のこと、寅次郎や健次郎と語り合い、動静を見守っていただろう。地方旅行に備えて学ぶトルコ語の例文にもあらわれている。

露国ウラジオストゥック艦隊ハ外洋ニ向テ突出セリ

"Russianun Uladiostook donanmasu atchik denizlere doghru pharaket eylemishdr."[*8]

アラビア文字のオスマンル語を忠太が独自にアルファベット化したもので、現代トルコ語の表記とは異なるが、そのまま写した。

日本側の諜報活動は、オスマン帝国側に知られなかったのだろうか。イスタンブルの「中村商店」周辺には、顧客、オスマン商工会議所関係者、政府関係者、日本語の生徒など多数のオスマン帝国人、外国人もいた。人を雇い、諜報活動を行えば、漏れるのは必須だ。「中村商店」がとがめを受けなかったのは、彼らが見てみぬふりをしたということだろう。日露戦争時、オスマン帝国は公式には中立だったが、ロシアの宿敵である。世論は、圧倒的に日本贔屓《びいき》だった。

山田家所蔵の寅次郎遺品から出た一枚のメモは、雇われ監視人の手か、協力者か。ロシア戦艦の通過状況を報告する、オスマンル語の覚え書きである。[*9]専門家によれば筆跡は、高等教育を受けた、トルコ語が母語の人物の手によるものという。

「中村商店」の設立・運営と庇護の背景に、日本に傾くスルタンの内意は、働いていただろう。

イスタンブルのもうひとりの日本人、中村榮一と米沢コネクション

明治期、イスタンブルにいた日本人は、山田寅次郎と中村健次郎のふたりだと、長い間思われていた。ところが近年、もうひとりの存在が明らかになってきた。中村榮一である。姓が同じことから、中村商店の親戚筋かと想像されるが、決め手はない。

榮一は本店のある大阪の人ではない。忠太と同じ、米沢の出身である。米沢市図書館所蔵の文書『郷土出身名士履歴綴《つづり》　下』所収の本人自筆の履歴書によれば、榮一は一八七八（明治十一）年一月二十七日、米沢市福田町一六〇八番地生まれ、履歴書記載時点の一九一五年十二月の住所は、大阪府豊能《とよの》郡岡町桜道三丁目である。中村家は代々上杉家の家臣。司法官中村榮四郎の長男榮一は、一八九九（明治三十二）年十一月、同じ町内、上杉家旧家臣筋の登坂《とさか》家の次女志げ（重子）と結婚する。[*10] 以後、榮一は妻の旧姓で登坂ともよばれた。

トルコへの渡航は一九〇五（明治三十八）年十一月。「中村商店ヲ主宰シテ日土両国間ノ貿易ニ従事スルコト十ヶ年ニ及ブ」。ただ、履歴書をよく見ると、「其《その》前年三ヶ年間国立スタンブール大学ニ於《おい》テ土耳古《トルコ》語及ビ土耳古法制ヲ学ブ」とある。

つまり、最初の渡航は一九〇二（明治三十五）年二十四歳のとき。三年間留学し、一九〇五

年就業目的で再渡航した。忠太がイスタンブルに到着した一九〇四（明治三十七）年五月には、榮一はイスタンブル大学に通っていた。初の日本人留学生だ。榮一はのち、一九〇九年四月に「勲四等オスマニエ章」を、一九一一年七月に「勲三等メジデー（メジディ）章」を受けた。

榮一の三年の留学は、背景にさまざまなことが考えられる。

表向きには、将来的に携わる貿易実務の訓練だろう。学んだのは「法制」だった。一八七三（明治六）年、岩倉遣欧使節団の分隊として、オスマン帝国を訪れたはじめての日本人、福地源一郎の使命が、不平等条約下のオスマン帝国の法制調査だったことが想起される。

留学の出資者は誰だったのだろう。私的なものか、公的な任務を帯びていたのか、資料はない。公的とすれば、日本はまだ正式国交樹立の可能性を模索していたのでは、とも思える。最終的には、中村商店店主中村健次郎の影の任務、日本を支える諜報活動に役立つことも、見込まれていただろう。

忠太のイスタンブル滞在は、一九〇四年五月八日から七月二十九日、国内旅行をはさみ十二月十五日から翌一月二十三日。滞在の後半、榮一と忠太が親しかったことが、往復の絵葉書からわかった[*11]。郷土の互助会「米沢有為会」創立に携わるほど郷土愛の強い忠太。同郷の榮一をかわいがっただろう。「米沢有為会雑誌」会員動静欄に「土耳古、君士坦堡《コンスタンティノープル》　中村榮一　Mr. Y. Nakamura C/O K. Nakamura Pera St. Constantinople. Turkey」の文字が登場するのは、忠太がイスタンブルを離れた一九〇五年を境とする。

明治時代創立の米沢有為会は、戦争を経て、現在まで活動が続いている。忠太は、中国、インド、オスマン帝国を旅行中も「米沢有為会雑誌」に寄稿し、同時進行的に旅行の様子が掲載されていた。船便が一月半ほどかかった当時、二ヶ月遅れの掲載は、画期的に早い。

忠太と榮一の関係を知る重要な手がかりがある。榮一から忠太宛の絵葉書だ。筆者の調査では、現在日本建築学会に二十六葉、東京大学大学院工学系研究科建築学専攻研究室（以下、東京大学大学院建築学研究室）に少なくとも十一葉存在する。**（巻頭カラー頁参照）**一九〇六（明治三十九）年五月十五日から一九一二（明治四十五）年一月十九日のもので、時候の挨拶、イスタンブルでの話題や、一九〇八（明治四十一）年青年トルコ革命前後の生々しい様子を伝えるものもある。当時は検閲で封書禁止のため、絵葉書に番号付で長い文面を送ったものもある。

榮一の便りのひとつは、忠太のすすめで当時月刊の「米沢有為会雑誌」に掲載された。[*12] 一九〇八年五月号、「コンスタンチノープル通信」で榮一は、同年十一月のヒジャーズ鉄道開通見込みを伝え、忠太が行けず残念がっていた地方へ「先生にも茲壹《ここいち》両年の後《の》ち其期を計って是非御再遊如何《いか》に候や」と誘っている。

ふたりは、同好の友でもあったらしい。部分が失われ、話題がはっきりしないが「……充分御探シ御送リ申シ上グベク候　先生ヨリモ珍奇ノモノ御見当《みあた》リノ節ハ何卒《なにとぞ》御割送……」の文面は、「珍奇ノモノ」をイスタンブルと東京で探しあうさまが読みとれる。

筆者はこれを、「絵葉書」と仮定してみる。

日露戦争当時、絵葉書蒐集《しゅうしゅう》が爆発的に流行した。忠太も旅行中、精力的に集めていた。イスタンブルからも別送品とし、妻千代子宛「さしあたり千数百枚の絵葉書」を、四百余枚の写真の原板、十四冊の本と送ったと知らせ、絵葉書の第一便はオーストリア、オスマン帝国の風景九十二枚、第二便は小アジアの景色百枚、第三便は動物尽くし七十六枚、「菊坊の慰みにい屈竟」、「楽にして御待ちなさるべく候」[*13]と書いた。

忠太は建築や各地の風俗を伝える絵葉書を、講義図版ともした。東京大学大学院建築学研究室所蔵伊東忠太資料の講義用写真には、絵葉書も多数ある。忠太直筆の説明書きと蔵書印つきの台紙に、テーマ別に整理されている。寅次郎にもコレクションがあり、山田家には革張りの絵葉書アルバムが保管されている。榮一から忠太宛絵葉書は、宮殿や風景のほか、辻音楽師の一団や農村の家族、兵士の写真など、多岐にわたる。

ふたりの話題が絵葉書だったかどうか、確証はない。だが榮一は忠太に、年下の同郷人らしい親しみをもっていた。榮一には、東京に弟忠二がいた。「愚弟儀何卒□宜敷《よろしく》御教導……」[*14]（□部分判読不能）、「東京愚弟忠二事何卒御目ニ……」[*15]と、当時東京に戻っていた忠太に繰り返し頼んでいる。

共通の知り合いがイスタンブルに来ると、消息を伝えた。徳富蘇峰の弟健次郎（盧花）が、ロシアにトルストイを訪問の途上イスタンブルに四泊したこと[*16]、「医科大学校教授弘岡氏」（明治四十一年一月）[*17]、「騎兵中佐森岡守成《もりしげ》氏公務ニテ土国遊学、各三年程御滞在の由」（差出年不明六月）[*18]などだ。大使館はなかったが、日本の武官はこの頃からイスタンブルに常駐していた。一九〇七（明治四十）年頃には、榮一の妻子を入れるとイスタンブルには日本人が六人いた計算になる。「黒木博士ノ御来遊、記念二」（明治四十二年二月）、「幣原《しではら》博士の当地御来遊を期とし」（明治四十四年八月）[*19]の二葉は、本人との連名で忠太宛。帰国後、忠太は友人知人に「中村商店」を紹介したのかもしれない。

2. 疫病で世を儚くした中村榮一の妻と長男の墓は、いまもひっそりとイスタンブルの街の片隅に佇む。クルトゥルシュ墓地　筆者撮影

忠太が「中村商店」の榮一と結んだ関係は、寅次郎との友情の背景に浮かび上がる。郷土米沢の後輩、同好の友として、榮一は忠太に個人的な親しみを増した。留守がちだった寅次郎に代わり、中村商店を切り盛りし、のちの大蔵大臣、東京市長阪谷芳郎《さかたによしろう》など日本人の賓客の相手も務めた。妻子を大阪に残してイスタンブルと行き来した寅次郎と違い、榮一は日本から妻子を伴っていた。

妻重子は、イスタンブルに住んだ最初の日本人女性である。ふたりの男の子もいたが、一九〇九（明治四十二）年に伝染病で長男道助（六歳）と重子（三十歳）をイスタンブルの地で相次いで失った。その墓はイスタンブル・新市街のシシリ地区、プロテスタント墓地に、いまも残る。（写真2）

忠太、日本語を教え、オスマンル語を学ぶ

ローマ　カラ　ハガキ　ヲ　ヤリクタサイマシタ　ハナハダ　オソレ　イリマス。ヒトリデ　日本ゴヲ　ナランデ　ベンキョー　シテ　モ　コマリマス。一千九百五年二月十二七日　ゼファロウィチ

東京大学大学院建築学研究室所蔵の忠太宛来信絵葉書の山を調査中、たどたどしい日本語の絵葉書が出てきた。ウスキュダルの墓地の彩色写真で、漢字混じり。文面から察して、忠太は「ゼファロウィチ」の日本語を見ていたのだろうか。

ルドヴィグ・リッター・フォン・ゼファロヴィチ（Ludwig Ritter von Zepharovich）は、オー

ストリア・ハンガリー帝国の外交官である。一九〇三年六月二十五日イスタンブル臨時代理領事に就任、一九〇四年六月一日から一年半強領事を務め、[20]一九〇八年には、イェルサレムで領事をしていた。[21]ドイツ語堪能な忠太が、大使館などで知り合ったのか、寅次郎の日本語の生徒だったのか。オーストリア・ハンガリー帝国の外交官がなぜ日本語を学んでいたのか、興味は尽きない。

ゼファロヴィチは、寅次郎にも絵葉書を送っている。一九〇五年三月十三日、五月三十一日付で二葉、それぞれ「日本万歳　日本ノ勇気ナ軍勢ノ勝ニオーメデタウゴザリマス」、「日本の艦隊大《おおき》な勝御目出度《おめでと》う御座ります。ゼファロヰチ」とある。忠太へはほとんどカタカナだが、寅次郎へは漢字を多用している。イスタンブルに残る中村榮一から学んだのだろうか。日付からして、日露戦争、奉天会戦での奉天占領（一九〇五年三月十日）、日本海海戦での大勝利（同五月二十八日）への祝辞だろう。

この時期、寅次郎は日本へ一時帰国していた。イスタンブルからオーストリア・ハンガリー帝国郵便で届いた葉書の宛先は、「大阪今橋三丁目土耳古《トルコ》屋中村商店」とある。

忠太が日本語学習を手伝ったのは、もうひとりいる。ユーリピード・J・スタヴリデス。忠太は、東京の妻千代子に「イーストレーキ及《および》神田乃武《ないぶ》共著ノ和英袖珍《しゅうちん》新字累と云《い》ふ書（二寸ニ三寸位の小本）一冊左の土耳其人に送り度《た》く候に付き至急御郵送□り度候」[22]（□部分判読不能）と、小型の和英辞典を送るよう頼んでいる。宛先は、イスタンブルの山田寅次郎方。

文面に「土耳其人」とあるが、ルームのオスマン帝国人である。例の名刺帳「西遊紀念名片子」に名刺が見つかった。Euripide J. Stavridis Attaché au Bureau de Traduction de la Sublime Porte（オスマン政府翻訳局付通訳官）。フランス語の名刺には、ペラのアレオン通り十一番地副、万年筆手書きで私的な住所もある。

辞書を日本から「至急」取り寄せたのは、日本語学習者への好意だろうか。一九〇四（明治三十七）年六月十六日、宮中参内の六日後の日付から、スルタン拝謁《はいえつ》実現のお礼と考えるのは、穿《うが》ち過ぎだろうか。日本で知人の息子が結婚と聞けば、旅先から妻に祝い品を送るよう指示する律儀な忠太である。

ただし、スタヴリデスの日本語はさほど上達しなかったらしい。イスタンブルを離れて七年後の一九一二年一月十九日付スタヴリデスと中村榮一連名の忠太宛絵葉書が日本建築学会に残されている。榮一は日本語だが、スタヴリデスは英語だ。文面によれば、その日は榮一の次男新七の三歳の誕生日で、スタヴリデスと夕食をともにし、なにやら忠太と共通の笑い話の思い出のある「石油ランプストーヴ」を話題にして、ともに過ごした「最も厳しい冬」を振り返っている。

榮一はその二年と少し前に妻と長男を亡くし、乳飲み子の次男をトルコ人家庭に預けて中村商店をひとりで切り盛りしていた。家族ぐるみの客人スタヴリデスを迎え、次男三歳の誕生日は、感慨深いものだっただろう。

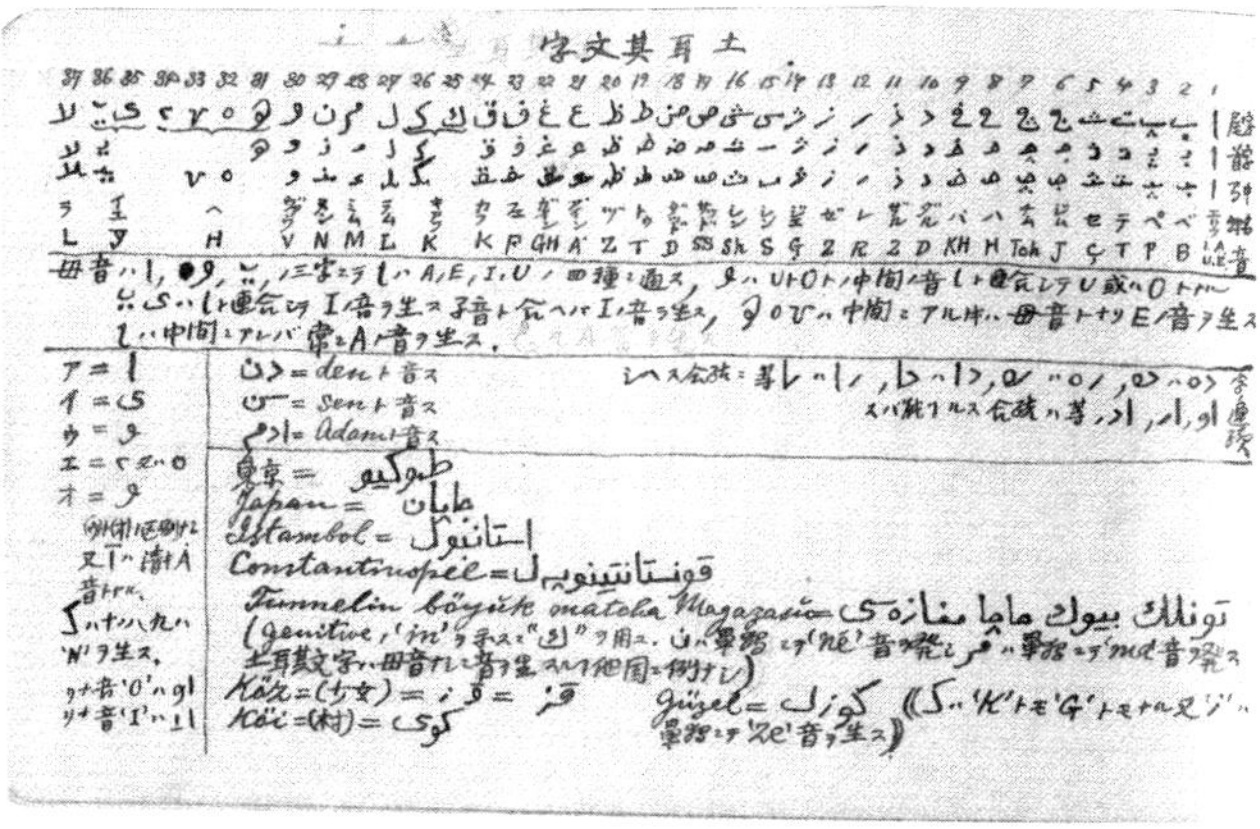

3．忠太のトルコ語学習。アラビア文字を自己流でラテンアルファベットに変換したトルコ語例文も。野帳第九巻　日本建築学会建築博物館蔵

忠太はイスタンブル滞在中、スタヴリデスに日本語を教え、代わりにトルコ語を習ったのではないか。そう思わせる例文が、野帳第九巻末尾にある。

Dün aksham Nakamura Effendi ve Yamada Effendi ile beraber mu yediniz.

昨晩、中村エフェンディ、山田エフェンディと一緒に食事をしたのですか（拙訳、アルファベット表記は「野帳」のまま）

トルコ語学習（写真3）に彼らを「エフェンディ（トルコ語で、教育を受けた階級の男性への敬称）」とよぶ第三者の助けを借りていたことがわかる。例文に、寅次郎や中村健次郎と頻繁に食事をともにしていた忠太の日常がみえる。

建築行脚に博物館通い、黒海艦隊の動向を見守っていたイスタンブルでの忠太。国内旅行に備えてトルコ語を勉強のかたわら、中村商店に集う人びととのあいだに、温かい交流があった。イスタンブルでの滞在は通算四ヶ月弱。世界旅行中、もっとも長く留《とど》まった場所となった。共存する文化それぞれに居場所があるモザイクのようなこの都市の、居心地の良さだろうか。

忠太のオスマン帝国滞在は、日本という国が、日露戦争を通じて世界の注目を集めた過程と、奇《く》しくも同じだった。この過程を海外、ロシアの宿敵のオスマン帝国で経験した忠太は、どうみただろう。オスマン人の「ホンモノの日本人」への、ときに抱腹絶倒の反応は。

次の第Ⅶ章では、旅の道筋からいったん離れ、忠太と日露戦争について、全旅程を通じて俯《ふ》瞰《かん》してみよう。

【引用文献・註】

＊1 Selçuk Esenbel, 〝A Fin de Siècle Japanese Romantic in Istanbul: Tamada Torajiro and the Nakamura Shoten, 〝Japon Mağzası〟 of Pera, Selçuk Esenbel, Miyuki Aoki Girardelli, Erdal Küçükyalçın (eds.), The Crescent and the Sun: Three Japanese in Istanbul Yamda Torajiro, Ito Chuta, Otani Kozui, Istanbul Araştırmaları Enstitüsü, Istanbul, 2010, pp. 13-67.

＊2 福地桜痴（源一郎、一八四一－一九〇六）は、オスマン帝国を初めて公式訪問した日本人である。一八七三年、岩倉遣欧使節団分隊としてオスマン帝国の法制調査に訪れた。西本願寺の僧侶・島地黙雷

（しまじ・もくらい）も同行した。

＊3 メルトハン・デュンダル、三沢伸生「イスタンブルの中村商店をめぐる人間関係の事例研究：徳富蘇峰に宛てられた山田寅次郎の書簡を中心に」、『東洋大学社会学部紀要』、46（2）二〇〇九年 一八一－二〇〇頁

＊4 Selçuk Esenbel, Miyuki Aoki Girardelli, Erdal Küçükyalçın (eds.), The Crescent and the Sun: Three Japanese in Istanbul Yamda Torajiro, Ito Chuta, Otani Kozui, Istanbul Araştırmaları Enstitüsü, Istanbul, 2010, p. 252.

＊5 トルコ国立宮殿局所蔵日本美術工芸品に関する詳細は、美術工芸振興佐藤財団、サントリー文化財団の研究助成研究の成果である。記して謝意を表する。

＊6 総理府オスマン文書館 BOA. Y. MTV. 161/199 詳しくは Miyuki Aoki Girardelli, “Osmanlı Sarayında Japonya' dan Esintiler,” 展覧会 Osmanlı Sarayı' dan Japon Rüzgarı（オスマンの宮殿へ吹く日本の風）カタログ TBMM Milli Saraylar, İstanbul, 2013, pp. 17-29.

＊7 稲葉千晴「イスタンブールの中村商店と中村健次郎・山田寅次郎」、『都市情報学研究』、11, 2006, pp. 7-12.

＊8 伊東忠太「野帳」第九巻

＊9 調査はイスタンブル、ボアジチ大学教授のセルチュク・エセンベル氏、解読は同エテム・エルデム氏による。The Crescent and the Sun: Three Japanese in Istanbul Yamda Torajiro, Ito Chuta, Otani Kozui, Istanbul Araştırmaları Enstitüsü, Istanbul, 2010, p. 270.

＊10 高橋忠久「イスタンブルの日本人商い事始―中村商店小史（2）イスタンブルの日本人商店（中村商店）と中村栄一（上）・（下）」『アナトリアニュース』一二七号 日本トルコ協会 二〇一〇年四月 二十四－二十七頁、および一二八号 二〇一〇年九月 五十五－五十九頁

＊11 一九一二年一月二十六日、イスタンブルより中村榮一の伊東忠太宛絵葉書 一九一二年二月十三日着 日本建築学会建築博物館蔵

＊12 『米沢有為会雑誌』一九〇八年五月二十六日発行。なお、伊東忠太と米沢有為会について詳しくは、拙著「伊東忠太のトルコ旅行と米沢有為会」『社団法人　米沢有為会々誌』復刊61号　二〇一一年九月一〇八－一一四頁を参照。

＊13 伊東忠太より伊東千代子宛て絵葉書、一九〇五年一月十三日イスタンブル記す、日本建築学会建築博物館蔵

＊14 中村榮一より伊東忠太宛絵葉書、ドイツ郵便イスタンブル発日付判読不能、東京着明治三十九（一九〇六）年五月十七日、東京大学大学院建築学専攻研究室蔵

＊15 中村榮一より伊東忠太宛絵葉書、エジプト郵便ポートサイード発一九〇六年二月五日、到着地不明、明治三十九年三月一日?、東京大学大学院建築学専攻研究室蔵

＊16 六月二十日とのみ記載あり、差し出し年月不明だが、盧花のトルストイ訪問の年代より、一九〇六年と同定。日本建築学会建築博物館蔵

＊17 一九〇七年二月一日（英国郵便）、イスタンブルより中村榮一の伊東忠太宛絵葉書　東京着一九〇七年三月十日　日本建築学会建築博物館蔵

＊18 森岡守成（一八六八－一九四五）、一九〇七年六月より一九〇九年秋までの派遣なので、葉書は一九〇七年に送られたものということになる。日本建築学会建築博物館蔵

＊19 一九一一年八月十四日、イスタンブルより中村榮一の伊東忠太宛絵葉書、駒込着明治四十四年九月一日（シベリア経由）日本建築学会建築博物館蔵

＊20 Rudolf Agstner, „Die Errichtung eines österreichischen General-Consulats in Constantinopel hat auf sich zu beruhen [···]". Zur Geschichte des österreichischen (österreichisch-ungarischen) Konsulate in der Türkei 1718-1918, Rudolf Agstner, Elmar Samsinger (Hg.), Österreich in Istanbul, LIT, Wien und Berlin, 2010, pp. 137-174

＊21 Hasan Kayalı, Arabs and Young Turks: Ottomanizm, Arabism, and Islamism in the Ottoman Empire, 1908-1918., University of California Press, Berkeley, 1997

＊22 一九〇四年六月十六日付。

第Ⅶ章

忠太、ロシア船で地中海を渡る

日露戦争下のオスマン帝国で

忠太がオスマン帝国に滞在した約八ヶ月半は、全期間が日露戦争下（一九〇四年二月八日〜翌年九月五日）だった。日本という国に多大な影響を与えたこの戦争は、国際舞台でのありかたを、ひとりの日本人に考えさせた機会でもあった。

前述のように、オスマン帝国は、公式的には中立。だが人々は圧倒的に日本贔屓《びいき》だった。

ロシアの南下を阻止したい英国は「栄光ある中立」を破り一九〇二年日英同盟を締結する。英は公式には中立だが資金援助などで日本寄り。一八九四年の露仏同盟により、仏はロシア寄り。一八八二年独、墺、伊の三国同盟はロシア牽制《けんせい》のためだが、ロシア皇帝ニコライⅡ世と縁戚関係のドイツ皇帝ウィルヘルムⅡ世は心情的にロシア寄り。欧州では態度が分かれていた。

アジア諸国では、西洋列強の植民地主義に異議を唱え、溜飲《りゅういん》を下げてくれる同胞との見方が優勢。大半が熱狂的に日本を支持していた。

各国の諜報《ちょうほう》組織が暗躍するオスマン帝国は、世界情勢のショウウィンドウだった。「国籍」が安定しない時代、大使館の召使いや語学教師などを装う間諜《かんちょう》たちも、仁義なき戦いを繰り広げていた。数少ない日本人は注目の的。普通なら日本がどこかすら知る人もない片田舎でも、日露戦争下、日本人は珍重された。

1. 忠太から米沢の両親宛の封書書簡、オスマン帝国滞在中のもの全十通。山形県立図書館蔵

公刊された旅行記で、忠太は日露戦争がらみの逸話を多く紹介している。文章のユーモアとは裏腹に、私信は真剣で、家族への情愛にあふれている。

東京大学大学院建築学専攻研究室、日本建築学会所蔵の絵葉書とは別に、山形県立図書館には、忠太が旅行中米沢の両親に書き送った封書が全部で四十一通、保存されている。オスマン帝国滞在中のものは十通。日露戦争期のものは十二通。全通が、戦争に言及している。(写真1)

本章では、日露戦争中の忠太の経験を、旅行の全行程を通して見てみよう。建築行脚とは違う、もうひとつの物語が浮かび上がってくるはずだ。

インドで知った日露開戦

一九〇四（明治三十七）年二月八日。開戦時、忠太は現スリランカのダンバラにいた。直前にいたマドラス（現チェンナイ）では、「逢《あ》う人ごとにドーダドーダと尋ねられ五月蠅《うるさ》くて堪《た》まりません」[*1]（マドラス、一九〇四年一月十六日）と書いた。両親に「日本の為に犬馬の労を辞しない」人びとの様子を伝え、あるインド人が、開戦前なのに日本義勇軍に参加したいと梃《てこ》でも動かず、日本領事を困らせた滑稽話も添えた。

開戦前、ボンベイから北上、アフガニスタン、トゥルキスタンからイラン、アルメニア経由でオスマン帝国の経路を計画したが、アフガニスタンへの入国ヴィザが取れない。「強いて旅行すれば……安全を保障しない」と通達され、断念。だが、判断は賢明だった。「若《も》し阿富汗《アフガン》を通過したならば、露領へ這入《はい》る頃恰度《ちょうど》日露開戦ということになって、少なからざる困難に遭ったであろう」と振り返る。

結局、一九〇四年三月十九日海路ボンベイ発、オーストリア領トリエステからドイツ経由、鉄路イスタンブルへ。両親へは「土耳其《トルコ》から露領地を経て波斯《ペルシャ》にも行く考えで居りましたが無論露領地へは踏み込みません。危険な所へは決して近寄らない考えですから必ず御安心下さる様に願い上げます」[*2]（ボンベイ、三月五日）と配慮した。当時、インドから日本への船便は約一ヶ月。筆まめな忠太は、葉書は二、三日に一度、封書は十日に一度ほど送っていた。

さらさらと一筆書き、オスマン人に旅順の図を描く

イスタンブル到着後は「金州では大苦戦の上之《これ》を占領したそうですが、旅順は全く嚢中《のうちゅう》の鼠《ねずみ》となりました、何卒《なにとぞ》早く黒鳩（筆者註：露軍大将クロパトキンのこと）を退治したいものです」[*3]（コンスタンチノープル、一九〇四年五月三十日）と両親に書き、「土耳其人は露士亜《ロシア》を怨敵として居るのですから、今度は非常に日本に同情を表して居ります」[*4]（コンスタンチノープル、一九〇四年五月二十日）と伝えた。

『米沢有為会雑誌』にも「日露戦争と土耳其人」と題し「元来土露の間は宿怨深く骨に銘じているので、土耳其人は今回の戦争に就いては実に熱誠を以《もっ》て日本の戦勝を祈っている。当地の希臘人《ギリシヤ》、アルメニア人も同様である。土人は一般に一日も早く露が屈服して、戦争も首尾よく終局となった上、日土両国の交際の開けることを熱望しておるのである」[*5]と知らせた。

忠太はトルコ人の日本人への親近感を「同じ東洋国で其《そ》の人種の類似に由《よ》るのであろう。彼の祖先は韃靼《だったん》から起った故に今日でも幾分か蒙古《もうこ》種の遺貌があり、往々日本人とよく似たもの

もある」と人類学的に解釈するが、日本熱は表層的と見抜き、「今度の戦争の因縁及び日本の今日の価値を充分に知っているものは極《ご》く少ない。唯《ただ》何かなしに憎いと思う露西亜を負かしてくれるので熱心に日本に対して感謝の意を表するというに過ぎない」と突き放した。

知識階級でも同様だ。戦場の旅順やウラジオストクの位置すら知られていない様子を、こう伝える。「君府《くんぷ》*6唯一の学校なるロバート・カレーヂの卒業生で、今は紳士の片端なる或《ある》男と話の中《なか》、日露談が始まった。彼は『元来旅順は何処《どこ》に在るのですか』と質問を出した。私は少し驚いたが、紙と鉛筆とを取って朝鮮、満州の地図を画き旅順始め重要地の位置を示した処《ところ》、彼は大《おお》いに悟りしものの如《ごと》く『成る程旅順と浦港《ウラジオストク》とは大分方角が違いますね』と叫んだ」*7。

文中の「ロバート・カレーヂ」（一八六三年創立）は、中東初のプロテスタントのミッション・スクールで、筆者も教鞭をとったトルコ共和国国立ボアジチ大学の前身である。

筆者の調査により、名刺帳「西遊紀念名片子」から、当時建設途中だったカレッジの講堂（当時は礼拝堂）アルバート・ロング・ホールを設計した建築家、アルフレッド・ドゥワイト・フォード・ハムリン（Alfred Dwight Ford Hamlin　一八三五－一九二六）の名刺が見つかった。

ハムリンは当時アメリカの代表的建築家のひとり。アメリカ会衆派教会の伝道師で同校の創立者サイルス・ハムリン（Cyrus Hamlin　一八一一－一九〇〇）の息子である。ニューヨークのコロンビア大学建築学部長を務めていた。いまもホールに入るたび、筆者はふたりの巡り合わせに感慨をもつ。

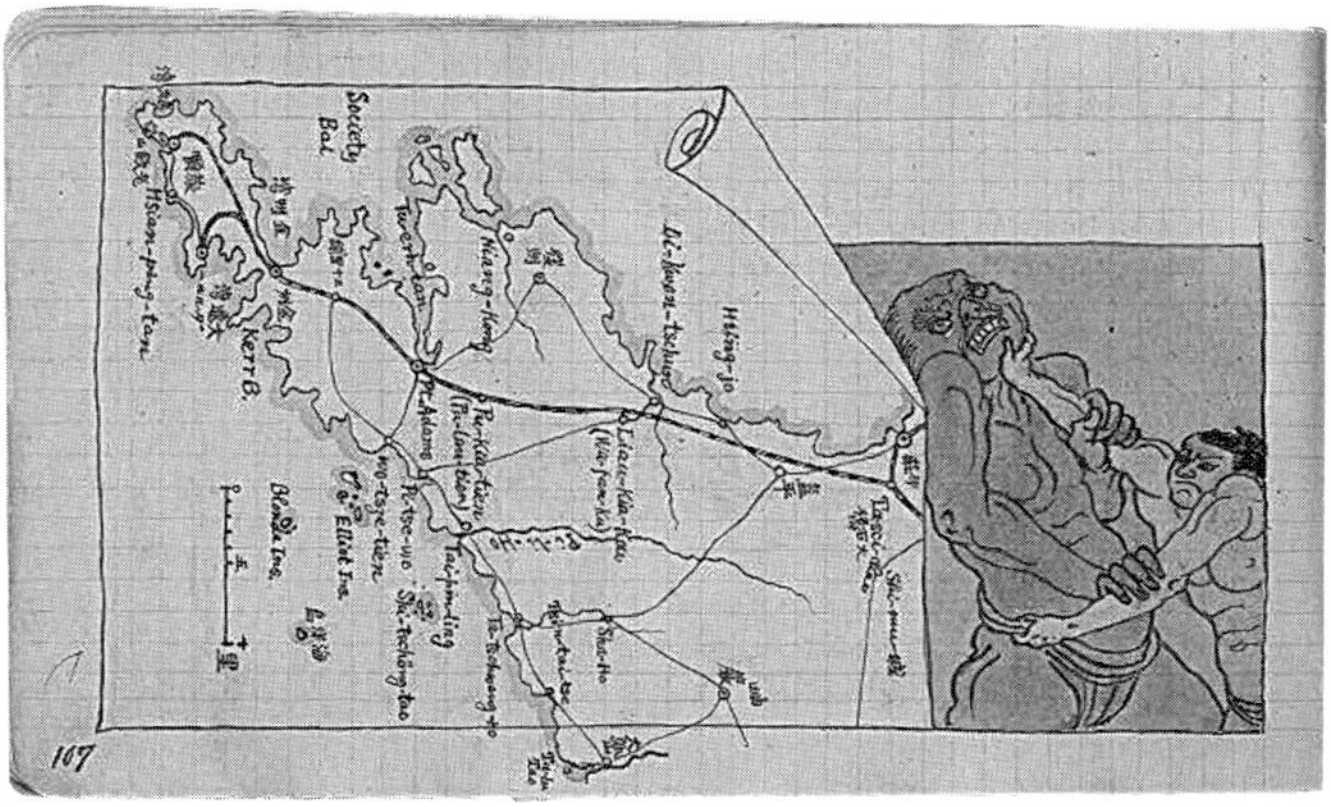

2. せがまれて何度も使ったであろう旅順付近地図の片隅には、ロシアの巨人を押し出す相撲取りが。野帳第九巻　日本建築学会建築博物館蔵

忠太は、日本についての誤った知識の流通も指摘した。日露戦争想像画の質の低さを挙げ、旅行記で「日本は美術国であり、其の人民は周到であるという評判の高い折柄、一寸《ちょっと》した絵一枚でも其のつもりで描いて貰《もら》いたいと思う」[*8]と注文した。忠太は諸外国に与える日本の印象に、敏感だった。

反面、両親宛の私信では真情を吐露する。「苦肉、離間、買収、中傷、虚構、威嚇、瞞着《まんちゃく》、有りとあらゆる悪計を企てる敵の手腕」に対して、「飽くまで正理正道で少しも詐計を弄《ろう》せずに押し通す日本の立派さ」を誇り、「日本魂なるものは二千五百余年かかって出来たものだから、真似をしても急には出来ない、やはり同じ丈《だ》けの年数を費やさなければ駄目です」と言い放つ。

「劣等国」扱いされる日本の地位は「頗《すこぶ》る遺

憾なこと」だが、「畢竟《ひっきょう》日本の学術にあれ技芸にあれ、何事もまだ甚だ幼稚ですからこの方面から見ると日本は依然なる劣等国に相違ないのです。ソれにつけても我々は一層奮発してどの方面からも日本が欧米と並行し得る様に勤《ママ》めなければなりません」[*9]と冷静だ。

戦況は、旅順要塞が焦点となる。ロシアがバルチック艦隊を遠路航海させ、挟み撃ちの作戦に出たためだ。艦隊の日本海到着までに旅順要塞が陥落しなければ、日本敗北は必至。だが、戦況は膠着《こうちゃく》する。世界中の眼は、旅順に注がれている。

野帳には、旅順付近の詳細な手描き地図がいくつか残っている。**（写真2）**尋ねられ、見せながら説明したのだろうか。

そんな場面を彷彿《ほうふつ》とさせる逸話がある。

アナトリアのエスキシェヒールで郵便局へ行くと、日本人と見て、局員が旅順二百三高地の戦況を尋ねてきた。地図がなく場所が分からない局員たちに囲まれ、忠太はさらさらと旅順付近の地図を描き、各砲台の位置を示す。見てきたように語る忠太に一同驚き、全員仕事そっちのけで意見を述べた。局長まで出てきて、陥落まであとどのくらいと見るか、戦勝の暁には日本は満州をどうするのか、講和の条件は、と質問攻めにあった。解放されて宿へ帰ると、夜になって男が三人連れでやってきた。揃っていうには、「我々は郵便局員ですが、先刻の地図は局長が取って了《しま》いました。どうかもう一枚書いて下さい。ざっとで宜《よろ》うございますから」[*10]。

快く描いてやり、さらに長時間質問に答えたというから、忠太も辛抱強い。

見物先で見物される日本人、忠太

行く先で、黒山の人だかりになることもあった。地中海のクレタ島では「島民は早速《さつそく》日本人であることを聞き伝えて、四方から馳せ集り、珍しそうに私を見物しているのである。勿論《もちろん》戦争の結果で、日本人はどんな風だろうという好奇心からである」有様《ありさま》で、「至る処で歓待されているが、却々《なかなか》に五月蠅くて有難迷惑なことも度々ある」と伝えた。

忠太が「覚束《おぼつか》ない切々な土耳古語を話す」のも、好奇心を倍増させただろう。「日本人」の標本でいるのも楽ではない。「獰猛《どうもう》無比と称せられたる露兵を片端から塵戮《ママ》しつつある日本人は、どのような壮漢だろうと思って来て見ると、案外弱そうな私の様子に、多くは驚いている有様」なので、自分は平均より小柄だというと、「歩兵は小さくて粒がそろっているほうがいい」だの、「日本人は体は小さいが膽《きも》は大きい、伊東さんの額を御覧、たしかに才能あることを表わしている」[*11]など批評しあったという。

イェルサレムでドイツ人考古学者と投宿したホテルでは、七十近いドイツ人の主人までが、遠回しに忠太の身長体重を尋ねてきた。答えると、「それを承っていよいよ安心致しました。実は初めて日本人を見ましたので、あなたが余り御小さいものですから、日本人がみな此《こ》の通りでは、たとえ忠勇無双と云《い》ったところが体力が続かない。日露の戦争も終局の運命は如何《いかが》かと心配したのです。いや大きにお邪魔を致しました」[*12]と述べた。

日本人を見たことのない人々は、忠太を日本人と思いもしない。コンヤのエレグリ村[*13]の鉄道駅で、切符を買おうと金貨を出すと「釣り銭は無い」と邪険にされる。従僕を町まで両替に走らせるはめに陥った。だが、忠太がホンモノの「日本人」とわかるや、態度は一変する。その様子を、忠太はいきいきと伝える。


「日本人です。」

「ええ……？」

と驚いて、私をためつすがめつ珍しそうに眺めていたが、やがて隣りの駅長室へ行って、けたたましく、

「駅長、日本人です、あの人は日本人ですよ。」

とわめいた。駅長もびっくりして、ポンと椅子から跳ね上げられたまま、走り出て来て、「どうも先刻は失礼しました。さあどうぞこちらへ御出下《おいで》さい。……給仕、珈琲《コーヒー》を持って来い」[*14]。


乗車時には駅長以下駅員一同から恭《うやうや》しく見送られるという豹変《ひょうへん》ぶりだった。日露戦争下のオスマン帝国で、日本人はこれほど珍重された。

ロシア人と親しく話す忠太に、おせっかい焼きのトルコ人が気を回した笑い話もある。汽車を待つあいだ、ひとりの外国人と世間話をはじめた。同じ車室に乗ろうとすると、駅員から止められ、「別に明《あ》いている室《へや》があるから其の方へ御出になった方が宜しいでしょう」。忠太を別室に入れてしまった。あとから車掌がやってきて、「あの男は露西亜人ですから、わざと別室にさせました」。

まわりの勝手な気遣いだったが、忠太は頓着しない。「それは何も構うことはない。余計な御世話であった」と応えると、車掌の方が案外な顔をしたという。

忠太、敵国ロシアの船で地中海を渡る

戦時下の外国旅行に、忠太は「小心周到」の心構えで臨んだ。私信とは裏腹に外では、激励にも淡々と応え、悪意のある挑発に乗らない。用心深く平常心を保っていた。

クレタ島への船中、ひとりのロシア人がいた。食事の際、この人物と同席だった。いきおい、戦争の話はお互い避ける。

そこへ横からトルコ人が入ってくる。「しきりに気炎を吐いて私に向かい、……日本のやり

方が余り大人し過ぎるようで歯痒《はがゆ》くてならない。敵の捕虜などを優待している時でない。構わず片端から斬って捨てたら宜しい」とひとりで息巻く。忠太が「そうも行くまい」と言うと、余計に言い募る場面もあった。[*15]

ロシア贔屓のフランスが優勢なベイルートでは、同宿の紳士から挑発された。紳士は、「『旅順は決して陥落はしない。……東郷艦隊は茲《ここ》に於いて挟み撃《うち》の大苦境に陥る』などと露の御用新聞の請け売りのようなことを云って得意」がったが、忠太は乗らない。「私は勿論相手にはしない。ただ『そうですか。』と云って置いただけだ」。[*16]

「小心周到」の心得発揮は、スエズ運河北端のポートサイード（現在のエジプト）からヤッファ（現在のイスラエル、テルアヴィヴ・ヤッフォ）まで、敵国ロシアの船に乗ったときだ。世界旅行中、もっとも冒険心に富んだ部分である。

忠太は、公表した旅行記では「時間の都合で次の埃及《エジプト》船まで待てなかったからで、奇を好んだ訳ではない」と控えめ。だが、ロシア人を驚かしてやりたい気持ちも、大いにあった。親しい人には内心の得意を明かしている。

福岡の兄祐彦へは「埃及出発露船に便乗して大に露助を驚かし、昨夜無事当地に着、奉天付近大激戦日軍勝利の吉報に接し申候、ジェルサレム　忠太　兄上様　十月十九日」。[*17] 妻千代子には「埃及から露船に乗ッてシリアへ渡り候、露人等大いに驚き居りしも可笑《おか》しかりし、昨日当地安着、五日間滞在の上内地に入る日程に候、皆様によろしく、十月二十日　ジェルサレム

にて　忠太　千代子さま　菊坊」[*18]と書いた。

船中、忠太は注目の的。「船員は勿論みな露人で船客にも露人が多いようであったがみな私に注目して、しきりに噂しているようであった」。船員のひとりは、「極東では互《たがい》に敵味方の間だがここではお互に天帝の子で、同胞も同じことである。決して隔意のないことを望みます」と頼む始末。奉天以南の大激戦で日本軍勝利が報じられたばかりだった。

普段は二等なのに、この時は奮発して一等船客となった。ここでも見栄っ張りの忠太だった。ほかの一等船客は「独逸《ドイツ》の考古学博士、ハンブルグの商人、墺国《オーストリア》領事及び伊太利人の四人」。誰も戦争の話はしないが、「みな非常な日本贔屓で、食卓では船長孤立の奇観を呈した」。

噂話もされた。旅順から避難中のロシア人一家が、一等船客のドイツの博士に忠太のことをしきりに尋ね、忠太の戦争についての意見を聞くよう頼んだところ、「博士は大きな声で、あの人は斯様《かよう》々々の人だが恐しい賢い人で、戦争に就《つ》いては少しも意見などを述べないと打ち消していた」[*19]。

日本人ロシア船に乗る、の噂はベイルートにも届いていた。聞きつけた同宿の紳士は、「危険を冒したる所業である」と絡んだ。忠太の返答は「少しも冒険ではない。露国人の店へ行って物を買うのと同じことで、向うも商売で喜んで売るではないか」。

「小心周到」の心構えは、中国で山西旅行をともにした横川省三の訃報にイスタンブルで接して、より強まった。米沢へ「氏は或《あ》る秘密の用で蒙古旅行をするからと云って蒙古旅行に関する相談に来られたとき、私は私の知って居ります限り氏の参考となるべきことを話し、互に遠征の成功を祈って別れたのでした」[*20]と書き、横川省三が任務遂行の活動中、敵のために殺されたのは、彼の豪放な性格のためもあったのでは、と悔やんだ。「私はドーカ日本古代の豪傑流を改め学問を根底とした小心周到の人物を養成する様にしたいと希《ねが》て居るのです」と述べた。

思いやり細やかな私信での忠太

旅行記ではユーモラスな逸話が魅力だが、私信では戦況に一喜一憂の忠太。陥《お》ちない旅順に「陸戦も中々思う様に八行かず、日本人一般に気を腐らして居ると云う通信も見えました、どうか気を腐らせずに根気を永く続けるようにしたいものだと祈って居ります」と両親を励ます。名門の公達《きんだち》連が戦死の知らせには、「奉天以南でも同様あたら花盛りの若武者を多く失ったことでしょう、米沢出身の軍人の働きぶりはどんな風ですか、御序《おついで》に御聞かせ下さい」[*21]（イェルサレム、一九〇四年十月二十五日）と、故郷を思う。

レバノンのバールベックに滞在中、バルチック艦隊が北海で誤ってイギリスの漁船を砲撃の報を聞く。世界中が驚き呆れたニュースに「大問題となッて居るそうですが露助程乱暴な奴《やっ》は世界じゅうまーあるまいと思います」と書く。「旅順もモー大《たい》てい落ちる頃でしょう、奉天も遠からず落ちましょうが中々これで安心という訳には参りません、露の心得方一ツで火の手がドー廻ッてドンなになり行くか、神ならで八分かりません、じつはトンデもない大困難でじつは心排《ママ》なものです」と内心を明かす。だが、戦争はどうだと外国人に尋ねられると、「勿論露国降伏にキマッて居ると答えてスマしております」[*22]。（バールベック、一九〇四年十一月六日）

ロシア船で一等を張り込んだように、連戦連勝の日本国民として、ときに思わぬ見栄を張るはめになる。「私の旅行は戦勝の余光で大層都合が良いのです、何処でも歓迎されて時々迷惑する位です、例えば或る宿屋で旅費を節約しようと考えて居ると、主人が私を日本人だと知るや否や、上等の部屋に入れ、奴僕《ぬぼく》までがチヤホヤと世辞をならべますから、トートー過分な酒《さか》手《て》をやることになります」と両親に茶目っ気たっぷりに打ち明けている[*23]。（バールベック、一九〇四年十一月六日）

身の不便を戦地で苦労する兵隊に比べてもいる。タウルス（トロス）山脈を越えるイスタンブルへの帰路、「海抜約五千尺、戸外温度実に氷点下十六度」の厳寒に遭遇した。「宿は例の如きあばら屋で……室内暗々として読み書きも出来ず、すき間からは間断なく寒風が吹き込む、頗る閉口した」が、「かかる時は満州出征軍人の昨今を思いくらべて、なお自分の境遇の安楽過ぎるのを勿体《もったい》なく思う」のだった。

「満州の野に大山将軍黒鳩禽を追う、突厥ヶ原に伊東博士古建築を究む」

忠太は、大国ロシアに挑む日本軍の進退に、世界建築のパラダイムに挑戦する自分の建築行脚を重ねあわせている。大半の日本人と同様、祖国の危急事態に、自分の持ち場で全力を尽くそうとしたのだった。

野帳に「夢幻法師著」と題された戯画「新編浮世鏡　第三回　満州の野に大山将軍黒鳩禽を追う、突厥《とっけつ》ヶ原に伊東博士古建築を究む」（巻頭カラー頁参照）は、そんな気分のあらわれだろう。薄暗い荒野を着物をはだけて逃げる妖怪、燃える蠟燭《ろうそく》を咥《くわ》えて眼光炯々《けいけい》と追う妖怪を描いた、独特の戯画である。満州でクロパトキンを追いつめる大山将軍を、トルコの地で厳しい気候や環境に耐えて建築研究する自分になぞらえている。手すさびだが、自分は建築の分野で日本を代表するのだ、との自負が窺《うかが》える。

だが、あながち独りよがりだったとはいえない。

一九〇五（明治三十八）年、女性として初めてシリアとユーフラテス河流域を単身旅行した英国の考古学者・登山家のガートルード・ベル（Gertrude Margaret Lowthian Bell　一八六八－一九二六）は、現地でひとりの案内人を雇った。案内人マフムートに「いままで案内したなかで最も印象に残っているのは誰か」尋ねたところ、意外な答えが返ってきた。ベルは、次のように書く。

マフムートが最もよく覚えている旅の道連れとは、政府から派遣された日本人だった。私はのちに知ったのだが、ローマ帝国の東部分の建築に適用されている方法を研究し、報告するために派遣されていたのだった。日本人は、そのような研究者のために、この激しい戦争のさなかに出資するほど余裕があったのだ。マフムートの好奇心はあきらかに、この小さな男、その同胞が、脅かされたロシア人から勝利を奪取しつつあった男に、おおいにかきたてられていた。[*24]（拙訳）

建築を研究する小さな男、とは、忠太にほかならない。ベルの著書の出版は日露戦争終結二年後の一九〇七年。苦しい戦争のさなか、建築研究の国費海外派遣がひとりの英国貴族に与えた効果は、絶大だったといえる。

世界の建築行脚。日本人として前人未到の業績を、忠太はバルチック艦隊の大航海にもなぞらえる。イスタンブルから両親に、ふたつの経路を得意の手描き地図に描き込んで同封した。**（巻頭カラー頁参照）**

忠太は、海外で活躍する日本人の価値を意識していた。

イェルサレムから両親へ、北京、重慶、漢口、ラングーン、カルカッタ、孟賣《ムンバイ》、ポートサイードなど十六都市で出会った日本人の数と職業の一覧を書いた。「併《しか》し日本人の海外へ出かけ様がまだまだ足れません。一体に日本人は出ぶしょうで殊に海外へ出ることをヒドク面倒がる様に思います」[*25]と述べた。

一九〇四（明治三十七）年十二月十五日、忠太は約五ヶ月の国内旅行からイスタンブルに戻る。旅順は落ちず、バルチック艦隊も到着せず。忠太は米沢へ「旅順陥落にはモー一ヶ月以上二ヶ月位かかるだろうと云う風評を聞きます、バルチック艦隊は到底来れないだろうと云う噂です、奉天は来春やや温《あたたか》くなってから決戦するだろうと云う評判です」[*26]（コンスタンチノープル、一九〇四年十二月十八日）と、イスタンブルの風評を伝えた。

忠太、イスタンブルで旅順陥落の報を聞く

旅順陥落は、一九〇五（明治三十八）年一月一日だった。忠太は、早速米沢へ「正月三日の朝已《すで》に旅順陥落の報が君府《くんぷ》に伝わりました。満都みな狂喜して日本の為に祝賀しました。私も実は重荷を一ツ下《おろ》した様な心もちが致しました」[*27]（コンスタンチノープル、一九〇五年一月五

日）と書き送る。「バルチック艦隊は所詮東洋へは来れないだろうと思います。イクラ露が無謀でもヤミヤミ討ち亡ぼされることが分かッて居るのに、むざむざヤッて来ることはしますまい」[*28]（コンスタンチノープル、一九〇五年一月五日）と希望的観測を述べた。

米沢からも戦況を聞いていた。「父上様から御こまやかな戦況をお知らせ下さいまして有難う存じます、御陰《おかげ》様でいろいろよく分かりました、米沢出身者にも必ず目覚ましい働きをして居る者が沢山《たくさん》あるのでしょう、戦死者は実に気の毒千万です、乃木将軍などは花盛りの二人の子を討たれ如何《いか》に悲しく思《おぼ》しけん思いやるだに痛ましいことです」[*29]（コンスタンチノープル、一九〇五年一月二十日）と共感した。

身近な人々の活躍もある。「御国の水雷攻撃には揃いも揃って親戚知人が花々しい手柄をされましたので愉快でたまりません、中牟田大尉の負傷と云うのも極く軽いのであッた様に見えますが、先ヅ先ヅ仕合せなことでした」[*30]。（コンスタンチノープル、一九〇五年一月二十三日）「中牟田大尉」は、妻千代子の実家の親戚だろう。

十万人の死者を出したといわれる戦争で、[*31]二、三十代男性の人口は大幅に減少した。引退した医師である忠太の父祐順にも、従軍の打診がきた。「今度はまた父上様に就役志願の問合わせ又《また》は勧誘がありましたそうですが、御断りになりましたそうで誠に安心致しました、日本はまだ綽々《しゃくしゃく》として余裕があります、ご老体の父上様に御苦労をかける必要はありません、どうか御静かに御休養なさッて永く御健康を保ッて下さい」[*32]（コンスタンチノープル、一九〇五年一月二十日）と、父を労《いたわ》る忠太だった。

旅順陥落後のイスタンブルの様子を忠太は「今月の三日の朝旅順陥落の報は君子坦丁堡《コンスタンチノープル》全市に伝えられた。……土耳其人の喜びようというものは実に非常なもので、当市の中村商店へは続々と祝辞を述べに来るものが絶えない。私が市中を歩いても、或る者は私に向かって万歳を以て祝して呉《く》れた。夜に入っては祝宴を張った輩《やから》も少《すくな》くないようであった」[*33]と伝える。

だが、喜びは手放しでない。「露国は極東の大失敗を埋め合わせる為めに、鋒《ほこ》を近東に向けて、土耳其を圧迫するに相違ないからである。……それ故、土人《トルコ》は日露の講和の成るのを喜ばない。彼の希望するところは戦争がなお長く続いて、結局露国の滅亡するにあるのである。少なくとも日本が露を根本から撃破して彼をして再び立つ能《あた》わざしめる処《ところ》までやっつけることを希望している」[*34]とあくまで冷静だ。

次の標的はオスマン帝国かもしれない。「或る土耳其人」は、「我が国が露の侵害に会うのは、即《すなわ》ち日本が露を苦しめた結果だから、日本たる者は大に我が国を助ける義理があろう。今回の戦には我が国民が至誠を以て日本の成功を神に祈った如く、他日日本人は我が国の為めに亦《また》至誠を以て勝利を祈って呉れる理由があるであろう」[*35]と、冗談とも本気ともつかない怨《うら》みを唱えた。だが忠太は、国家間の均衡を物理学に喩《たと》え「土耳其の弾力性が不十分であれば、大破潰《だいはかい》を生ずるのも、また自然の勢」と、オスマン帝国に同情は見せない。

両親宛て私信では、旅順陥落後のロシアの「旅順を放棄したるは予定なり」という弁明を評して、「彼の出鱈目《でたらめ》の雑言の上手なのには敬服します。セ免て日本がこの半分も嘘がツけると頼母《たのも》しいのですが、日本の正直なことはまた格別で、いツも外国にだまされたり馬鹿にされたりするのでしょう」と、正直一辺倒の日本外交への歯痒さも漏らす。

喰《く》うか、喰われるか。忠太の冷徹さは、「同胞」の理想を掲げるアジア主義者とはほど遠い。西洋の学界の日本へのオリエンタリズムに反発してやってきたオスマン帝国で、忠太はむしろ、自分が喰う方に回ろうと無理していたように見える。

オスマン帝国と日本の現実をシビアに見つめ、「突厥《とっけつ》ヶ原に古建築を究」める伊東博士の旅は、これからさらに内陸へと進む。

【引用文献・註】

＊1　一九〇四年一月十六日付、伊東忠太より伊東祐順・くめ宛て書簡、消印マドラス（現ムンバイ）一月十七日、香港一九〇四年二月五日、東京一九〇四年二月十五日、前羽米沢二月十六日、封筒に「印度マドラス市グランドホテルにて」と記載　山形県立図書館蔵

＊2　一九〇四年三月五日付、伊東忠太より伊東祐順・くめ宛て書簡、消印ボンベイ三月五日、シンガポール三月二十日、前羽米沢四月五日　山形県立図書館蔵

＊3　一九〇四年五月三十日付、オスマン帝国より両親宛て発信書簡第二便、伊東忠太より伊東祐順・くめ宛書簡、消印コンスタンチノープル（英国郵便）一九〇四年五月三十一日、消印ニューヨーク一九〇四年六月十一日、消印サンフランシスコ一九〇四年六月十六日、消印東京一九〇四年七月（日付不明）、消

印羽前米沢明治三十七年七月十二日　山形県立図書館蔵

＊4　一九〇四年五月二十日付、オスマン帝国より両親宛て発信書簡第一便、伊東忠太より伊東祐順・くめ宛書簡、消印コンスタンチノープル（日付不明）、消印東京一九〇四年六月二十七日、消印羽前米沢明治三十七年六月二十八日　山形県立図書館蔵

＊5　「土耳其・埃及旅行茶話」、『伊東忠太建築文献　第五巻　見学紀行』龍吟社　一九三六年　五一九頁

＊6　イスタンブルのこと。

＊7　「土耳其・埃及旅行茶話」、『伊東忠太建築文献　第五巻　見学紀行』龍吟社　一九三六年　五二七頁

＊8　「土耳其・埃及旅行茶話」、『伊東忠太建築文献　第五巻　見学紀行』龍吟社　一九三六年　五一九－五二〇頁

＊9　一九〇五年一月二十三日付、オスマン帝国より両親宛て発信書簡第八便、伊東忠太より伊東祐順・くめ宛書簡、消印コンスタンチノープル（日付不明）、消印アレキサンドリア一九〇五年一月二十九日、消印スエズ（日付不明）消印神戸一九〇五年三月五日、消印場所日付不明　山形県立図書館蔵

＊10　「土耳其・埃及旅行茶話」、『伊東忠太建築文献　第五巻　見学紀行』龍吟社　一九三六年　五七九－五八〇頁

＊11　「土耳其・埃及旅行茶話」、『伊東忠太建築文献　第五巻　見学紀行』龍吟社　一九三六年　五三七頁

＊12　「土耳其・埃及旅行茶話」、『伊東忠太建築文献　第五巻　見学紀行』龍吟社　一九三六年　五七五頁

＊13　忠太の表記に従ったが、正しくはエエーリのこと。

＊14　「土耳其・埃及旅行茶話」、『伊東忠太建築文献　第五巻　見学紀行』龍吟社　一九三六年　五七八－五七九頁

＊15　「土耳其・埃及旅行茶話」、『伊東忠太建築文献　第五巻　見学紀行』龍吟社　一九三六年　五四一頁

＊16　「土耳其・埃及旅行茶話」、『伊東忠太建築文献　第五巻　見学紀行』龍吟社　一九三六年　五五五頁

＊17　一九〇四年十月十九日付、伊東忠太より兄祐彦宛て絵葉書、消印イェルサレム十月二十日、消印神戸

十一月二十八日、消印羽前米沢十一月三十日　日本建築学会建築博物館蔵

＊18　一九〇四年十月二十日付、伊東忠太より妻千代子宛絵葉書、消印神戸？十一月二十八日、消印東京十一月三十日　日本建築学会建築博物館蔵

＊19　「土耳其・埃及茶話」、『伊東忠太建築文献　第五巻　見学紀行』　龍吟社　一九三六年　五四八－五四九頁

＊20　一九〇四年六月十一日、伊東忠太より米沢の伊東祐順・くめ宛て書簡、消印コンスタンチノープル、羽前米沢一九〇四年七月三十日　山形県立図書館蔵

＊21　一九〇四年十月二十五日付、オスマン帝国より両親宛て発信書簡第三便、伊東忠太より伊東祐順・くめ宛書簡、消印イェルサレム、ドイツ郵便一九〇四年十月二十六日、消印アレキサンドリア一九〇四年十月三十日、消印スエズ一九〇四年十月三十一日、消印長崎一九〇四年十一月三十日、消印羽前米沢明治三十七年十二月四日

＊22　一九〇四年十一月六日付、オスマン帝国より両親宛て発信書簡第四便、伊東忠太より伊東祐順・くめ宛書簡、消印バアルベック、一九〇四年十一月七日、消印アレクサンドリア一九〇四年十一月十日、消印スエズ一九〇四年十一月十一日、消印長崎一九〇四年十二月十五日、消印羽前米沢明治三十七年十二月十九日

＊23　＊21に同じ。

＊24　Gertrude Bell, The Desert and the Sown, London, Virago Press, 1985, p.232. (First published by William Heinemann in 1907)

＊25　オスマン帝国より両親宛て発信書簡第三便　山形県立図書館蔵

＊26　一九〇四年十二月十八日付、オスマン帝国より両親宛て発信書簡第五便、伊東忠太より伊東祐順・くめ宛書簡、消印コンスタンチノープル（日付不明）、消印香港一九〇五年一月二十五日、消印長崎一九〇五年二月三日、消印羽前米沢明治三十八年二月六日　山形県立図書館蔵

＊27　一九〇五年一月五日付、オスマン帝国より両親宛て発信書簡第六便、伊東忠太より伊東祐順・くめ宛書簡、

消印コンスタンチノープル（日付不明）、消印アレキサンドリア一九〇五年一月十四日、消印スエズ一九〇五年一月十五日、消印不明（神戸？）一九〇五年二月十八日、消印羽前米沢明治三十八年二月二十日　山形県立図書館蔵

＊28　＊25に同じ。

＊29　一九〇五年一月二十日付、オスマン帝国より両親宛て発信書簡第七便、伊東忠太より伊東祐順・くめ宛書簡、消印コンスタンチノープル（日付不明）、消印長崎一九〇五年三月五日、消印羽前米沢明治三十八年三月九日　山形県立図書館蔵

＊30　＊27に同じ。

＊31　戦死者数は、統計により異なる。例えば『國史大辭典　11』（吉川弘文館　一九九〇年）によれば約八万四千人、『日本の戦争　図解とデータ』（桑田悦　原書房　一九八二年）によれば約十一万八千人。

＊32　一九〇五年一月二十日付、オスマン帝国より両親宛て発信書簡第七便、伊東忠太より伊東祐順・くめ宛書簡、消印コンスタンチノープル（日付不明）、消印長崎一九〇五年三月五日、消印羽前米沢明治三十八年三月九日　山形県立図書館蔵

＊33　「土耳其・埃及旅行茶話」、『伊東忠太建築文献　第五巻　見学紀行』龍吟社　一九三六年　五八二頁

＊34　＊32に同じ。

＊35　＊32に同じ。

第Ⅷ章

灼熱のアナトリアで、痒し痒し

様式の「雑居」――ブルサへの小旅行

いよいよ内陸への旅。

日本へのオリエンタリズムに反発してやってきた「オリエント」。法隆寺建築ギリシャ起源説提唱者の、ギリシャ建築への反応は。「東洋建築」とは、「回教／イスラム」建築とは。伊東博士の建築行脚が、新たにはじまる。

許可を待つ間、忠太はオスマン帝国の古都ブルサへ出かけた。「東京から房州」ほどだが旅行券が必要で、手数料、税関検査まであった。

オリンポス山（現ウルダア）北部の街は、古代ビテュニア王国、共和制ローマの属州。公会議で知られるニケーア（現イズニック）も近い。蚕の集散地、絹の産地で、豪奢《ごうしゃ》な金銀天鵞絨《ビロード》は珍重された。

忠太はイスタンブル征服（一四五三年）以前のオスマン建築を見て歩く。征服前後の変化を見抜き、ブルサ建築を「波斯《ペルシャ》によく似ている。又《また》セルヂューク式に近い性質を持っている」、「支那《しな》的の趣味」[*1]はなく、「我々の方では大変面白いことになっている」[*2]と紹介。

ブルサの面白さ、それは建築要素の共存だ。「波斯式、アラビヤ式、東羅馬《ひがしローマ》式の建築が雑居」と書く。

ムラーディエ・ジャーミイ（一四二六年）はインドのパタン様式似、タイルは「アラビア模様」[*3]で、平面、立面は「一種奇にしてコンスタンチノープルには見ず」。建築史では「T字型」、「ブルサ型」と呼ばれる。

モスク建築は、イスラムの生誕地アラビア半島ではじまった。現存最古はカイロとダマスカスにある。カイロのイブン・トゥールーンのモスク（八七九年）は、中庭を列柱回廊で囲む形式。ダマスカスの大モスク（八世紀）は、碁盤の目状に区切った空間に柱を立て、ドームで覆う「多柱式」。ブルサにもウル・ジャーミイ（一四〇〇年）がある。忠太は両方見た。「T字型」は、多柱式から大円蓋への移行期。ふたつのドームの両脇に小ドームを配し、平面図が「T」の字に似る。「ギリシャ、ビザンチンの影響ヨリモアラビア、ペルシャノ影響」[*4]で、忠太はブルサ建築にはじめて古い要素を見た。

初期オスマン建築と征服後の違いは、ドームの架構技術。イスタンブルの大規模モスクはギリシャ、ローマのアーチに基づき、それ以前はアラブ、ペルシャの三角形のスキンチ（ドーム基部）が荷重を支えた。忠太は古い技術にも着目し、円蓋から基部への移行、筒型天井《ヴォールト》を描き、写真撮影した。

ブルサ建築、ことにタイル装飾は、ムラトI世のティムール朝からの「戦利品」、タブリーズの職人の仕事。ペルシャの影響は慧眼《けいがん》だ。オスマン宮廷工房のイラン出身の職人集団はこの頃はじまり、十六世紀「アージェミー《イランの》」の集団を形成した。もうひとつはバルカン半島と東欧

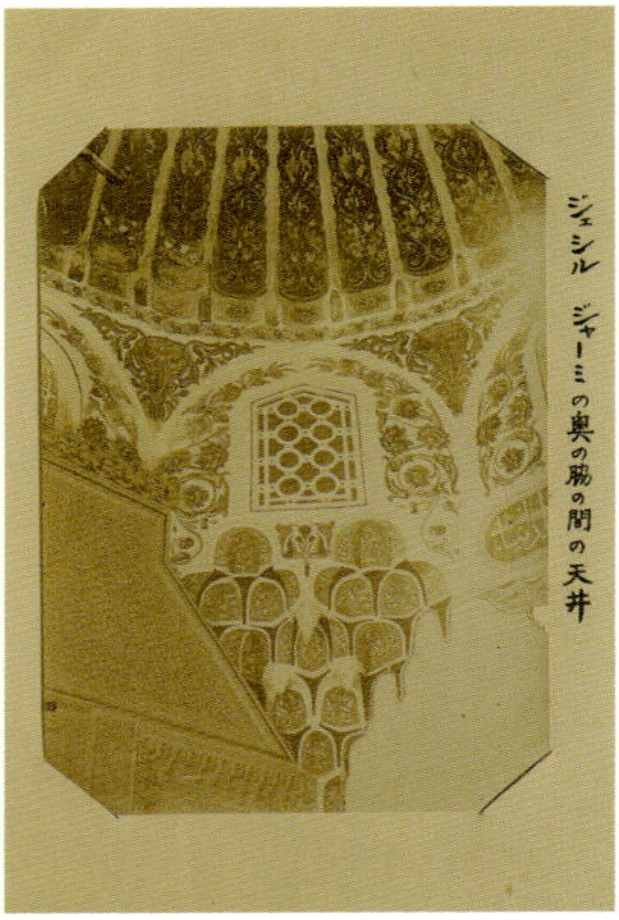

1. 忠太撮影のイェシル・ジャーミのヴォールト（筒型天井）。東京大学大学院工学系研究科建築学専攻所蔵

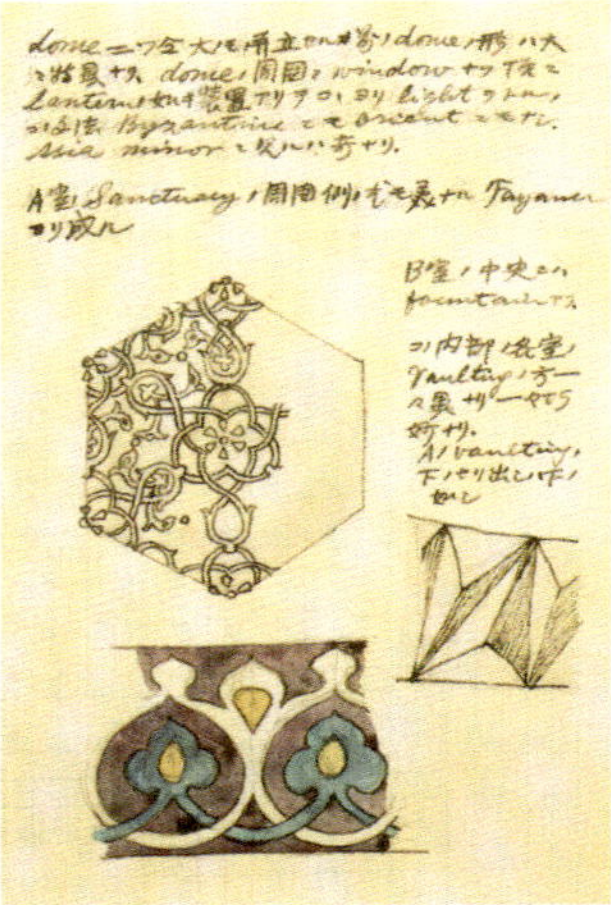

2.「緑の墓廟」、T字型平面図とともに、装飾も緻密に描き込まれている。野帳第九巻　日本建築学会建築博物館蔵

出身の「ルーミー《東ローマ帝国の》」である。

宝石のようなメフメット一世のモスク、通称緑《イェシル》のジャーミ（**写真1**）と緑の墓廟《イェシル・トゥルベ》（一四二一年）は、先述の公式的建築史書『オスマンの建築様式』でも別格。墓廟を「初期トルコ様式の標品」（拙訳）とした忠太は、「ペルシャ様式のタイル」の内部を「模様は実に優秀だ。至聖所《しせいじょ》が特に美しい」[*5]と書く。

初期オスマンのチニには、十六世紀イズニックの華麗な白い肌や珊瑚《さんご》赤がない。群青、トルコ青、緑、黄、紫などを、混色を防ぐ鉛の黒い縁取り内に置く古雅な技法だ。[*6]暗色の地に金泥《きんでい》装飾の豪華版もある。緑のモスクは「非常に精細な浮彫りがあり、意匠は一々違う」[*7]、「筒型天井の方法は一々異なり一々巧妙」[*8]（写真2）と感嘆。煌《きら》びやかだが落ち着きを湛《たた》える繊細優美は、着物にも通じる渋さである。

絹の街で、妖怪もハマム体験

ブルサには温泉もある。両親に「帰ったら赤湯か白布《しらぶ》に行きたい」と書く温泉好きの忠太、体験しない手はない。

古代ローマに連なるトルコ風呂（ハマム）は、冷、暖、高温の三つの空間からなる。普通は蒸し風呂だが、ブルサは温泉だから浴槽がある。フランスの画家アングルの『トルコ風呂』（一八六三年）よろしく、古今東西男性のオリエンタリズム的妄想の源泉としても名高い。だが忠太は色気抜き。第一室で裸になり、第二の微温室に入ると「ここで温浴を済ます人もあるが我輩はなお進んで高温室に入った」[*9]。そこで「熱さがヂリヂリと肌を透《とお》して骨まで浸《し》み亘《わた》り、流汗淋漓《りゅうかんりんり》として幾万の毛穴から迸《ほとばし》り出で、全身は熱湯を浴びた様になり、窒息するほど熱いのを我慢」[*10]した。垢《あか》擦りは「鹿尾菜《ひじき》の様な垢がボロボロと際限もなく出る。皮も肉も皆垢になって消え去るかと思う程」[*11]。湯上がりに「芳烈濃厚なる珈琲一盃《いっぱい》を傾けた時の心地は実に

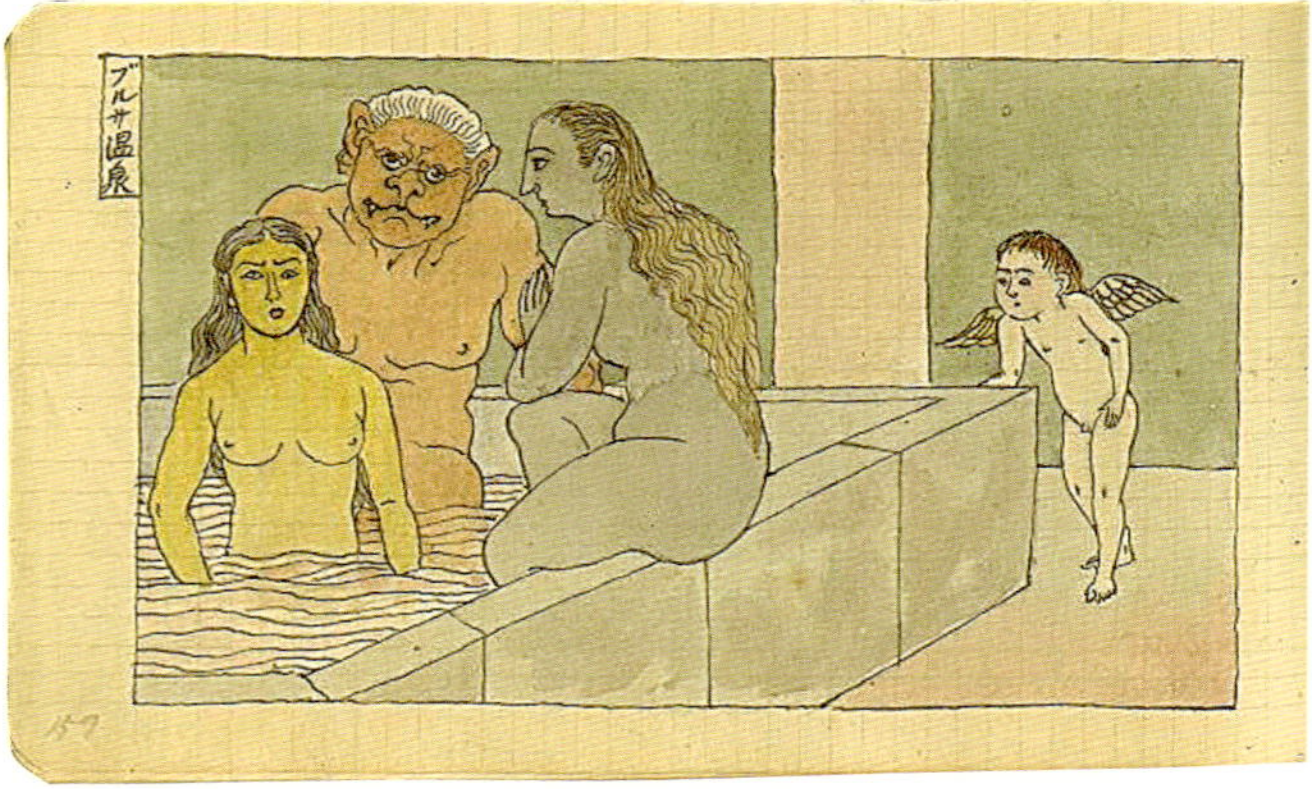

3．仲良く温泉にはいる忠太の妖怪たち。アナトリアの土着の魔人、「ジン」たちもびっくり!?　野帳第九巻　日本建築学会建築博物館蔵

何とも形容の言葉を知らぬ快味である」[*12]と書いた。

得意の妖怪図もある。黄色や青の肌、とんがり耳の男女の妖怪が仲良く入浴（写真3）。白い羽の小天使も入りかけている。「快味」満喫のようで愉快だ。

その時は思いもよらなかっただろう。二十五年後、温泉のトルコ人オーナーと忠太のパトロン、西本願寺の大谷光瑞《こうずい》が、この地で絹工場を立ち上げようとは。興味深い日土初の産業提携の物語は、最終章で紹介しよう。

忠太は両親宛て絵葉書に「古《こ》れハ絹糸紡績にて有名なるブルサの工場です」[*13]と記した。ブルサ初の日本人は、忠太かもしれない。そういえば米沢も、絹の街だった。

イスタンブル出発

許可に二ヶ月半以上、ようやくの出発は一九〇四（明治三十七）年七月三〇日。「亜細亜州《アジア》の人となった」[*14]忠太は、鉄道に乗る。鉄道建設は一八七一（明治四）年オスマン帝国資本で開始、十七年後アンカラまで開通。その後ドイツ資本でアナトリア・バグダッド鉄道建設、当時コンヤまで通じていた。イスタンブルからバグダッド、ヨーロッパをインドに繋ぐ大陸横断計画。アブデュルハミットⅡ世は、営業許可の対価と交通の近代化を見込んでいた。

だが、契約には落とし穴があった。工事中発見の資源はすべてドイツ側に帰す、の条項だ。鉄道は迂回、ドイツは沿線の鉱物資源、古代遺跡まで合法的に入手。忠太も訪れるペルガモン（現ベルガマ）のゼウス神殿が、現在丸ごとベルリンにあるのはそのためだ。

「其《そ》の数殆《ほとん》ど数うべからざる」[*15]遺跡を効率よくまわるため、忠太は「先《ま》ず鉄道線路付近の場所だけを踏査」[*16]した。

費用の問題もある。「土耳其語《トルコ》に熟達し、土耳其帽を冠《かぶ》って土耳其宿へ泊り、万事土耳其流にやれば、旅費は私の旅行費の半分」[*17]、通訳・飲食宿泊西洋風なら倍以上。特訓のトルコ語で従僕一人、木賃宿も西洋式ホテルも利用が忠太流。言語は「土耳其、アラビア、仏の三国語」が必要で、他に「伊太利語、希臘《ギリシヤ》語、アルメニア語」、「英独語は殆ど必要がない」。

オスマン帝国内での経路概略図と行程概要

1904年（明治37）5月8日～1905年（明治38）1月24日

5月 8日	イスタンブル着
7月30日	イスタンブル、 ハイダルパシャ発
7月31日	エスキシェヒール
8月 1日 ～3日	アンカラ
8月 4日	エスキシェヒール
8月 5日	キュタフヤ
8月 6日	チャヴダルヒサール （アイザノイ）
8月 7日	キュタヒヤ
8月 8日	コンドゥズル
8月 9日	ヤプルダア
8月10日	ギュルカ
8月11日	ドエル
8月12日 ～15日	コンヤ
8月16日 ～17日	アクシェヒール
8月18日	カラヒサール
8月19日	ウシャク
8月20日	マニサ
8月21日	ソマ
8月22日 ～23日	ベルガマ
8月24日	不明
8月25日 ～29日	イズミル
8月30日	アヤサルック
8月31日 ～9月 1日	プリエネ
9月 2日 ～3日	アクキョイ
9月 4日	ソキア
9月 5日 ～9日	イズミル
9月10日	キオス
9月11日	ピレウス
9月12日	カネア
9月13日	カンディア
9月14日	地中海上
9月15日 ～16日	アレキサンドリア
9月17日 ～10月 3日	カイロ
10月 4日	汽車中
10月 5日 ～6日	ルクソール
10月 7日	汽車中
10月 8日 ～11日	カイロ
10月12日 ～14日	ポートサイード
10月16日	ベイルート
10月17日	ベイルート～ヤッファ
10月18日	ヤッファ
10月19日 ～25日	イェルサレム
10月26日	イェリコ
10月27日	マダバ
10月28日 ～29日	アンマン
10月30日 ～11月 2日	ダマスカス
11月 3日 ～ 4日	ベイルート
11月 5日 ～ 6日	バールベック
11月 7日	ホムス
11月 8日 ～ 9日	ハマ
11月10日	マアッラト （アン＝ヌウマーン）
11月11日 ～20日	アレッポ
11月21日	タルマニンか？
11月22日	ハム
11月23日 ～24日	アンタクヤ
11月25日	ベイラン
11月26日	イスケンデルン （アレキサンドレット） ～メルシン
11月27日 ～28日	メルシン
11月29日	タルスス
11月30日 ～12月 1日	アダナ
12月 2日	タルスス
12月 3日	マサルオルック
12月 4日	アクキョプル
12月 5日	バヤア
12月 6日 ～ 7日	エエーリ
12月 8日	カラマン
12月 9日 ～10日	コンヤ、タウルス山中
12月11日	エスキシェヒール
12月12日 ～14日	判読不能
12月15日	イスタンブル着
1月24日	イスタンブル発、 ピレウス（アテネの港）へ

・行程概要は「野帳」および各種書簡より作成
・左ページの忠太自筆による「土耳其・埃及（トルコ・エジプト）地方旅行地図」は、『伊東忠太建築文献　第五巻　見学紀行』（龍吟社　1936年）より転載

土耳其・埃及地方旅行地圖

朱線は伊東博士の足跡 —— 陸路 ---- 航路

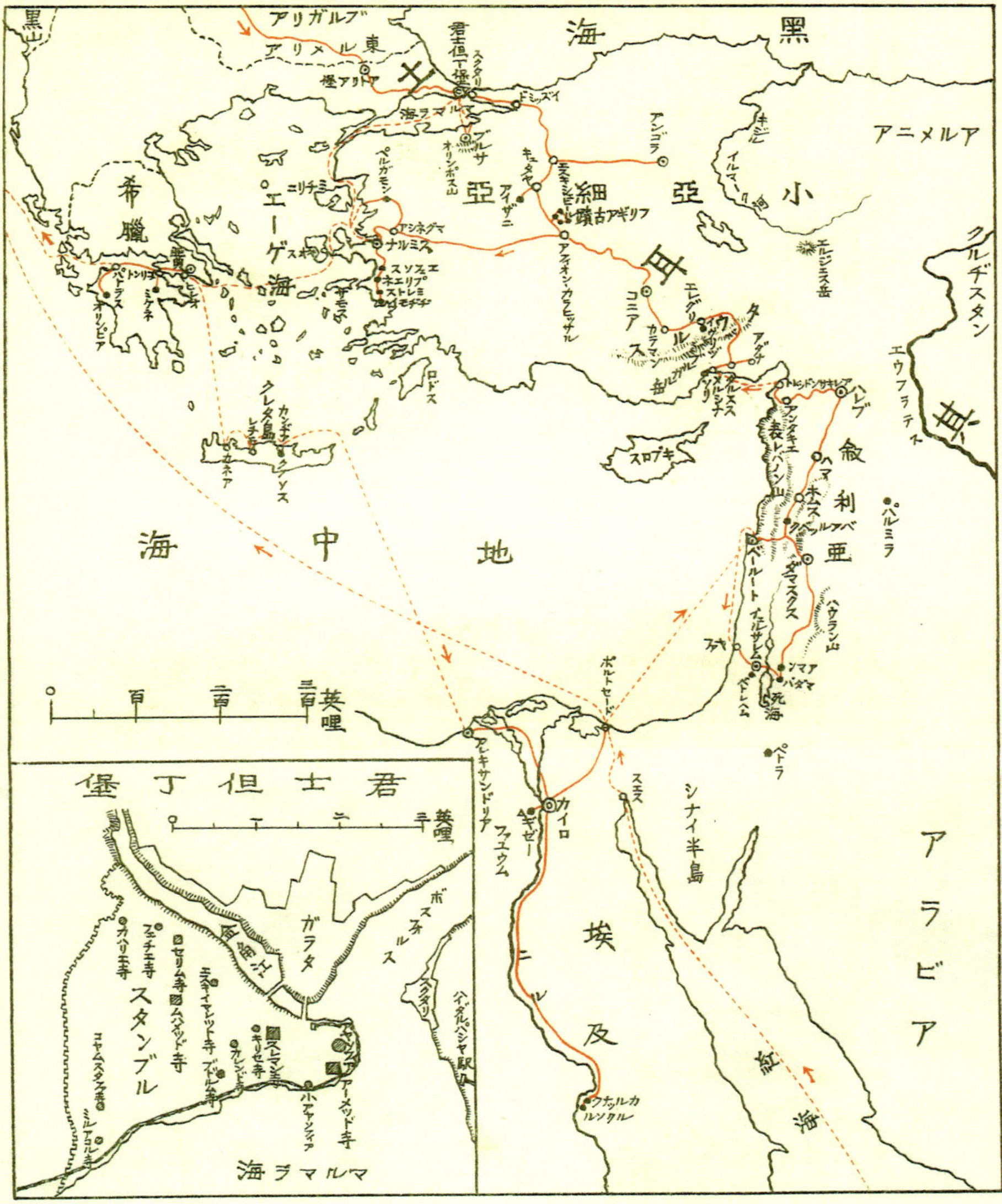

米沢へは「支那、印度の内地旅行よりも不便に相違ありません。第一言語です。少し土耳其語を習いかけて居りますが急には覚へられません。併《しか》し旅行の困難には充分慣れて居りますから決して御心排《ごしんぱい》下さることはありません」[18]と書き送った。

アンカラでセルチュク建築に「東洋」発見

最初の目的地はアンカラ。妻へは「アジア内地旅行の第一着として本日当地着す。土人ハ時節柄日本人珍しとて大騒ぎをやり居り候、有難迷惑と云《い》うものなるべく候」[19]。アラビア文字でジャポン（日本）と書かれた絵葉書は、得意げだ。

現トルコ共和国の首都は、当時人口二万五千の田舎町。おもにルーム・セルチュク朝（一〇七七－一三〇八）の建築を見た。[20]

大セルチュク朝（一〇三八－一一五七）は、現イラン、イラク、トゥルクメニスタンに君臨。トルコ系イスラム王朝だが、文化的にはペルシャ。オマル・ハイヤームの『ルバイヤート』、ニーザーミーの『ホスローとシーリーン』など、ペルシャ文学の名作はこの王朝で生まれた。[21]

忠太の書く「セルチュク朝」はアナトリアの地方政権、ルーム・セルチュク朝だ。「ルーム」

はこの場合「東ローマ帝国領のアナトリア」。本書では以下、「セルチュク朝」とは「ルーム・セルチュク朝」を指す。

一〇九七年十字軍にニケーアを奪われ、首都はコンヤに移る。オスマン帝国は、セルチュク朝の君侯国《ベイリク》から興った国だ。

当時のオスマン帝国では、両セルチュク朝をルーツに掲げ大王朝への回帰を謳《うた》う大トルコ主義、トゥーラン主義が一部のムスリム知識層に支持を得ていた。青年トルコ革命（一九〇八年）の原動力で、汎イスラム主義、アジア主義、のちに日本民族主義とも関わる。

そんな背景もあるセルチュク建築を、忠太は「東洋的」とみた。

イスタンブルの大規模建築は石造中心。セルチュク建築、征服以前のオスマン建築は煉瓦《れんが》造。内部には木材が多用される。ハジ・バイラム・ジャーミイ（十五世紀）では、「内部ハ木造ナル事奇ナリ」と驚いた。「カシミールノモスクト大《おおい》ニ似タル趣味ヲ帯ブル事奇ナリ」[*22]（傍点筆者）、市の北部の風景をカシミールのタフト・イ・スレイマーンと「全ク同シ風景」、「益々《ますます》印度支那的ノ光景ヲ呈スル事奇ナリ」[*23]とみた。

アンカラの真珠、アルスランハーネ・ジャーミイ（十三世紀初頭）では、木造天井（**写真4**）を「尤《もつと》も特別にて大に東洋的殊に支那的」、「肘木《ひじき》の形尤《もつとも》日本的」[*24]、仕上げも鋸鉋《のこかんな》と観察。「非常ニ絵画的《ピクチユアレスク》」なメドレセ（イスラム神学校）は、木枠に煉瓦で詰め物の工法や破風《はふ》、垂木《たるき》、持ち送り「凡《すべ》テ東洋的ナルヲ見ルベシ」[*25]（傍点筆者）。詳細に描く。

4．アンカラの真珠、アルスランハーネ・ジャーミイ（十三世紀初頭）。天井の重厚な木組みに、忠太は中国・日本建築との類似性を見た。筆者撮影

民家へのまなざし

木造民家の意匠にも注目した。現代なら土地固有の建築研究は当然だが、当時としては独創的だ。つっかけやコーヒーポットも描くまなざしは、いきいきとしている。

オスマン帝国では、モスクや神学校等の公共建築は石造だが、住宅など私的な建築には木造の伝統が根強い。神に属するものは永続的な石造、人に属するものは一時的な木造、との解釈だ。

トルコの民家は、独特の張り出し窓（ジュンバ）が発達する**（写真5）**。外から内を隠す華麗な透《すかし》彫りの窓枠《カフエス》が特徴的。櫛比《しっぴ》する家々の間で、視線の鉢合

わせを避け、微妙に窓の位置や角度をずらす設《しつら》えもある。一見規則的でない街路はそのためだ。忠太はこれらに興味をもち「下ハ普通土塀ナリ、ソノ上ニ木材ニテ持送《もちおく》リヲ出シ二階ヲ造ル」、「窓ハ尤モ絵画的《ピクチユアレスク》ナリ」と書いた。

アナトリアの建築行脚は、建築史を遡行する旅でもある。

忠太はフリギア遺跡を訪れるべくキュタフヤへ向かう。イズニックに代わり、十八世紀頃発達した陶器の街。高価なチニではなく、陶土に白い釉薬《ゆうやく》の陶器だ。珊瑚赤の秘密は失われ、人物や船など素朴な絵が身上だ。

目当てはキュタフヤの南西アイザノイのローマ遺跡、南のアスランカヤ、ヤズルカヤ、アヤシンなどのフリギア遺跡。セルチュク朝から二千年ほど遡《さかのぼ》る。

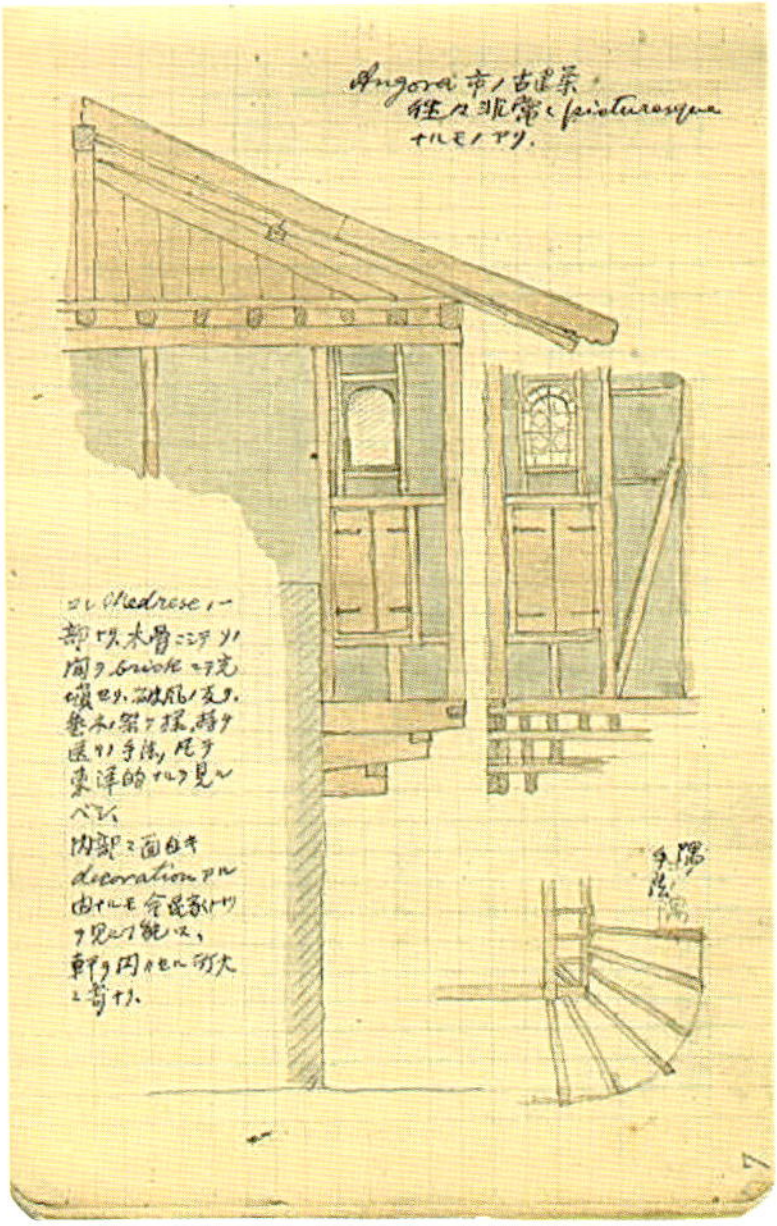

5. 住宅建築への眼差し。木造建築は忠太をほっとさせたかもしれない。野帳第十巻　日本建築学会建築博物館蔵

韜晦《とうかい》する〈ギリシャ〉——「法隆寺建築ギリシャ起源説」理解の盲点

忠太の世界旅行は「法隆寺建築ギリシャ起源説」を確かめる旅とされる。「ギリシャ」とは、アテネのパルテノン神殿に代表される古代ギリシャ建築だ。

だが忠太の「ギリシャ」は、伸び縮みする。法隆寺と比較した「エストラカン」は、イタリア中部の都市国家群エトルリア（紀元前八－同一世紀）。フリギアも「ギリシャ」と理解していた。当時の研究状況から、無理もない部分もある。だが忠太の「ギリシャ」を、一度よく検証する必要はあるだろう。パルテノン詣での前に、オスマン帝国で「ギリシャ」遺跡を相当数、回っているのだ。

アイザノイは、初めて訪れた「希臘《ギリシャ》」（と信じた）遺跡だった。

青銅器時代初期に居住開始、ペルガモン王国、ビテュニア王国を経て、紀元前二世紀からローマ帝国。中心施設のゼウス神殿は、ハドゥリアヌス帝時代（二世紀）とされる。つまりローマ遺跡だ。だが忠太は「古代希臘の風俗が眼に見える様な心地がする」と書く。未発掘で、情報は限られていただろう。それでも忠太の「希臘」は、かなり曖昧とは言えないか。

日本出発後初めての「希臘」遺跡。意気込みは野帳からも伝わる。ゼウス神殿の平面図、柱基部、縦筋《フルーティング》、軒蛇腹、胴蛇腹など寸法入りで写した。だが、エンタシスについては寡黙だ。「縦筋二十四条、柱ノエンタシス美ナリ」（一部拙訳）の記述のみだ。大陸を跨《また》ぐエンタシスの旅の仮説は、どこへ行ったのか。

フリギアの切妻屋根の「東洋趣味」

フリギア遺跡の獅子岩《アスランカヤ》へは、ＧＰＳのある現代でも苦労した。筆者は、尋ね尋ねて彼方《かなた》に見つけたが、車で近づけない。乗り捨て三十分ほど歩く。訪れたのは三月も半ば過ぎだったが、足首まですっぽりの雪道だった。忠太は「四日間ガタ馬車を駆って、山中を探検したが却々《なかなか》難儀であった」そうだが、いまも長閑《のどか》な風景だった。**（写真６）**

キュタフヤと約八十キロ北東のエスキシェヒール、南一三五キロのアフィヨンカラヒサールを結ぶ三角地帯には、紀元前八世紀頃黄金期を迎えたフリギアの遺跡が多い。忠太は三都市とも訪れた。触れるものみな黄金にと望んだ神話のミダス王の墓ゴルディオン（アンカラ西方）を入れ、現在遊歩道「フリギアの谷」を整備中だそうだ。広大な平原に独特の丸い岩山が点在する奇観。岩には建物や動物が彫られている。

フリギア人はどこから来たか。

6. 忠太がガタ馬車を四日間駆ってようやくたどり着いたというアスランカヤ遺跡。長閑な風景は今も変わらない。筆者撮影

バルカン半島からの移住説とヒッタイト王国末裔《まつえい》説二説あるが未解決。忠太によれば「もちろん大体に於《お》いては希臘に近い様式」で、「風の変ったもので、大に面白く感じた」。熱心に描き、フリギア語ならぬ「古代希臘語」の銘文が読めないのを残念がった。

　法隆寺を千五百年遡るこの遺跡で、忠太は「東洋趣味」を考えた。

　墳墓の建築的意匠は「当時ノ建築形式ヲ見ルニ足ル、凡《すべ》テ頗《すこぶ》ル東洋的趣味アルヲ見ルベシ」[*26]。浮き彫りの建物の切妻屋根は五十度ほど、「ギリシャ・ローマにはこれほど急峻《きゅうしゅん》な勾配はない、ビザンチンが急なのは東洋趣味だろうか。ガンダーラも印度と出会って急となった。カシミールは尤も急」[*27]（傍点筆者）と歴史的文脈は無視で、屋根の角度による「東洋趣味」を展開した。

コンヤの「迦陵頻迦」

コンヤ到着は八月十二日。人類最古の都市のひとつ、チャタル・ホユック（紀元前七五〇〇年）もひかえる文明揺籃《ようらん》の地だ。古代ギリシャ時代名はイコニオン。フリギア、リディア、アケメネス朝ペルシャ、アレクサンダー大王、セレウコス朝シリア、ペルガモン帝国、ローマ帝国、セルチュク朝、カラマン朝、オスマン朝と、歴史は重層的。忠太は「世界中でアジアトルコ程歴史の変遷の多い所はない」と述べ、「旦《あした》に希臘の古趾《こし》を送り、夕に羅馬《ローマ》の旧跡を迎う」、「左にビザンチウム時代の残塁を眺め、右にはセルジュークの古城を望む」[*28]と喩《たと》えた。

セルチュク朝の首都は、イスラム神秘主義修行者（スーフィー）のシャムセッディン・タブリーズィーや、「我らの師（メヴラーナ）」ジェラーレッディン・ルーミーら賢者が集った世界都市。訪問先の八つすべてがセルチュク建築だ。ここでも「東洋趣味」が鍵。代表格が「迦陵頻迦《かりょうびんが》」との出会いだ。

迦陵頻迦とは、仏教の想像上の動物で、サンスクリット語のカーラーヴィンカの音訳。極楽浄土の美声の鳥で、人間の頭部に鳥の身体をもつ。日本では、中尊寺の国宝《金銅迦陵頻伽文華鬘《こんどうかりょうびんがもんげまん》》（十二世紀）が有名だ。

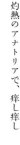

7. 迦陵頻伽に似た人頭体鳥の図像は、セルチュク朝時代のクーバダバード宮殿のタイルにも登場する。十三世紀、コンヤ、カラタイ美術館蔵

忠太が見たのはビザンチン教会の断片。鳥、獅子、象、牛など動物の行列の壁画が「印度ノ様式ト酷肖《こくしょう》」、「迦陵頻迦モアルハイヨイヨ奇ナリ」[29]と書いた。

人頭体鳥といえば、伝説の宮殿、クーバダバードの装飾タイルが名高い。セルチュク朝黄金期の君主アラーエッディン・ケイクーバードI世（位一二一九－一二三七）がコンヤの南西、ベイシェヒール湖中の人口島に築かせた宮殿だ。市内のカラタイ神学校（メドレセ　一二五一年、現タイル博物館）に出土品がある。八角星形タイルには、まさに体が鳥、頭部が人間。迦陵頻迦にそっくりだ。（**写真7**）

この象徴動物のトルコ語の名称は、不思議なことに存在しない。中世ペルシャ語では「バフリー（海にまつわるもの）」。遠くの海の島にいると信じられた。英語ではハーピー、現代トルコ語もこれに倣う。だがハーピーは同形態のギリシャの想像動物で別物、困難を助けに馳《は》せつける乗り物だ。類似の想像動物は、メソポタミアの収穫神ズー、仏教を奉じたインド・グプタ朝の象徴キンナラ、ヒンドゥー教の想像鳥ガルーダにつながり、形態や意味、性別を変えながらササン朝ペルシャ、中央アジアのソグド人の宮殿プジャンズィケン、アフガニスタンの仏教遺跡バーミーヤーンにもある。ギリシャのハーピーは女性、ササン朝では美男、中央アジアでは魂の象徴。古代エジプトのスフィンクスに関連を指摘する学者もいる[*30]。

頭人体鳥の想像動物、分布は日本からエジプトまでと、忠太好みのテーマ。エンタシスの伝《でん》播《ぱ》とも重なるだろう。だが、議論が盛んになったのはやっと一九六〇年代。二十世紀初頭の発掘状況から見て、忠太の時代は材料不足だった。

忠太はセルチュク朝の装飾を「アラビアン」だが「動物を用いたり、から草に於《おい》て波斯《ペルシャ》趣味を多く見る」、「美にして東洋趣味多し」と記す。ガンダーラとの類似も見た。師範学校《メクテブ・イ・イダーディ》所蔵のセルチュク遺物は「ガンダーラ彫刻ト非常ニ酷似」[*31]。カラタイ神学校（メドレセ）のドームはアラビア、トルコ、ビザンチンどれにも似ず「固有ナルモノ」だが、「印度ノストゥーパト全然同シ」[*32]、印度起源とした。出発前はギリシャから法隆寺、西から東の伝播にこだわった忠太は、コンヤではじめて、東から西の文化的影響を考えた。

灼熱に阻まれたバグダッド行

当時人口四万五千のコンヤは「小アジアの大都」。西洋式宿、写真館あり、外国郵便も出せる。忠太は経路変更の便りをする。

理由は、「華氏百三十度」（約五十四・五℃）の暑さ。真夏だった。妻宛「数十日以来雨なく炎暑激しく日光直射し」、「ここは鉄道の終点にてここよりバグダッドへ行くには一層荒漠たる、一層酷熱なる地方を通行せざるべからず、由《よっ》て日程を変更し先《ま》ヅスミルナへ赴き、埃及《エジプト》へ行き、シリアを経てバグダッドへ赴くことにせる次第なり」[*33]と書く。

だが忠太の真の悩みは、炎暑ではなかった。夜な夜な襲来する、南京虫だ。「支那のヒャク数倍猛悪」な彼らとの死闘を日本軍に喩《たと》え「炎暑及臭虫《およびワンツエ》の大群と奮闘して連勝致し居り候」と福岡の兄に洒落《しゃれ》のめした。

「臭虫の攻撃」と題する水彩画が残っている（**巻頭カラー頁参照**）。痒さで眠れず、ランプの灯に日本刀を振りまわす忠太。不気味な形の虫が、四方八方から襲いかかる。悩ましさに、こちらまで痒くなってくる。

絵葉書からわかった忠太と寅次郎の友情

イスタンブルの山田寅次郎にも書き送ったのだろう、返事が残されている。「御困難の次第曲に承《うけたまわ》り唯《ひた》すら御案じ申上候、特に臭虫大挙夜毎《よごと》御安眠の出来ぬ事は何許《いかばか》り御困却の儀と存候」[*34]、イズミルで虫除け薬を用意しろだの、充分休養しろだの、細やかな助言が続く。宛先住所は、イズミルの英国領事館気付。忠太は、コンヤからの便りの返事を、イズミルで受け取った。消印を見ると、三日で届いた計算だ。

この葉書は日本建築学会建築博物館蔵。筆者は伊東忠太宛書簡を調査中、リストに姓名不明の差出人「新月」が眼にとまった。「新月」は寅次郎の雅号、はたしてそうだった。全二十二葉。東京大学大学院建築学専攻研究室にも少なくとも八葉の所在が筆者の調査で判明した。こうして、予想以上に親しいふたりの関係が明るみに出た。

忠太はどのくらい頻繁に送っただろう。野帳によれば、八月一日から十月十五日の二ヶ月半で、父母、兄、妻宛の絵葉書は十一、十一、十二通、寅次郎へは三十八通。ダントツだ[*35]。十月十五日から十二月十七日の十四通を合わせると、絵葉書五十二、電報三、封書三通。

実用もあった。「書留一、普手紙一、雑誌一包、写真一包、併《ならび》に本便□□□（筆者注：御落手か？）の上ハ何卒《なにとぞ》御一報願わく」[*36]から、寅次郎が忠太宛書簡、雑誌や写真まで旅先へ届けたとわかる。本書ではこれから、ふたりのやりとりも挟んでゆこう。

忠太、いよいよ「ギリシャ」へ

コンヤからアフィヨンカラヒサール、マニサを経、エーゲ海に至る。現代トルコのエーゲ海岸は、古代ギリシャのイオニア地方。忠太はついに、「ギリシャ」に足を踏み入れた。

ペルガモン（現ベルガマ）到着は八月二十二日。港湾都市スミルナ（現イズミル）に出、世界遺産のエフェソス（現エフェス）、プリエネ、ミレトス、ディディモイ（現ディディム）と、五つの遺跡を二週間強回った。

イオニアの遺跡歴訪は目玉だ。エンタシスの伝播を説き明かす資料は目の前。だが意外にも、その感動は薄い。忠太は淡々と見取り図を描いた。野帳をもとに、忠太のギリシャ建築へのアプローチを考えてみよう。

〈ペルガモン〉

アッタロス朝ペルガモン王国の首都、紀元前三 - 二世紀に栄えたヘレニズム都市。エフェソ

8．一九〇四年、忠太が訪問した当時のベルガマ遺跡の発掘状況。写真：イスタンブル・ドイツ考古学研究所蔵

ス、スミルナ、ペルガモン、ティアティラ（現マニサ県アクヒサル）、サルディス、フィラデルフィア（現マニサ県アラシェヒル）、ラオディキア（現デニズリ県エスキヒサール）の小アジアの七つの主要教会のひとつ。忠太は最初の四都市を訪れた。

忠太はアゴラ、ディオニュソス神殿、ゼウス大祭壇、アテナ神殿、トラヤヌス帝の神殿（トライヤネウム）など十六カ所を記録。エンタシス研究の跡はない。

遺跡は、一八七〇年代鉄道敷設工事で発見。発掘は一八七八年開始、当時も続いていた。（写真8）オスマン人監察官とも会っている。山形県立図書館所蔵の名刺帳「西遊紀念名片子」から、ペ《ママ》ルガマ古物監察官、監察官付書記の名刺が出た。

発掘物はベルリンに運ばれた。ゼウス大

祭壇の完全移築は目玉。復元作業を終えた大祭壇は一九〇一年、特設のペルガモン博物館内にそっくり現れた。以来、ドイツ帝国主義の象徴として今日も議論の的だ。

いっぽうオスマン帝国は、一八八〇年代に国内考古学遺産の重要性を認識。イスタンブル考古学博物館創設者オスマン・ハムディ・ベイの尽力で一八八三年「古物法」(アサル・ウ・アティカ・ニザーンナメーシ)が規制改正されたが、時すでに遅し、だった。

考古学発掘競争は、列強の帝国主義的野望と国力を容赦なく反映した。ペルガモンは最も熾《し》烈《れつ》な焦点のひとつ。忠太は開館まもないベルリンの博物館と現地の両方を見、[*37]「今四角ナル基礎ヲ残スノミ　ベルリンノ博物館ニ一切持チサラレタリ」(一部拙訳)と記した。各国語の最新発掘調査報告も見逃していない。

野望をかけた考古学遺物収集を、親ドイツ派の忠太は「世界的学問の為《た》めには、労力と金銭とを厭《いと》わずに思い切った大計画をするのは感心」と評価した。一八八八年臨時全国宝物取調局設置、一八九七年古社寺保存法制定の日本の建築家は、文化財の海外流出防止の先進国オスマン帝国の努力には、全く着目しなかった。忠太の眼は、帝国主義的搾取を学問的貢献と見たのである。

〈**エフェソス**〉

紀元前六千年頃の居住跡が最近見つかったエフェソスは、紀元前十世紀以降アッティカ人のイオニア植民地となる。

忠太は、劇場、オデオン、アルテミス神殿、水道橋など九ヶ所を見た。世界の七不思議のひとつ、アルテミス神殿の建設は、リディアのクロイソス王（紀元前六世紀）が始め、アケメネス朝ペルシャ時代に完成したが、原形は現在も不明。「アルテミス神殿ノ如《ごと》キヲナオ掘発セラレズト云ウ」*38と書いた。

発掘は一八六三年、大英博物館の出資で建築家ジョン・タートル・ウッド（一八一二－一八九〇）が着手。アルテミス神殿土台の発見は、シュリーマンの発掘以前だ。実証的発掘調査熱に拍車がかかる。一八九五年ドイツ人考古学者オットー・ベンドルフ（一八三八－一九〇七）がオーストリア出資で再開、忠太の訪問時、ここも発掘中だった。

欧州の教養人にとり、オスマン帝国のエーゲ海地方は、ギリシャ・ラテンの古典文学の英雄譚《たん》の舞台。それが十九世紀、足を踏み入れられる場所となる。ホメロスやパウサニアスを精読し、発掘に挑んだ考古学者たちの喜びは、忠太が「諸葛亮《しょかつりょう》や劉備《りゅうび》の地」に感じた興奮と同じだったはずだ。

英国式建築教育を受け、英・独語を話しても、忠太の血肉を形成した教養は、漢文だった。獅子岩で（忠太の誤解した）「ギリシャ語」の銘文を見たとき、それに気付いた。ギリシャ語が読めなければ、本当の研究はできない。

エフェソスの円形劇場は、二万五千または五万人収容の、世界最大規模。発掘は進んでいたはずだが、忠太は壮大さに全く触れず、彫刻の精巧さと柱の様式のみを記録した。イオニア式とコリント式の柱の縦筋《フルーティング》を観察し、柱の基部、軒蛇腹《のきじゃばら》を写した。だが、柱の寸法やエンタシスの記述は、全くない。

〈プリエネ〉

プリエネで、ようやく柱の研究が見える。

紀元前四世紀に拓《ひら》かれた港湾都市だが、紀元前一世紀には地形の変化で内陸部となる。十八世紀半ばから英国の好事家《こうずか》協会の研究対象となり、十九世紀半ばベルリン美術館に遺物が収蔵された。

円形劇場、アテナ神殿、アスクレピオス、住宅跡などを見た。円形劇場の腰掛けの寸法を「尤《もっと》モ工合《ぐあい》ヨク出来タリ」と測り、ドリス式オーダーを写し、獅子足の石椅子の装飾を寸法入りで記録した。アテナ神殿では、列柱の間隔、柱基部、本体の直径を測って平面図を描いた。

時代的特徴を「簡素&高貴にして材料の立派を見るべし、彫り他手法精好なり」（ギリシャ）、「細部の純粋さを失い、材料も粗末なるを見るべし」（ローマ）、「意匠の幼稚、手法の拙を見るべし」（ビザンチン）と書く。そして、見逃せない問いを漏らした。それは、「東洋趣味ノ混加ニヨルカ不詳」。

ビザンチンの「幼稚」「拙」を、「東洋趣味」に繋げている。

西洋を能動的で成熟し男性的、東洋を受動的で幼く女性的とする構図はオリエンタリズムの常套《じょうとう》。同時に、優等な人種が世界を発展させるべきとの当時の英国の帝国主義理論をなぞったものだ。[*39]

日本建築には壮麗さの概念がないと言われ、オリエンタリズムに憤った忠太。なのに、その考えに自身が無意識に染まっていた。

それは両親宛の手紙の一節「日本の学術にあれ技芸にあれ、何事もまだ甚だ幼稚ですからこの方面から見ると日本は依然なる劣等国に相違ないのです」[*40]に、悲しくもあらわれている。反発しながらも未熟を認める、明治知識人のジレンマである。

忠太はそれを覆す何物かを、この旅で見つけるだろうか。

〈**ミレトスとディディモイ**〉

ミレトスではモスク、アゴラ、劇場などメモしたが、熱心に見た跡がない。柱は、大劇場のコリント式オーダーに触れたのみ。

最後に行ったディディモイで、忠太は再び柱に注目した。イオニア地方の植民地化（紀元前十一世紀）以前からの、デルフォイに次ぐ神託所。紀元前五世紀ペルシャ帝国に破壊され、同三三四年アレクサンダー大王が奪還、アポロン神殿を完成させた。一九〇五年ドイツが発掘調査を始めたが、忠太の訪問はその直前だった。

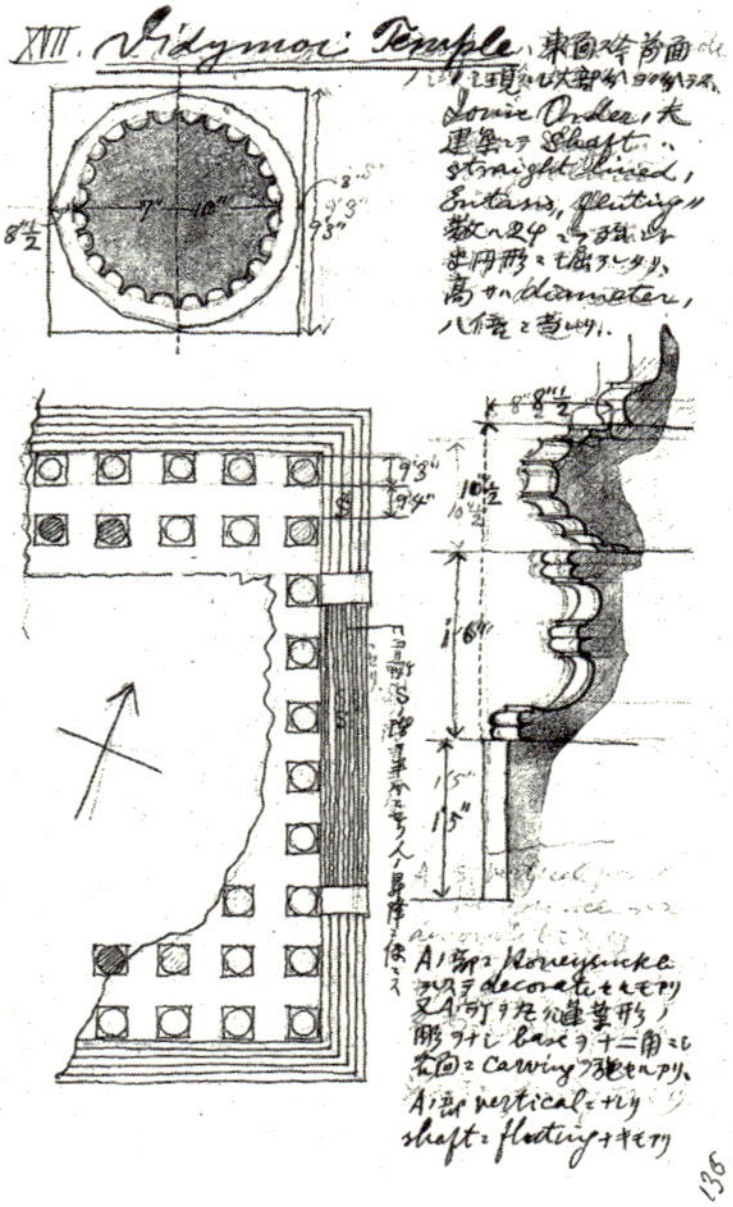

9. 忠太はギリシャ到着前、オスマン帝国で「ギリシャ」建築をたっぷりと見ていた。野帳第十巻　日本建築学会建築博物館蔵

力強いイオニア式柱のアポロン神殿で、忠太は平面図、柱の基部底部の直径、蛇腹《モールディング》、縦筋《フルーティング》の詳細図を描き、はじめてエンタシスに言及。（写真9）「柱身《シャフト》ハ直線ノエンタシス、縦筋《フルーティング》ノ数ハ24ニテ殆ンド半円形ニ掘ラレタリ」*41、柱の太さと高さの割合を「高サハ直径ノ八倍ニ当《あた》レリ」*42とした。

以上の概観で、すぐに気づく。

エンタシスにほとんど言及していない。基準作の筆写もなければ、持論の「日本への伝播」にも、全く触れていない。

どうしたのだろう。

はたして忠太の旅は、通常いわれているようにエンタシスの日本への伝播を証明するため

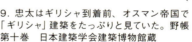

だったのか。疑問だ。野帳のページからは、忠太はエンタシスの伝播にそれほどこだわっていない、と読める。

当時は遺跡の多くが発掘途上。忠太には現代ほどの情報はない。エンタシスが計測できるほど完品の柱も多くはなかっただろう。

だが西洋古典文献学の知識の欠如は致命的だ。ホメロスもヘロドトスもなければ、遺跡は石の集積にすぎない。ローマもフリギアも含めた西洋の古代を「ギリシャ」とおおらかに呼んだ忠太は、「ギリシャ」を明確に定義しなかった。

筆者の考えでは、忠太には旅の途中でエンタシスの経路以上に重大な関心事ができたのではないか。「西洋」にいつか入り込み、全体を変える要素、「東洋」。アンカラで、コンヤで、フリギアで建築にあらわれた「東洋」。「ギリシャ」の柱を前に、忠太はそんなことを考え始めたのではないか。

エンタシスへのぼんやりとした反応は、そう思わせる。

イオニア遺跡探訪はひとまず終わり、イズミルへ戻る。しばしの休息後、忠太は真夏の地中海へ漕ぎ出した。目指すはエジプト、アレクサンドリアである。

【引用文献・註】

＊1 「土耳其・埃及旅行茶話」、『伊東忠太建築文献　第五巻　見学紀行』龍吟社　一九三六年　五二五頁

＊2 同前、五九八頁

＊3 伊東忠太「野帳」第九巻

＊4 伊東忠太「野帳」第九巻より、一部拙訳。

＊5 ＊4に同じ。

＊6 スペイン語でクエルダ・セーカ（乾いた綱）とよばれる技法。

＊7 伊東忠太「野帳」第九巻より、一部拙訳。

＊8 ＊7に同じ。

＊9 「青龍刀　三、土耳古風呂」、『伊東忠太建築文献　第六巻　論叢・随想・漫筆』龍吟社　一九三七年　六九六-六九七頁

＊10、11、12 ＊9に同じ。

＊13 一九〇四年七月二十九日付、伊東忠太より伊東祐順・くめ宛絵葉書　日本建築学会建築博物館蔵

＊14 「土耳其・埃及旅行茶話」、『伊東忠太建築文献　第五巻　見学紀行』龍吟社　一九三六年　五三一-五三二頁

＊15 「土耳其・埃及旅行茶話」、『伊東忠太建築文献　第五巻　見学紀行』龍吟社　一九三六年　五三一頁

＊16 ＊15に同じ。

＊17 「土耳其・埃及旅行茶話」、『伊東忠太建築文献　第五巻　見学紀行』龍吟社　一九三六年　五七一頁

＊18 一九〇四年五月二十日付、伊東忠太より伊東祐順・くめ宛書簡　山形県立図書館蔵

＊19 一九〇四年八月一日付、伊東忠太より妻千代子宛絵葉書　日本建築学会建築博物館蔵

＊20 巻末の「伊東忠太がオスマン帝国で見た建築一覧」の項を参照。

＊21 日本語で一般的な「セルジューク」の読みは、大王朝の創始者名のペルシャ語読みだが、煩雑なので、

本書ではトルコ語 Selçuk をもとに、「セルチュク」で統一する。
＊22 伊東忠太「野帳」第十巻
＊23 ＊22に同じ。
＊24 伊東忠太「野帳」第十巻より、一部拙訳。
＊25 ＊24に同じ。
＊26 ＊22に同じ。
＊27 ＊24に同じ。
＊28 「土耳其・埃及旅行茶話」、『伊東忠太建築文献　第五巻　見学紀行』龍吟社　一九三六年　五三一頁
＊29 ＊22に同じ。
＊30 文献多数。基本的なものとして、Eva Baer, Sphinxes and Harpies in Medieval Islamic Art: An Iconographical Study, Israel Oriental Society, 1965., Judith Lerner, A Note on Sasanian Harpies, Iran, vol. 13, (1975), pp. 166-171.
＊31、32 ＊22に同じ。
＊33 一九〇四年八月十三日付、伊東忠太より妻千代子宛絵葉書　日本建築学会建築博物館蔵
＊34 日付不明、山田寅次郎より伊東忠太宛て絵葉書、消印コンスタンチノープル、消印スミルナ　一九〇四年八月十九日（英国郵便）日本建築学会建築博物館蔵
＊35 ＊22に同じ。
＊36 一九〇四年八月十六日、山田寅次郎より伊東忠太宛て絵葉書、（英国郵便）日本建築学会建築博物館蔵
＊37 伊東忠太「野帳」第九巻
＊38 ＊22に同じ。
＊39 英国の帝国主義は、ジョン・A・ホブソンらに代表される理論家たちによって正当化された。
＊40 一九〇五年一月二十三日付、伊東忠太より伊東祐順・くめ宛書簡　山形県立図書館蔵
＊41、42 ＊22に同じ。

第Ⅸ章

スフィンクスと奈良の大仏——忠太のエジプト建築見聞

船出、そしてクレタ島

アレクサンドリアへの船出は一九〇四（明治三十七）年九月九日。飛行機なら三時間だが、キオス、ピレウス（アテネの港）、カンデア（現クレタ島）に寄港、七日かかった。

クレタ島はエーゲ海の青銅器文明、ミノア文明の故郷。ローマ帝国、東ローマ帝国、クレタ首長国、ヴェネツィア共和国の支配を経て、十七世紀半にオスマン帝国領となる。風光明媚な島を忠太は「群島第一」、「一見する価値のある所」と紹介した。

当時人口二万五千、主要都市カンデア（現イラクリオン）では、ミノア文明の王宮クノッソスが発掘中。迷宮《ラビリントス》の牛頭人ミノタウロス、囚《とら》われの王女アリアドネと、アテナイの英雄テーセウスの有名な神話の舞台。建設年は現在も不明、発掘は一九〇〇年に英国のアーサー・エヴァンズ卿（一八五一－一九四一）がはじめた。忠太は「礎石が歴々として存し、其《そ》の間取りの具合もよく分《わか》り、家具の一部も発見されている」と伝えた。

日露戦争の主人公は注目の的。日本人の忠太が島の住民に揃って見物される珍事もあった。十九世紀後半以来独立の気運高いクレタでは、一八七七年の露土戦争では、人々はオスマン帝国の宿敵ロシアに熱狂的に肩入れした。だが忠太の書きぶりからは、日露戦争では日本に好意的だったようだ。

Iskanderie＝交嘴鳥餌《イスケンデリエ》

アレクサンダー大王が拓《ひら》いた港湾都市、アレクサンドリア。大図書館、世界の七不思議のひとつファロス島の大灯台など、古代ギリシャ時代の繁栄で知られる。ササン朝ペルシャ、東ローマ帝国、ムスリム将軍のアミル・イブン＝アル・アースの支配後、十六世紀初頭、オスマン帝国領となる。

エジプトは、十八世紀末ナポレオンによる侵攻後、オスマン帝国のエジプト県知事ムハンマド・アリ（一七六九？－一八四九）が混乱を利用、半独立政権を樹立し総督《ヒディヴ》と自称した。ところが、性急な近代化政策で財政が疲弊。英国がこれに乗じた。忠太の訪問時、公式にはオスマン帝国領、ムハンマド・アリ政権だが、エジプトとスーダンは事実上、英国の植民地だった。当時人口三十万。「凡《すべ》ての文明的設備が整って百貨幅湊《ふくそう》商売繁盛と云う有様」[*1]と驚いた。カタコンベ、博物館を訪れ、柱頭も研究した。関心はエンタシスよりギリシャ・ローマとエジプトの、様式の混淆《こんこう》にあった。

ひとり旅を彩るのは、イスタンブルの寅次郎からの頻繁な葉書だ。やりとりを追跡すると、友情の進展が分かる。たとえば地名当て字シリーズ。外国の地名に漢字の当て字をつける遊びである。アレクサンドリアを「Iskanderie ＝交嘴鳥餌《イスケンデリエ》」と命名した忠太に寅次郎は、「流石《さすが》に感ニ腹して仕《つかま》ツり候」[*2]。遊びは旅先を追いかけて続き、「驀脱兎《バグダッド》」[*3]の命名にも脱帽した。

やられてばかりでもない。イスタンブルからカイロへは妻奴港《ポルトサイード》、授畄去無《ジュルサレム》、蛇増湖《ダマスコ》、馬耳論《バビロン》、芽出菜《メデナ》など、忠太の行き先都市名の当て字を列挙し、一矢報いた。字面が「不穏ノモノ多シ」ゆえ、訂正してよい名を、などとふざけた。

ロバの背から見たカイロ

カイロ到着は九月十七日。「毎年四月から十月までは夏」[*4]のエジプトは酷暑だった。「米沢有為会雑誌」へは「冬になると毎年一万人からの、欧米の贅沢《ぜいたく》旅行者が群集して来る」、ホテル、案内者、観覧券などの高値を「埃及人《エジプト》は此《こ》の贅沢《ぜいたく》な旅行者から濡手《ぬれて》で粟《あわ》のつかみ取りをしている」[*5]と伝えた。大工の日当八十五銭の日本から見れば、案内者の日当五円、ピラミッドの観覧料十二円は破格だ。

カイロはイスタンブルに比べ「遥《はる》かに進歩していて、殆《ほとん》ど比較にならぬ位」[*6]。英国が事実上実権を握る現状には敏感で、発展を「英国の指《さし》がね」と指摘した。「頗《すこぶ》る文明的の設備が出来ていること」と、「人民が矢張り土耳其《トルコ》の臣民と云《い》う格で、例の赤帽をかぶっていること」が、第一に眼につく。オスマン帝国臣民の赤い縁なし帽（フェズ）が、当時のエジプトの、複雑な政治的立場をあらわしていた。

忠太はこの街に一ヶ月弱滞在。「エジプトに於《お》ける重要物」リストをつくり、ロバにまたがり精力的に歩き回った。

ラムセス像の爪の長さは何寸か？——忠太初体験の「壮大」

建築家たるもの、ギザのピラミッドは、一度は見るべきだろう。大げさな感嘆とは無縁の忠太だが、この時は違う。「ピラミッドを見て種々な感じが起った」と語る。

感想の第一は、「其の形の余り二等辺三角形に近過ぎる為《た》め、形の上の美が乏しいこと」。「水平と五十一度五十分」と、角度まで計測した。第一印象が非常に数理的だが、当時は新しい建築に黄金律や眼の錯覚、エンタシスの比率などが盛んに計測され適用されていた。職業人としてまことに同時代的な反応だ。ピラミッドの三角形「エジプト三角」は、忠太が学生時代傾倒したフランスの建築理論家ヴィオレ・ル・デュクが、中世建築のモデュールに起用した、由緒正しい幾何学図形だ。ピラミッドの外観を、忠太は気に入らなかった。「もうすこし急だったら峻峭《しゅんしょう》の気韻《きいん》をあらわし、もうすこし緩やかだったら温雅な感じを与えることができたのに、規則正しすぎて堅苦しく、面白くない」[*7]（筆者意訳）と書いた。

感想の第二は、「其の工事の大袈裟《おおげさ》であること」。大きさはすべてを圧倒する。第三は「いまから六千年も以前からここに巍然《きぜん》として立っていると云う驚くべき現象」で、「六千年と口で言えば一言だが、今から六千年前の世の中を想像して見よ、殆ど混沌《こんとん》たる原始時代であるのに埃及人《エジプト》は斯《か》くの如《ごと》き大工事を完成し、優に見るに足るべき彫刻、絵画の芸術さえ有《も》っていたのである」[*8]と感嘆した。

忠太の想像力は、建設当時をありありと再現し、建築物のスケールを身近なものに置き換える。法隆寺五重塔、東大寺大仏殿とピラミッドを並べた高さ比べは、そんな忠太一流のスケール感覚と、遊び心だろう。**（写真1）**地球上最大級の建築を前に「日本建築には壮大さがない」といわれ憤った日々を、忠太は思い出しただろうか。

忠太は度肝を抜かれたにちがいない。ナイルを遡《さかのぼ》ったルクソール（古代エジプトの首都テーベ）のラムセスⅡ世の葬祭殿《ラムセウム》では、地に倒れたラムセス像に肉迫する。**（写真2）**全長十七・五メートルの巨大さを、耳の大きさ、左右の耳から耳、肩幅から、足の幅、胸の直径、臂《ひじ》の周囲、上臂の直径、人差し指の長さ、中指の爪の長さ、爪の幅まで計測した。尺寸法、というところ

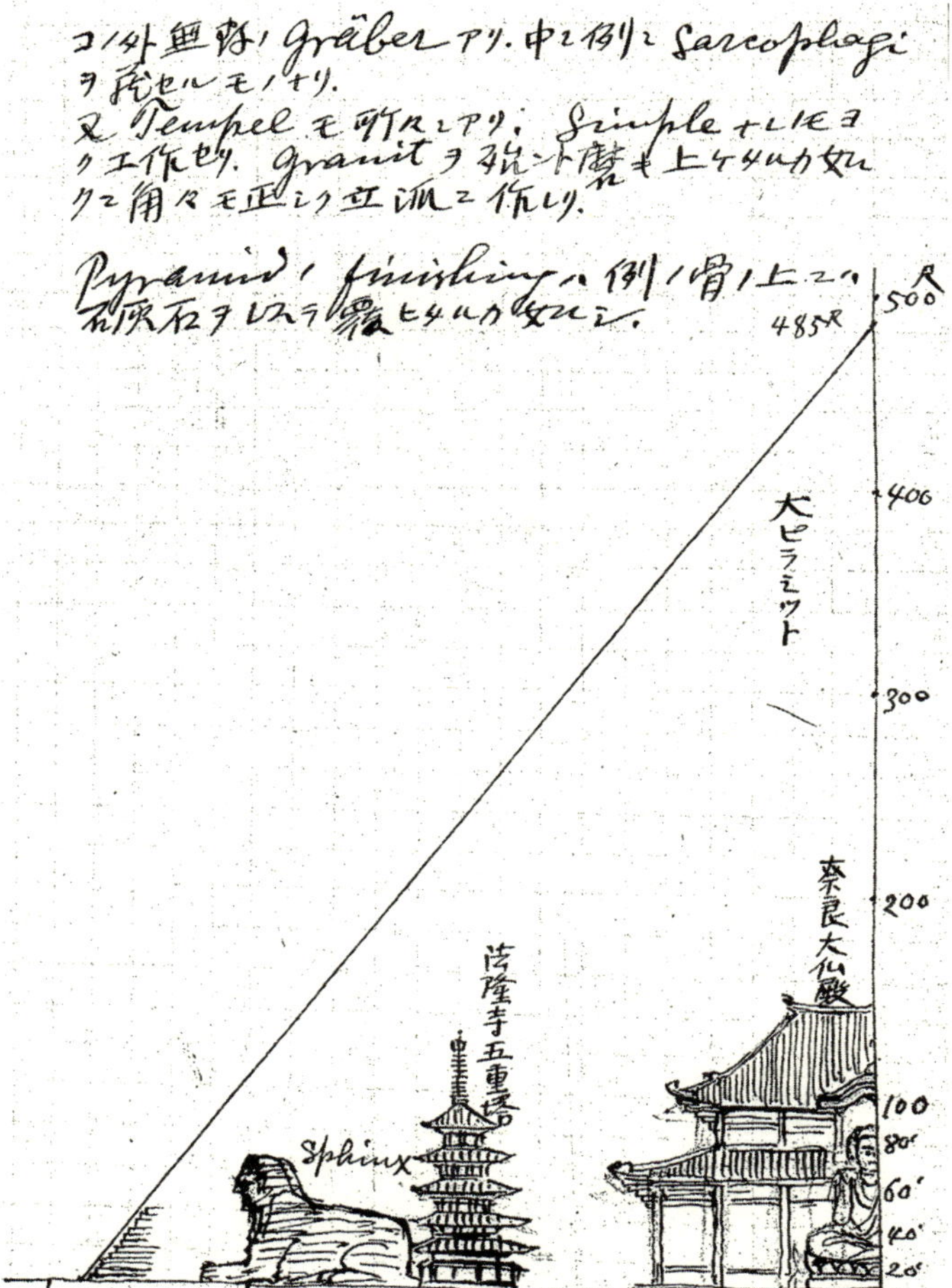

1．ピラミッドの壮大さに、奈良の大仏さまもたじたじ!?　野帳第十巻　日本建築学会建築博物館蔵

2. 忠太が爪の長さまで測ったラムセスⅡ世の像。ラムセウム(葬祭殿)　紀元前十三世紀、ルクソール　筆者撮影

が奮っている。ラムセスだけではない。メムノンの巨像（新王国アメンホテップⅢ世）も、同様に体長、基、冠（尺寸）足より膝、足の長さ、肩の幅、中指の長さ、指先より肘の寸法を測り、「全重量 1305900 Kilogramm」も記入した。

従僕に巻き尺の片方をもたせて測っただろう、その様子まで眼に浮かぶ。

野帳にこの計測値を見つけたとき、筆者は期せずして奈良『七大寺日記』を読んだ学生時代を思い出した。平安時代末期、東大寺、興福寺、法隆寺など七つの名刹《めいさつ》を訪れた大江親通《おおえのちかみち》（？ー一一五〇）は、奈良の大仏の眼、手、爪の長さまで詳細に記録した。現在の大仏は江戸時代の再建だから、奈良時代の貴重なデータだ。法隆寺はじめ奈良の古寺を研究した忠太のこと、『七大寺日記』は当然読んでいただろう。壮大さへの、日本的アプローチか。

ちなみに記しておこう、ラムセスⅡ世像の爪の長さは、六尺二十七寸。約一・九メートルと換算の必要があるほど、明治は遠くなった。

カイロ式写真現像法

灼熱《しゃくねつ》に阻まれて方向転換したはずの忠太だったが、九月のカイロは必ずしも正しい「方違《かたたが》

3．忠太撮影のエジプト、ルクソール神殿。東京大学大学院工学系研究科建築学専攻所蔵

え」ではなかった。華氏一三五（摂氏五十七・二）度は「さしもの大ピラミッドも今にも熔《と》けて流れんばかりの勢」、靴を履いていても「焼け切った黄砂の中に靴を入れる其の熱さは迚《とても》こらえきれ」ず、近づきもできなかった。

　熱波は意外なところに困難をもたらした。忠太は硝子《ガラス》乾板の写真道具一式を携帯し、毎日自分で現像もしていた。それがカイロではあまりの暑さに「水は忽《たちま》ちにして湯と変じ、写真の膜は溶けて流れる」。多量の氷を取り寄せても「それが又《また》瞬間にして湯となり、膜は遠慮なく崩れる」。いよいよ困ってドイツ人経営の写真屋に行き、現像を依頼した。

　みると、そこは「成る程厳重な設備」。「暗室は即《すなわ》ち氷室で、四方の壁は悉《ことごと》く氷を以《もっ》て装われている」のだった。涼んだ上に現像してもらい、ようやく目的を達したという。[*9] これらの硝子乾板は、専用の木箱に入って破損なく日本に到着した。

古代エジプト建築の印象の強さは、持ち帰った写真の数にも反映されている。現在、東京大学大学院建築学専攻研究室には、忠太が世界旅行中に撮影した写真が多数所蔵されている。二〇一二年一月に筆者が行った調査では、（本書が扱う地理範囲に限れば）三百九十二点を確認した。

イスタンブル、シリア、レバノンなどオスマン帝国領各地の写真のうち、エジプト建築・文物は、半数近くの百五十四点[*10]。写真は、揃いの台紙に嵌《は》め込まれ、忠太の説明書きがある。大別すると忠太撮影のものと、購入したと思われるものがある。

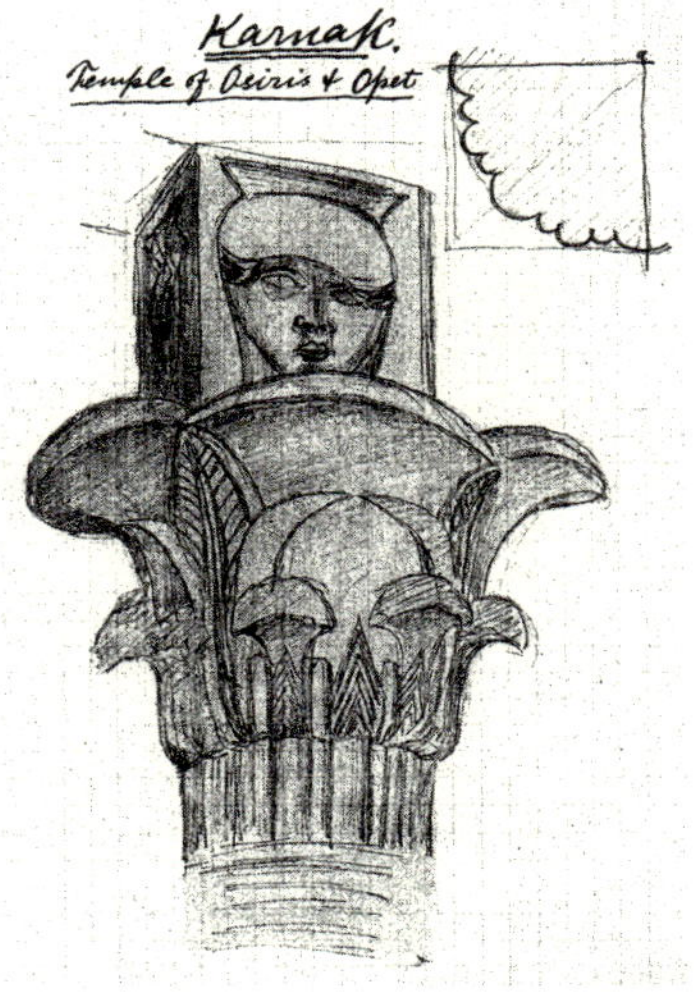

4．エジプトでも柱頭研究に余念のない忠太。野帳第十巻　日本建築学会建築博物館蔵

ルクソールでルクソール神殿（写真3）、カルナック神殿、ラムセウム（葬祭殿）、王家の谷などをみた忠太は「Agypt 建築ノ性質」を壮大さ、シンプルさ、装飾性と要約した。飾りに見えるのはヒエログリフで純粋な装飾は少なく、写生能力に富み、人物描写には特有の

図像の文法がある、とまとめた[*11]。

柱の研究もした。さまざまな柱頭を計測、意匠を図入りで分類した。**（写真4）**柱身や柱頭により直線形（正方形、八角、十六角）、円形（円形、六葉式、八葉式）、柱頭（蕾式－a.六葉、b.八葉、開式二種、輻合式、イシス神の頭の形）[*12]などに分けた。「法隆寺建築論」とは直接関係ないが、西洋建築史の記述が、カルナック神殿の、空間を埋めるほど太いあの列柱群からはじまることを、忠太はどう考えただろう。

「ムハンメダンに見えず」——日本の「イスラム建築史」事始め

エジプト建築は、ピラミッドだけではない。建築史学者として忠太は、カイロでむしろ、アナトリアで考え始めたテーマを掘り下げた。「回教建築」、「アラブ建築」とは何か、の問題である。

忠太の世界旅行は、いわゆる「イスラム建築」を、日本人として初めて理解し、体系化する試みでもあった。日本建築史だけでなく、「日本のイスラム建築史」は、忠太に始まるのだ。

古代王朝以降、ペルシャ帝国、アレクサンダー大王、ローマ帝国が支配したカイロは、早い時期にムスリムの中心都市となる。ウマイヤ朝のエジプト征服は、六四〇年。日本で言えば、大化の改新以前である。

以来、カイロは「イスラム都市」として世界史に君臨する。カイロは、さながら「イスラム建築史」の百科辞典だ。十五世紀までキリスト教帝国の首都だったイスタンブルとの、違いである。イスタンブル最古のイスラム建築は十五世紀だが、カイロには、七世紀から存在する。同じ七世紀の法隆寺から出発した忠太が、カイロで「イスラム建築」に俄然《がぜん》興味をかきたてられたのは当然だろう。忠太はこの街で、アフリカ大陸最古のアミル・イブン＝アル・アース（六四二年）、イブン・トゥールーン（八七九年）など正統カリフ時代から、アズハルのモスク（九七二年）、カイト・ベイのモスク（一四七四年）、などファーティマ朝、マムルーク朝、オスマン朝まで二十三のモスク、ふたつのコプト教会、ふたつの博物館を訪れた（**巻末資料「伊東忠太がオスマン帝国で見た建築一覧」参照**）。

イブン・トゥールーンのモスクは、広い敷地を囲む回廊と螺旋《らせん》状のミナーレからなる。世界に現存三例のひとつだ。忠太は「尤《もつと》も趣味あり」、メッカの大本山と同形式で「古代アラビア様式のもっともよき標品」（傍点筆者）とした。忠太のいう「アラビア様式」。西洋の建築史の〈様式のステレオタイプ〉である。オーウェン・ジョーンズ『装飾の文法』[*13]がつくり出したものだ。忠太は当初、これをもとにカイロの回教建築を理解しようとした。が、うまくいかない。たとえば、約五百年後のマムルーク建築の金字塔、スルタン・ハサンのモスク（一三五九年）。

5. 圧倒的な量塊を誇るスルタン・ハサンのモスク(十四世紀)。ミフラーブ部の切り石はビザンチン建築に似る。筆者撮影

「コレ尤《もつと》モ観ルベキ建築ノ一ナリ」と褒め上げる建築も、様式は「純粋にアラブではない」、アラブとビザンチンが混在し、見分けがつかぬ、と書く。
忠太の混乱は、実際に建物をみればすぐにわかる。このモスクの、素晴らしく記念碑的な四つのイーヴァーン[*14]、ミフラーブには、「イスラム建築」らしい幾何学模様や唐草模様が全くない。長方形の色大理石の縞《しま》模様は、むしろアヤソフィアやフィレンツェの大聖堂を思わせる。(写真5)
また、忠太は理解していたか不明だが、マムルーク朝は「アラブ」とは遠い。アイユーブ朝の奴隷身分の騎兵軍団《マムルーク》出身の王朝の支配層は、テュルク系、モンゴル系、クルドなど、非アラブだった。

「アラブ」の分類は、カイロが首都のためだろうが、民族と地理的要素を画一化して単純化した様式のステレオタイプの弊害だ。

民族的要素だけではない。忠太の「イスラム建築」という概念も、はじめは西洋建築史からの受け売りだった。スルタン・ハサンのモスクを「ムハンメダンとは見えず」と書いたメモに、それがあらわれている。

予言者ムハンマドの、の意味の「ムハンメダン」は、現代の「イスラム建築」のこと。忠太はモスクをつかまえて、「イスラム建築」に見えない、といっている。「イスラム建築」でないモスクなどあるのか、ではイスラム建築とは何か。卵が先か鶏が先か、モスクが先か「イスラム建築」が先か。

「ムハンメダン」、「サラセン」、「回教」と「イスラム」

混乱するので、用語を整理しよう。

「イスラム（建築）」は、一九三〇年代頃登場した、比較的新しい表現だ。

忠太の時代はイスラム教、とは言わず、回回教《かいかい》、回教《かい》、マホメット教だった。最初のふたつは北宋時代、イスラム教徒ウイグルの中国語名から来たとされる。だが、回教すなわち「イスラム」ではない。中国以外のインドや中東のムスリムには当てはまらない。

いっぽう英語起源の「ムハンメダン」は、「サラセン」「回教」からアラビア語起源の「イスラム」に定着するまでの過渡的表現。明治日本の忠太は、西洋的・中華的、両方の系統を引き継いだ。ダブル・スタンダードである。

忠太の「ムハンメダンとは見えず」という言葉に戻ろう。もちろん、スルタン・ハサンの建築的特異性は際立っている。中庭回廊式の初期モスクとも、オスマンの大円蓋とも、中国やインドのそれとも違う。眼が眩《くら》むほどの光に溢《あふ》れた外部から一転、ひんやりと暗い内部で、細い回廊から圧倒的な量塊《マッス》のイーヴァーンに抱かれた蒼天《そうてん》へ導かれる劇的効果、カイロの他のモスクにはない、扁平《へんぺい》な円蓋の割合、あらゆる点が違う。

だがその違いが「ムハンメダンとは見えず」なのか。では「ムハンメダンに見える」のは、どんなものだろうか。

たとえばモスク。

モスク建築は、メッカの方角《キブラ》を示す聖龕《ミフラーブ》、階段状の説教壇ミンバル、礼拝を呼びかける塔ミナーレが基本。ミフラーブは祭壇ではなく、礼拝の方角を示す記号だ。極端な話、メッカの方角さえあれば、道ばたの一枚の絨毯《じゅうたん》でも、モスクとなる。この抽象性は、天国や極楽浄土の幻視に執心する空間の、対極だ。

スルタン・ハサンには、モスクに必要なすべてがある。もちろん「ムハンメダン建築」だ。忠太には、何がムハンメダンらしくなかったのだろう。

それは装飾である。豪華な装飾が集中するはずのミフラーブに「イスラム的」な装飾が、ないことだった。

「イスラム的装飾」とは、いわゆるイスラム美術に多用される幾何学模様や植物紋としておこう。忠太は「アラビアから草」と呼ぶ。「イスラム模様」などとも呼ばれる。

ところがスルタン・ハサンでは、典型的なそれが見当たらない。色大理石のすっきりしたミフラーブ周辺は、むしろビザンチン建築を彷彿《ほうふつ》とさせる。忠太の混乱は、このあたりからくるのだ。

実体なき「イスラム建築」

だが問題は、文様だけにとどまらない。

忠太の「ムハンメダン」、現代のいわゆる「イスラム建築」には、実体がない。

「イスラム」は、キリスト教や仏教などの宗教とは違う。ムスリムにとって「宗教」と「世俗」

の区別はなく、生活全般、存在が「イスラム（アラビア語で、神にすべてを委ねたもの、の意）」だ。「仏教建築」「キリスト教建築」と同じ意味では「イスラム建築」は、存在しない。

また、地理的・民族的な多様性を超えて、共通する「イスラム的なもの」が、建築や美術に存在するのか（実は存在しない）、との議論もある。仮にアラビア語が話される地域のモスクや造形を「イスラム美術」の標準としても、イラン、インド、中央アジアなど、広範に展開された造形は、地域的伝統を受け、無限に多様だ。

では忠太のように、幾何学模様や「アラビアから草」を「イスラム美術」の根本とするなら、どうだろう。たとえば中国の「清真寺」（モスク）は。

のちに忠太も調査したが、南中国には、八世紀にまで遡る由緒正しき「清真寺」が存在する。建築の形式や素材（木造）、工法は仏教建築に近く、「アラビアから草」は見あたらない。

インドネシア（ジャワ）では、歴史的モスクは吹き抜けの柱構造に数段重ねの三角屋根の木造で、バリ島のヒンドゥー寺院の形式に倣う。現存最古の寺院は十五世紀頃の建造だが「アラビアから草」はない。ちなみに、数でいえばインドネシアのムスリム人口は世界最大である。

「イスラム建築」というとき、そこには外からの視点がある。「イスラム」という「他者」をつくり出し、定義する仕組みが。そう、「イスラム建築」とは、オリエンタリズムの産物なのだ。忠太の「ムハンメダン」（「イスラム建築」）は、西洋建築史がつくり上げた、現実とはかけ離れた様式分類の所産だった。忠太が日本建築史の確立を志したのは、日本に来たこともない英国人の決めつけへの反発ではなかったか。

忠太がエジプトで直面したのは、現代のわれわれが外から「イスラム世界」と区別してしまいがちな地域の建築文化が、西洋流の様式分類ですっきり解決できるほど単純ではない、という事実だった。

「教会とは思えず」——忠太の経験した〈ゆらぎ〉

スルタン・ハサンを「ムハンメダンとは見えず」とした忠太は、同じカイロで、「教会とは思えず」」(原文はchurchと英語表記)の建築にも遭遇する。コプト教会である。

コプト教(アレクサンドリアのコプト正教会)は、エジプトと中東で発展したキリスト教の一派。キリストに神人の両性を認める四五一年のカルケドン公会議を容《い》れず分離して、現在も独自の教皇を戴《いただ》く。いわば現代キリスト教の主流が過去に切り捨てた、古代キリスト教の末裔《まつえい》だ。キリスト教少数派として、ビザンチン帝国時代はムスリム軍のエジプト征服にも協力した。建築的に「イスラム」と近いのは、政治的立場もあったかもしれない。

忠太は、聖ジョージと聖マリアのふたつの教会を訪れ、前者を「アラブとビザンチンの混合」

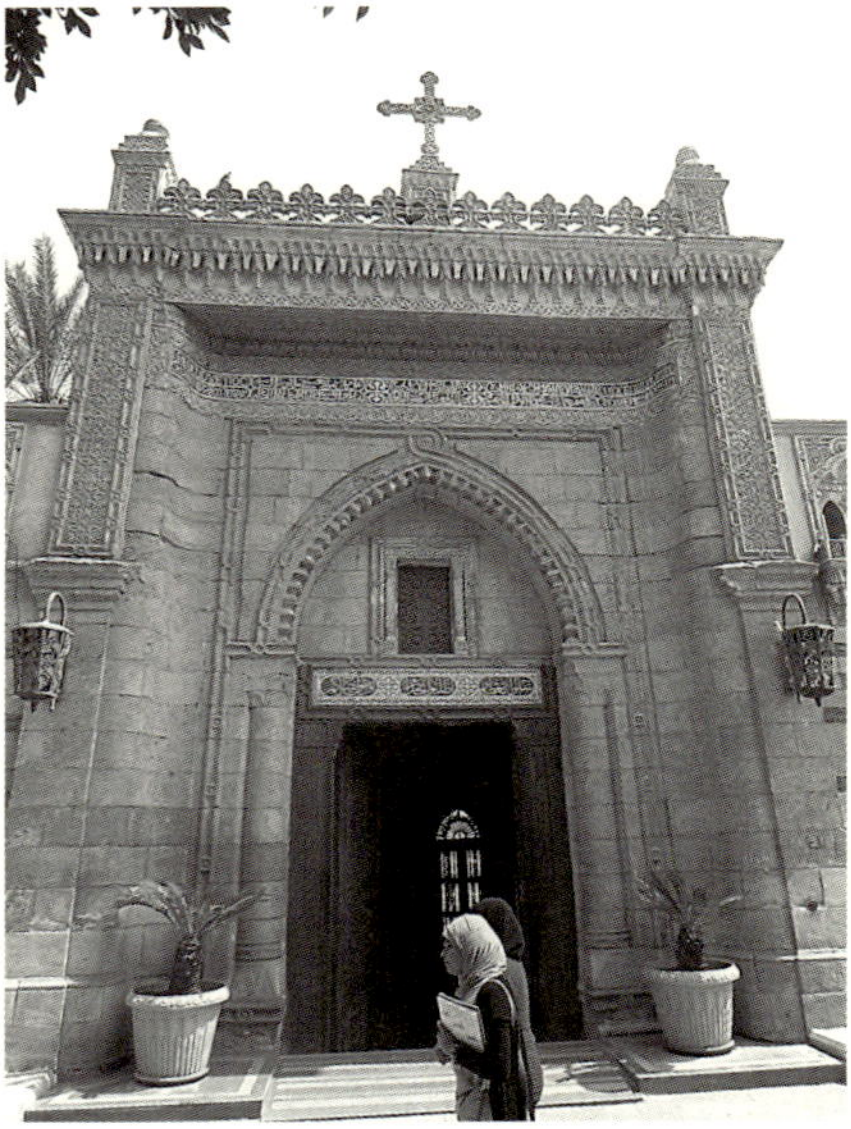

6．カイロのキリスト教の一派のコプト教会、聖マリア教会の入口。モスクに多用されるムカルナス（鍾乳石飾り）、アラビア文字の銘文が。筆者撮影

と見た。建築的処理と装飾はほとんどアラブ的、一見モスクのようで教会とは思えない、と書く。*15

有名な「吊り下げられた教《ハンギング・チャー》会《チ》」、聖《サンタ》マリア教会（三世紀）は、エジプト最古のコプト正教会のひとつ。忠太は「ほとんどモスクの平面計画で、装飾はもちろんモスク」（一部拙訳）と書いた。「モスク建築の様式」の意味だ。実際に訪れると、一目瞭然だった。**（写真6）**

門にモスク特有の鍾乳石《ムカルナス》装飾、アラビア文字の浅浮彫りがある。十字架がなければ完全にモスクだ。なかに入ると、平面はバシリカ式、至聖所が区切られ、木製の仕切りには象牙象嵌《ぞうがん》。十二～十三世紀の飾りは幾何学紋で、八角星形にルーミー紋。十字架は、注意しなければ気づく人のほうが稀《まれ》だろう。随所に多葉アーチ、幾何学紋、赤、青、緑、金の基本色での着彩、ア

ラビア文字の書道など、モスクに典型的な装飾が目白押しだ。

いわゆる「イスラム」模様満載のキリスト教教会。忠太でなくとも「イスラム」装飾とは何か、わからなくなる。われわれがふだん使う「イスラム的」「キリスト教的」という言葉が、どれほど曖昧で底が浅いか、考えさせられる。

忠太はこのカイロで、それまでの建築観や知識が根本から揺さぶられる混乱を経験した。アラブとは何か、アラブと「ムハンメダン」は同じか、アラブとギリシャ、ローマの関係は。東京で学んだ英国式の「様式」理解からはみ出す問いを、忠太は初めて問い始める。世界旅行中もっとも深い〈ゆらぎ〉である。〈ゆらぎ〉は、結果的に「回教／イスラム建築」、「東洋建築」に関する日本で最初の論考を生み出す原動力となる。

「回教／イスラム建築」＝「アラブ」なのか？

忘れてはならないのが、忠太の書く「ムハンメダン／回教」建築の括《くく》りが、当時欧州の学界でも新しかったことだ（繰り返すが、まだ「イスラム」の括りはない）。

新概念を、忠太はどう理解したのか。

忠太は最初、宗教による括りを「アラブ」の民族的括りとの関係から見ようとする。だが「尤《もつと》モ古キ arabian 建築ナリ」としたアミル・イブン＝アル・アースのモスクは、実際に柱頭を見れば「全然クラシック」（原文は Classic と表記）だった。つまり、ギリシャ・ローマの西洋古典建築の柱頭。結局忠太は「古代アラブとは〈クラシック〉と混ざったもの」との結論を導き出す。だが「アラブとはなにか」という疑いはまだない。

それが浮かぶのは、アラブ博物館（現イスラム美術博物館）でイスラム初期の遺物を見た時だ。忠太は「アラブの初期はほとんどビザンチンと同様式」、「ビザンチンはアラブ芸術から出たもののようだ」と、ビザンチンのアラブ起源説を考えた。「アラブ芸術はムハンメダンの宗教と共に興ったものか、あるいはその起源は遠く、古《いにしえ》よりなるのか不詳」と記す。[*16]

この問いは、当時の西洋建築史では揺るぎないはずの「様式」、そして様式相互の関係への疑問に発展する。「アラビア芸術」の起源はどこか。年代、ギリシャ・ローマとの関係、ペルシャや東洋との関係は。野帳に綴《つづ》られた疑問は、単純で、かつ、深い。

その疑問に答える形で、忠太は帰国三年後の一九〇八（明治四十一）年、論文「アラビア芸術の起源に就《つ》いて」を発表。「イスラム美術」について日本で最初の論文である。

おもに欧米の学説をまとめた論文は、エジプト総督《ヒディヴ》に仕えたドイツ人建築家ジュリウス・フランツ・パシャ（一八三一－一九一五）の著作を参考にした。当時西洋で通説の「イスラム美術ビザンチン起源説」には部分的にしか賛成せず、イスラム以前のアラブの民族的ルーツに遡り、イエメン、ガズニ朝の建築も重視した。

ただ忠太は、いくつかの根本的な問いを放棄した。たとえば「アラビア芸術」の定義。冒頭で「英語のサラセニック・アート、あるいはムハンメダン・アートと同意義、回教芸術と訳さるべきもの」と、「アラビア芸術」と「回教芸術」を同一視した。「回教」がアラブ人だけのものでない以上、無理がある。だが押し切ってしまう。

現地での所見との齟齬《そご》もある。野帳では「アラブではない」としたスルタン・ハサンは、論文では「純正アラブ式」の代表格と変貌。「アラブ」の血統・民族による分類を、「回教／イスラム」の世界宗教と同一視した。日本初の論文は、「回教／イスラム」芸術の概念を広く出さず、「アラブ」の民族的な枠にとどまった。

だがのちに、忠太はそこに気づいた。

読者は、忠太のフレッチャー「建築の木」など西欧中心主義への反発をご記憶だろう。西洋建築の王道・ギリシャ、ローマ、ルネサンスが幹、非西洋世界のマヤや中国や「サラセン」は枝葉末節の、あの見取り図だ。ユーラシアを踏破、エジプトに来た忠太は、建築が、単純なステレオタイプに入りきれないと分《わ》かってしまった。

やがて忠太は、その関係を、重なりあう円形で表すよう試みる。「建築進化論」と知られる、忠太の世界建築論である。源泉はこの旅行だ。アナトリアやエジプトで見た、重層的で豊かな異文化間の関係性は、直線的な時系列だけでは説明しきれない。「回教／イスラム」建築を含め、忠太が最終的に獲得した建築観は、旅の終わりでもう一度まとめよう（終章参照）。

カイロを中国、日本へ繋ぐ発見もあった。「陶磁の道」で有名なフスタート遺跡の出土品と思われる中国青磁や、自身の「法隆寺建築ギリシャ起源説」で鍵となった忍冬《すいかずら》のエジプト版など、東西文明交流の証拠を見つけた。「アラビヤ芸術は日本の芸術とも関係があって余程面白いように感じた」[*17]と書いた忠太の脳裏には、それがあったろう。

筆者の調査により、忠太撮影の中国青磁の写真が東京大学大学院建築学専攻研究室に所蔵されていることが明らかになった。

灼熱のカイロで忠太が知的興奮を味わっていた頃、イスタンブルは初秋になっていた。「中村商店」で留守番の寅次郎は、こんな俳句を忠太に送った。

秋寒し　雨も志《し》ょぼしょぼ　「すたんぶる」　九月二十日　新月生[*18]

「回教／イスラム」建築のゆらぎを胸に、忠太はカイロをあとにした。ポートサイードからパレスチナ地方のヤッファ（現テルアヴィヴ・ヤッフォ）に向け、再び船上の人となる。読者諸氏がご存知のように、乗ったのは日露戦争下の敵国、ロシアの船。船中で一身に浴びた好奇の視線もなんのその、伊東博士は「アラビア芸術」と「東洋」を究むべく、今日もゆく。

【引用文献・註】

＊1　「土耳其・埃及旅行茶話」、『伊東忠太建築文献　第五巻　見学紀行』龍吟社　一九三六年　五四一頁

＊2　山田寅次郎よりカイロの英国領事館気付伊東忠太宛絵葉書、消印コンスタンチノープル　一九〇四年九月十三日、十四日、十五日、カイロ　一九〇四年九月十九日（英国郵便）日本建築学会建築博物館蔵

＊3　山田寅次郎よりカイロの英国領事館気付伊東忠太宛絵葉書、消印アレクサンドリア一九〇四年九月十九日（英国郵便）東京大学大学院建築学専攻研究室蔵

＊4　「土耳其・埃及旅行茶話」、『伊東忠太建築文献　第五巻　見学紀行』龍吟社　一九三六年　五三九頁

＊5　「土耳其・埃及旅行茶話」、『伊東忠太建築文献　第五巻　見学紀行』龍吟社　一九三六年　五四〇頁

＊6　「土耳其・埃及旅行茶話」、『伊東忠太建築文献　第五巻　見学紀行』龍吟社　一九三六年　五四二頁

＊7　伊東忠太「野帳」第十巻

＊8　「土耳其・埃及旅行茶話」、『伊東忠太建築文献　第五巻　見学紀行』龍吟社　一九三六年　五四三頁

＊9　「熱中涼味」、『伊東忠太建築文献　第六巻　論叢・随想・漫筆』龍吟社　一九三七年　六九七頁

＊10　三九二点の内訳は次の通り。イスタンブル五十八点、ブルサ八点、古物四点、人物三点、トルコ室内装飾五点、トルコ絵葉書二十五点、「小アジア」五十三点、シリア七十三点、パレスチナ九点、エジプト百五十四点

＊11　伊東忠太「野帳」第十巻

＊12　＊11に同じ。

＊13　Owen Jones, The Grammar of Ornament, Bernard Quaritch, London, 1868.　イギリスの建築家・理論家オーウェン・ジョーンズによって一八五六年に初版が出版された本書は、前書き「建築と装飾美術の、形態

と色彩の組み合わせについての三七の一般的原理」と、未開民族（ママ）、エジプト、アッシリアとペルシャ、ギリシャ、ポンペイ、ローマ、ビザンチン、アラビア、トルコ、アルハンブラのムーア、ペルシャ、インド、ヒンドゥ、中国、ケルト、中世、ルネサンス、エリザベス朝、イタリア、自然の草花の全二十章からなる。世界じゅうの文化の典型的装飾を実際の作例から抽出して、文化のステレオタイプを作り出した。デザインの分野で、十九世紀を通じて現代まで、もっとも大きな影響を及ぼした書物のひとつである。

＊14　三方が壁で囲まれ、一方が完全に開放されているホール空間。天井がヴォールト（筒型天井）やドームからなる。ササン朝ペルシャで発達し、マムルーク建築でもとくにモニュメンタルなモスクで好まれた。

＊15、16　＊11に同じ。

＊17　「土耳其・埃及旅行茶話」、『伊東忠太建築文献　第五巻　見学紀行』龍吟社　一九三六年　五四四頁

＊18　山田寅次郎よりカイロの英国領事館気付伊東忠太宛絵葉書、消印場所不明、消印カイロ一九〇四年九月二十六日（英国郵便）「回楼第十二信」

第X章

忠太、「アラビア芸術」に迫る

一も金、二も金、いや、三も金――忠太の「聖地訪問」

ヤッファ（現テルアヴィヴ・ヤッフォ）上陸は一九〇四（明治三十七）年十月十八日。ここからクドゥス（現イェルサレム）まで鉄道に乗る。イスタンブルと聖地メッカを繋《つな》ぐヒジャーズ鉄道の一部だ。全路線は未開通だが、忠太はヤッファ・イェルサレム間、ベイルート・ハマ間、ダマスカス・アンマン間など、完成部分を利用した。[*1]

この地方では、圧倒的にアラビア語優勢。トルコ語は「官衛の役人共《ども》は話すが、一般の叙利亜《シリア》人は知らない」。仏、伊、ギリシャ語の順に通じ、独英は案外に通用せず、「叙利亜の高官紳士は通例少《すくな》くとも亜剌比亜《アラビア》、土耳其《トルコ》、仏蘭西《フランス》の三ヶ国の言語に通じておる」と伝えた。[*2]

イェルサレムはキリスト教、ユダヤ教、イスラム教の聖地。露、仏、独がそれぞれ教会を建て「全く土耳其政府の干渉を受けずに、植民地のような風に独立して経営し」[*3]、鎬《しのぎ》を削る現実に直面した。ロシアが広大な地面を持つのを「案外に感じた」。

キリスト教遺跡は出入り自由。イスラム教の聖域神殿《ハラム・シャリーフ》の丘は「領事を経て土耳其の知事に申込み、領事館の巡査と府庁の巡査とに護衛されて」いく。

キドロンの谷、アブサロムの柱、聖墳墓教会や岩のドーム（六九二年）などを見たが、「聖地訪問」の正直な感想は両親宛書簡でのみ明かす。

イエスの聖地を見ても「釈迦《しやか》の聖跡を見たとき程の趣味を感じません」。「私は宗教に対しては極《ごく》冷淡で何《いず》れの宗教にも偏しない」が、育った仏教文化寄りで、出会った「耶蘇《やそ》教の宣教師共」が聖跡に感激するさまを「可笑《おか》しいものです」*4と書いた。

一年半後に「巡礼」したキリスト教徒の徳富健次郎（蘆花《ろか》）と比べると、差は明らか。蘆花は仲間に助けられ共に行動したが、忠太は際限ない喜捨《バクシーシ》の要求に晒《さら》された。宗教的感動を語る蘆花に対し、忠太は悲鳴を上げる。「旅行は一も金《かね》、二も金です。いや、三も金です。とくに外国旅行は金です。正当に費《ついや》すべき金ですから少しも金を惜《おし》みませんが、ただその五月蝿《うるさ》いのと、乞食《原文ママ》的品性の奴《やつ》と交渉するのが不愉快でたまりません」*5。

信仰や個人の性格により土地の印象は、ことほど異なる。

イェルサレムの忍冬と東西交渉

この地のエルアクサ・モスク（七〇五年）で、忠太は「面白キ装飾《オーナメント》」*6を発見する。「法隆寺建築ギリシャ起源説」の根拠、忍冬《すいかずら》だ。

法隆寺とギリシャ両方にある忍冬文をカイロでもイェルサレムでも見つけた忠太は、ギリ

1. ブルサとカイロ、そして法隆寺をつなぐ、忍冬の旅。小冊子「忍冬と葡萄等」より　日本建築学会建築博物館蔵

シャの「忍冬《ハニーサックル》」の「アラビア式葉飾り《アラベスク》」への変化の過程を考えた。

日本建築学会所蔵の手描き小冊子『忍冬と葡萄等』には、忠太の「イスラム模様」考察が残される。（**写真1**）

エルアクサ・モスクとともに「土耳其《トルコ》ブルサ市ジェシール寺釉瓦《ゆうがわら》羽目」、「埃及《エジプト》シェーク・ジェオハリの墓の頭部の屋上」、「埃及カイロ市エル・ボルデニ寺」の忍冬が登場。忍冬の旅の重要経由地だ。

忠太は日本と「土耳其」の類似に着目し、対比させて「アラビア」（ここでは「イスラム」と同義）から日本への文様伝播《でんぱ》の可能性を示した。

忠太はエルアクサ・モスクの「鳥獣の柱頭」を「手法天平《てんぴょう》時代ニ似タリ」[*7]、「アラビア芸術は日本とのかかわりもあって一層興味深い」とも

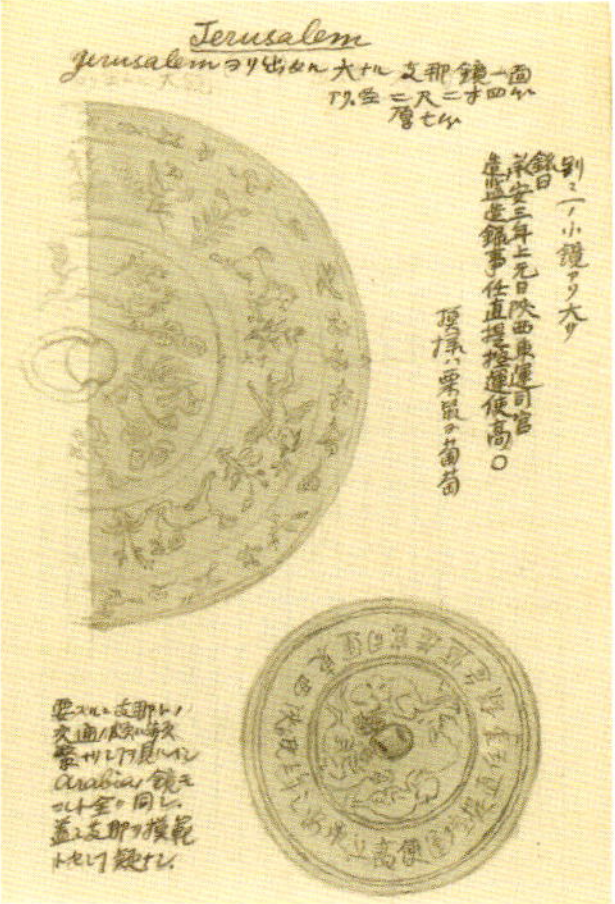

2. イェルサレム出土の中国銅鏡をイスタンブルの考古学博物館でみつけ、忠太は詳しく描きとった。野帳第十一巻　日本建築学会建築博物館蔵

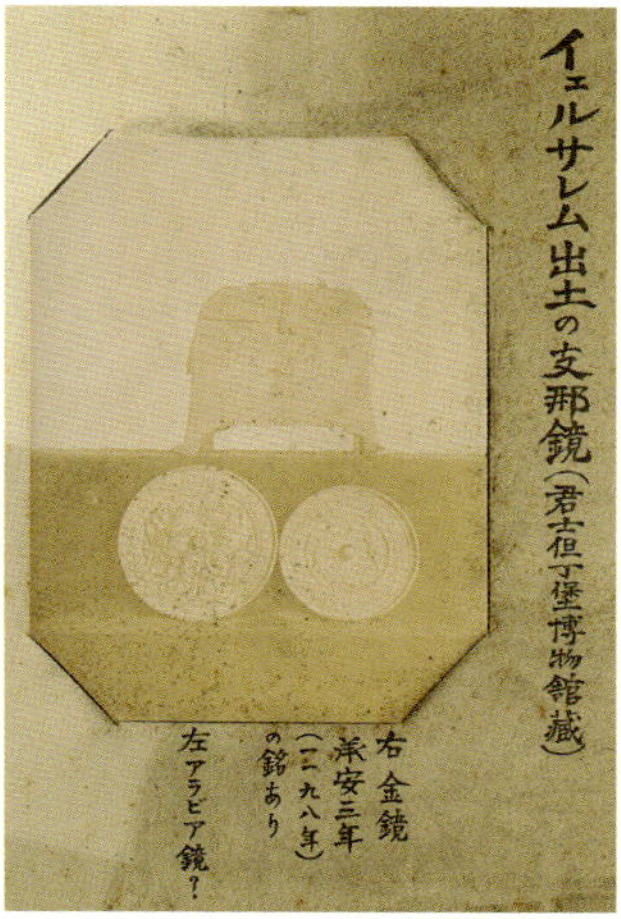

3. 詳細にメモしたイェルサレム出土の中国銅鏡、現在所在は不明だが忠太撮影の写真が残っている　東京大学大学院工学系研究科建築学専攻所蔵

述べた。

こうして忠太の基準作となったエルアクサ・モスクの忍冬は、アンマンでも比較され、「アラビア芸術」形成を考えるたたき台となる。

文様から東西交渉をたどる手法は当時の常套《じょうとう》。中国と東ローマのつながりを示したフリードリッヒ・ヒルト（一八四五－一九二七）の海獣葡萄鏡研究などがある。忠太もヒルトの仕事に言及しており、影響は明らかだ。

だがそれだけではない。忠太はこの地で東西交渉を考える確かな証拠を、イスタンブルですでに掴《つか》んでいた。

それは、イスタンブル考古学博物館所蔵の二点の中国銅鏡。一点は無銘の破片で、「多分唐であろうと思う。或《あるい》は宋ぐらいの物かも知れぬ」、直径「二尺二寸四分」（約六十七・八センチ）、厚さ七分（約二・一センチ）。もう一点は完品で、金の承安三（一一九八）年の銘あり。「承安三年上元日陝西東運司官造監造録事任直提控運使高〇」と全文写し、「模様ハ栗鼠《りす》に葡萄」。（**写真2**）ふたつともイェルサレム出土。「兎《と》に角《かく》唐宋或は遼金と此《こ》のイェルサレムとの間に交通のあったということの証拠になると思う」[*8]とした。エルアクサ・モスクの忍冬や、天平風柱頭は、期待通りでもあった。

筆者は二〇一二年二月、東京大学大学院建築学専攻研究室で忠太撮影の中国銅鏡の写真二点の現存を確認した。枠の厚紙には直筆で「イェルサレム出土の支那《しな》鏡（君子胆丁堡《コンスタンティノープル》博物館蔵）」とある。（**写真3**）その後イスタンブル考古学博物館に出向き、銅鏡の所在を調べたが、所蔵品目録には記載なし。調査を依頼し、後日所在不明との回答を受けた。いつか何かの拍子に明らかになるのではないか、期待はまだ捨てていない。

法隆寺建築ギリシャ起源説は、西から東の伝播。銅鏡が示すのは東から西の交通だ。そしてシリアで、忠太はさらなる証拠に出会う。

絵にも描けない死海の紫

鉄道のあるアンマンまで、内陸を東へ。ヨルダン河西岸《ウエスト・バンク》からベツレヘム、イエリコ、マダバ（現ヨルダン）経由だ。イスラエル建国以前、平和な時代である。十月二十六日から三日間の行程を「三頭の馬を傭《やと》い、一頭には自ら騎《の》り一頭には従僕を騎せ、一頭には荷物をつけ」、馬丁にロバ一頭、護衛兵一名。「最低額まで根《ママ》切り倒した」が、「宿泊、酒手《さかて》等の諸雑費を合《あわ》せて一日平均十六円以上」の出費。「支那内地旅行と同じ方法で同じ不自由な思いをして経費は優に四倍」の高額だ。かけそば一杯二銭の東京に比べ「実にこの地方の沙漠《さばく》旅行は馬鹿々々しく経費がかかるので冗談に旅行は出来ない」*9。

旅も終盤。米沢へ「さしもに長いと思いました三年も今少しになりました」、「見たい所は沢《たく》山《さん》ありますが、時間がない、時間があっても金がないと云《い》う工合《ぐあい》で、今度の旅行は思う存分の仕事が出来ません、夫《それ》でも数多《あまた》の新知識を得て満足に思《おも》ッて居ります」*10と書く。イエスの生誕地ベツレヘムでは、まだ見ぬ娘菊の生誕を思い、絵葉書に「きくどの」と書き添えた*11。

「一帯ノ山岳ミナ禿《はげ》テ一樹ナシ」、「谷深ク千尺絶壁ヲナス」*12砂漠の道中、死海が忽然《こつぜん》と姿を現す。「日本では到底想像し得ない景色」に夕日が射《さ》して凄烈《せいれつ》に変貌するさまを「美しい紫色が死海の上に反射して、水の色が気味の悪い鮮藍色（シェンラン：中国の色名）に見えるところは、誰でも迚《とて》も画《か》くことが出来ない」。[*13]

二日目にヨルダン渡河。水の流れる様子が「沙漠地では如何《いか》にも懐かしく嬉しくて、河を渡り去るのが惜しい心地がした」。十五〜十六間（約二十七〜二十九メートル）の河にいる魚が、死海へ行くと塩分でみな死んでしまう風土を伝えた。[*14]

道すがら、マダバに寄る。人口一二〇〇人、住民はギリシャ正教か「羅馬教《ローマ》」の街で、一八八四年発見のモザイク地図を見た。世界遺産のマダバ地図（六世紀半）にはレバノンからナイルデルタまでが約二十一メートル×七メートル、二百万以上のモザイク片で描かれる。イェルサレムの建造物は名前入りで、時代考証に重要とされる。地図好きの忠太は「頗《すこぶ》ル面白キモノナリ」と書いた。

忍冬と「アラビア芸術」起源再考——アンマン

アンマン到着は一九〇四年十月二十九日。プトレマイオス朝下ではフィラデルフィア。現ヨルダン王国の首都は、当時は村だった。ヒジャーズ鉄道の中継地で、物資の集散都市として発展、当時は転換期だった。

忠太は城壁内のササン朝王宮（六一二年）に興味をもち、エジプト以来の「アラビア芸術」（いわゆる「イスラム美術」、以下同様）を再考した。[*15] ペルシャ建築の王宮が「装飾、建築様式は大いにアラブ的」（拙訳）な点に注目し「アラビア芸術なるものは元来ササン朝より成りしもの」と書く。「イスラム」はササン朝が起源、ササン朝からビザンチンとアラブが出たと考えた。

王宮の文様をイェルサレムのエルアクサ・モスクと比較し「殆《ほと》ど両者同一の形式」[*16]で、「亜《ア》刺比亜《ラビア》人が薩珊《ササン》の文様をとって多少それを変形したもの」。当時西洋美術史で通説だった「アラビア芸術ビザンチン起源説」にササン朝起源も加え、「アラビア芸術」の起源はビザンチン一点でなく、並列する要素があると指摘した。

ひとつの様式は単一種ではなく、絡み合う複数の要素から生まれる。今日では常識だが、ギリシャ、ローマ、中世、ルネサンス……と直線的な十九世紀の西洋建築史の流れとは、別な考え方だ。のちに忠太が「建築進化論」で呈示した重なりあう同心円の、出発点だろう。独創的で、現代に通じる。

中国、インドを見た上での、多様な文化が共存するオスマン帝国の旅なくして、文化の重層という発想はあり得なかったはずだ。

忠太は「イスラム建築」の起源を追求した。そして逆に西洋建築史のパラダイム「ギリシャのエンタシスの東への伝播」から解放され、別次元に突入する。それは、文化間の相互的な交渉という、限りない深みだった。

オスマン帝国を旅行するということ

アンマンからダマスカスまで「荒漠たる無人の境」を通る鉄道には、食堂車がない。飲食物と寝具、砂漠を通るので「水は素焼きの瓶に入れて充分に貯《たくわ》えなければならぬ」[*17]。鉄道旅行も大荷物だった。

オスマン政府運営のヒジャーズ鉄道では通行税を取られ、「切符の上に印紙を貼り、それに消印を捺《お》して渡してくれる」。さまざまな制限があった。忠太は煩雑さを、世界でもっとも旅行困難なのはロシアとトルコ、と語る。

第一は旅行券。勅許《ちょっきょ》があっても、厳しく調べられる。頻発するアラブ諸民族の蜂起に、当局は神経を尖《とが》らせていた。

第二は旅行速度の制限。「一の地方から他の地方に旅行する場合には其《そ》の間の各地方官庁で旅行券に裏書《うらがき》をしてそれに印紙を貼って調印して貰《もら》わなければならぬ」。途中を飛ばすこともできず、裏書を得てはじめて、次の都市へ許可が出る。忠太は「其の度毎《たびごと》に旅行券に調印して税を収《ママ》ることが土耳其のひとつの収入になっておる」[*18]と説明する。だが、見方を変えれば面白い。古代から隊商貿易の中継地として通行税で栄えた方式がそのまま残っている。

伝統の危機も目の当たりにした。ローマ遺跡多数の穀倉地帯ハウラン地方（現シリア・ヨルダン国境近辺）は、伝統的石造家屋や、牛糞馬糞燃料の生活様式が独特の「一種の別天地」。忠太は、専門家がそっと訪れる場所が「金の魔力」で攪乱《かくらん》されたと嘆いた。近代化による日本の変貌を悼む西洋人の嘆きと同じといえば、驚いたかもしれない。日本人建築家はオスマン帝国の伝統を惜しんだが、自国の近代化には強烈な使命感をもっていた。

矛盾したオリエンタリズムといえば、残酷に過ぎるだろうか。

忠太、ダマスカスで「純粋の東洋的生活」を見出す

そんな忠太の眼に「毫《ごう》も西洋的の感化を受けないで純粋の東洋的生活をしている」ダマスカスは、「真に面白い」と映った。目抜き通りには「穹窿《きゅうりゅう》状の屋根を架けて雨天でも差し支えないように設備」があり、「絶えず土人が塵衆して雑踏を極めている所へ、駱駝《らくだ》隊が頻繁に通る

ので喧囂甚《けんごうはなはだ》し」[*19]い様子を、中国やインドの貿易市場と比べた。

紀元前九〇〇〇年頃居住開始の街は、人口二十五万。

いわゆる「イスラム建築」の代表作、ダマスカス大モスクを見て、色大理石貼りの壁、タイルを観察、モザイク画にアヤソフィアとの類似を指摘。バシリカ式平面を「ビザンチンの様式を加味してモスクを建てたようだ」（拙訳）、とエジプトで考えた初期モスクへのビザンチンの影響を再確認した。

住宅建築の美に魅了された。中央に噴水をもつ大理石敷の四角い中庭と、それを巡る二階建ての部屋からなる独特の住宅建築には、プライヴァシーへの細やかな配慮が隠されている。「二階には家の中から昇るのではなくて外から直《す》ぐ昇る、石階を作って中庭から直ぐ二階の客間に上ると云う仕組で、少しも家の中を客に見透かされると云うことが無いこれがひとつの特色である」[*20]と見抜いた。女性が家族以外の男性と同席しないイスラムの慣習に基づき、大家族同居の生活様式にも適する。

「甚《はなは》だ美にして中古代のアラビア様式」のアサッド・パシャのハーン（商業施設）にも「実に精巧を悉《ことごと》くしたるもの」と感服した。十八世紀半ばのシリア総督アサッド・パシャは建築的投資で有名。黒い玄武岩と白い石灰岩の大胆な縞《しま》と九つのドームのハーンは、噴水付きの中央大ホールと、二層の小部屋からなる。「極メテ面白キ design ナリ」、「応用ノ途アルベシ」[*21]とした。

（写真4）

都市のつくりにも注目した。独特の有機的な街路には、透かしの木工装飾を凝らした張り出し窓が突き出る。道の両側に跨《また》がるもの、嵩《こう》じて向かい同士で梁《はり》を渡し、通りの上に人が住むものもある。丁寧に観察し、街路と建物の関係をまとめた。[*22]

手仕事の妙にも触れた。「木の上に下絵無しでずんずんアラビア模様を刻んで行く」[*23]熟練の職人の仕事ぶりは「驚くべきもの」。筆者もこの眼で見たことがある。銅製の水差しの表面に見当を打ち、複雑な幾何学模様をそらで彫り上げるさまは、神業《かみわざ》である。

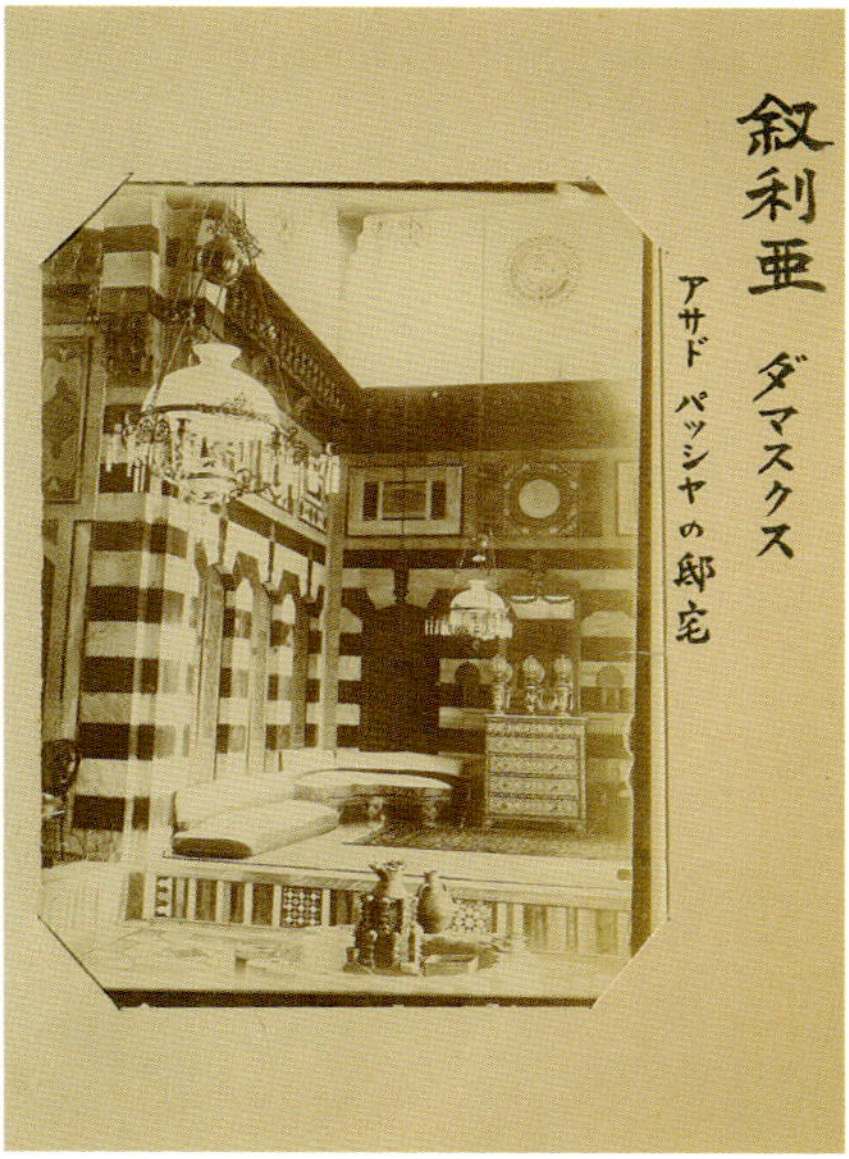

4. 忠太撮影の、ダマスカスで感嘆したアサッド・パシャの邸宅。ハーンと類似の意匠。東京大学大学院工学系研究科建築学専攻所蔵

箱根の寄木《よせぎ》細工そっくりの伝統工芸もある。薔薇、楓《かえで》、胡桃《くるみ》など色の異なる木を組み合わせた幾何学模様には金属や螺鈿《らでん》も用いられる。「螺《ら》は大《おお》さ二三寸の横に長い貝で日本の真珠貝でもなく一種特別なもの」で、箱根寄木細工の起源はむし

ろこちら。ダマスカスのほかイスタンブル、カイロ、ベツレヘムなど各地で特徴がある。
十数年前筆者が訪れたときは、キリスト教徒の居住区一帯寄木の工房・店舗だった。忠太の見たのも、あのあたりだっただろうか。魅力的な街区は近頃の内戦でどうなったかと思うと、心が痛む。

従僕イスマイル

ダマスカスでは、寅次郎から二葉の絵葉書が待っていた。義兄中村健次郎の体調のブルサ湯治での回復を伝える十月二十日付葉書では「何となく君府《くんぷ》が懐《なつか》しくは御ざりませんか」[*24]、十日後には「何《いず》れ御土産の御話を楽《たのしみ》に致し居ります」[*25]と帰着を待ち望む。ダマスカス以降の行程も、寅次郎からの葉書で跡づけられる。

ベイルートでは、忠太は「戦時画法二十号征露図会十編、十一編、合計三部」の戦況情報を受け取った。忠太も「毎時新案の画端書《えはがき》」を送り「殊ニ埃及《エジプト》固有の画風なる人物何とも申されず大事に保存居り」[*26]と寅次郎を喜ばせた。寅次郎の気遣いは行き届いている。「バクダドの悪疫」を心配し、通信行き違い防止に、領事館に転送手続きを求めるようすすめた。

絵葉書は、従僕イスマイルの家族の消息も伝える。寅次郎が紹介した人物だろうか。イスマイルの老父が、出発から三ヶ月も連絡がなく心配している、至急手紙を出すよう伝えて欲しい、というものだった。

イスマイルは、忠太のオスマン帝国国内旅行全行程に同行した。イスタンブルの薬種屋の亭主で、店先に「穿山甲《せんざんこう》や人魚《原文ママ》の干物などをぶら下げ、怪しい黒焼きと草根木皮とを売って兎も角別に困らずに暮らしている気軽な男」だった。**（巻頭カラー頁参照）**忠太も「家を五ヶ月間も明けて、留守は七十余の父と妻とに委《まか》せて、少しも心配せず、碌《ろく》に文通もしないようだから、私が時々注意して家へ手紙を出させたくらいであった」[*27]と書く。

仕事は「写真機器をぶら下げて、私について歩くのと、荷物の取締《とりしまり》と、小買物に出て歩くこと」で、給料は月三十六円。外国語を話すなら三倍だが、トルコ語のみで格安。従僕経費は一ヶ月百円余だが「慥《たしか》に一ヶ月百円の効能はない」[*28]。貧者とみれば喜捨するのを「善行であると確信しているらしい」[*29]。

「彼の楽《たのしみ》は大抵毎夜酒を飲んで芝居を見て夜を更かすこと」で、「貧乏な癖に銭勘定は至極無頓着で、不経済なことばかりしていた」。たまにつきあっていた様子なのが微笑《ほほえ》ましい。「日本の寄席の類《たぐい》で、多くは女が音曲歌舞を奏する、頗《すこぶ》る日本的調子のものである。席料は大抵二十銭位」[*30]、野帳に絵も残る。

肖像からは、愛すべき人柄が伝わってくる。忠太曰く、彼は「正直者のほうであった」。

パルミラ行き見合わせ

ベイルートから東のバールベックへ。世界遺産の遺跡はゼウス、ヴィナス、バッカスの神殿、現存の建造物はセプティミウス・セヴェルス帝時代（二世紀）。ローマ帝国でも最大規模、外壁の三つの巨石が有名だ。「長さが七十二尺（約二十一・八メートル）で、大きさは十四尺二十三尺（約四・二メートル、七メートル）」、「埃及《エジプト》のオベリスクの最大なるものと雖《いえど》もこれだけの容積はない、これより高いオベリスクはあるが、これほどの容積を持っているオベリスクは無いので、即《すなわ》ち世界中これほどの大きな石材は無い」[*31]と断じた。

屹立《きつりつ》する六本の柱も計測した。八本のうち二本がイスタンブルのアヤソフィア大聖堂（初期のバシリカ）に使用された曰《いわ》くつきだ。縦筋《フルーティング》なし、「下ノ径七尺二寸五分（約二・二メートル）高六十五尺許（約十九・七メートル）、三本ヨリツギ成セリ」、アカンサス模様各種も写しとった。

ダマスカス・アレッポ街道の中間地点ホムスで、一度はあきらめたパルミラ行きを再び思い始めた。遺物をイスタンブルで見て「健駄羅式《ガンダーラ》によく似た」文様に注目していたのだ。

ダマスカスの北東約一二〇キロ、バグダッド本街道上のパルミラは重要なオアシス都市。三世紀、女王ゼノビアの時代に最盛期だったパルミラ王国は、ローマ帝国に滅ぼされた。当時沙漠の一二〇キロは五日間の行程。ホムスからパルミラはダマスカスより近く、四頭立て馬車で片道二日。だが三頭立て馬車に馭者《ぎょしゃ》、食料「雑費一切合算して凡《およ》そ我が百五十円」。高額に涙をのみ、帰国後も残念がった。[32]

オロンテス河畔の街ハマでは珍騒動。トルコ式宿で「半裸体の如何《いかが》わしい風体で夕食を喫していると、突然案内もなく戸を排して一人の制服をつけた髯男が、巡査二人を連れて私の室内に闖入《ちんにゅう》した」。冷然と誰何《すいか》すると、髭男は県の警部長で、翌日から案内させる巡査を連れて挨拶にきたとのこと。捨てても置かれず迷惑した。日常茶飯事を「支那人にもこれと同様の慣習があるが、日本の或《あ》る地方にもまだ残っているようである」[33]と考察した。

ハマからアレッポへは三頭立て馬車で疾駆した。道中、日干し煉瓦《れんが》と泥の「建具モナシ窓モナシ、木材ノ必要ナキナリ」の伝統家屋を観察。水の少ない地方で、深さ「六十間ぐらい（約一〇九・二メートル）」もの井戸の水を、一日中老馬を往復させて汲《く》み上げ、馬は死ねば捨てられ野犬に喰われるのも目撃した。

この間「殆ど一哩毎《マイルごと》にあると云っても宜《よ》い位」[34]の古跡を、『後漢書』『魏略』『続資治通鑑《しじつかん》』など歴史書中の「大秦国」の遺跡ではと考えた。先述の中国学者ヒルト、日本の白鳥庫吉《しらとりくらきち》（一八六五－一九四二）らは大秦国《だいしんこく》をローマ帝国と同定。忠太はこれに準じ、遺跡の建築を「大秦式」と名付けた。[35]

ここは、当時の東洋学の最先端でもあった。

アレッポ・ベルリン・東京——鳳凰と麒麟と「回教美術」

一九〇四年十一月十一日ハレブ（アレッポ）に到着。人口十三万五千人のオアシスは交通の要衝。東アナトリア方面の貨物が集まる集散地だ。

アレッポの大モスク、シナゴーグ、教会などを訪ねた。目玉は「アレッポの貴族チュクララ・ヴェキル」[*36]の邸宅。麒麟《きりん》と鳳凰《ほうおう》の壁画だ。

「六百年を経過したもの」で、「疑いも無くペルシアの様式」。そこに「純粋の麒麟と鳳凰を見出した。其の形が面白い、特に麒麟は純然たる支那の麒麟の形である」。また、「家の主人は麒麟を知らないで『此の動物は何であるか、我々の国では画《え》にも見ないものである』と云っていた」[*37]。麒麟の周りには中国的な花鳥、ペルシャ式の装飾部分はから草や花鳥がある。人物も描かれ、カトリックの宗教画や狩猟図もあった。

忠太は「コノ形疑《うたがい》モナク麒麟ナリ、ソノ描法モ疑モナク支那的ナリ」と興奮気味。建物の年代から「宋代ノモノヲ伝エタリト見ザルベカラズ」、唐代の「大食国《たいし》」と交通したのはこのあたりの回教国と考えた。「回教美術」の中国的要素は偶然ではない、ペルシャ、中国とシリアの関係も「同ジ筆法ニテ説明スル事ヲ得」[*38]と想像を膨らませる。エジプトで「回教美術」の起源と伝播を考えていた忠太は、中国との如実なかかわりを見つけ躍如した。

野帳には克明な麒麟の図が残る。（**写真5**）筆者は壁画図像の写真八点、チュクララ・ヴェキルと家族の写真二点も東京大学大学院建築学専攻研究室での現存を確認。（**写真6**）山形県立図書館の「西遊紀念名片子」からChukuralla Wekil手書きの名刺も出た。

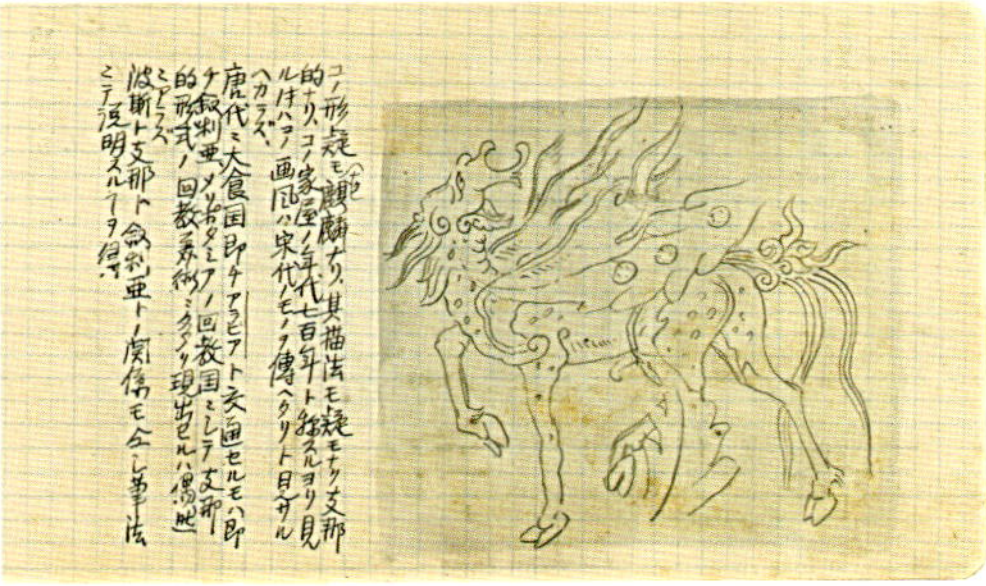

5. チュクララ・ヴェキルの邸宅で忠太がスケッチした麒麟の図。野帳第十一巻 日本建築学会建築博物館蔵

調査の過程で、客間がそっくりベルリンに運ばれたと判明した。イスラム博物館の代表作「アレッポの部屋」がそれだ。（**写真7**）[*39] 邸宅は一九一二年マリー・コック夫人に売却され、壁画部分が同夫人より同博物館に寄贈された。建物はホテルだが、内戦でどうなったことか。忠太のアレッポ訪問は一九〇四年。写真は、博物館の展示品となった客間の当時を今に伝える貴重な資料だ。

なお、忠太は建物を「六百年（または七百年）」と書いたが、建造は一六〇一－一六〇二年、オスマン時代。宋代の壁画ではなかったが、オスマン美術にも麒麟と鳳凰の図像は存在する。参考までに書き添えておく。

6. 忠太撮影のアレッポの有力者、チュクララ・ヴェキルの一家。東京大学大学院工学系研究科建築学専攻所蔵

7. アレッポのチュクララ・ヴェキル邸の内装は、そのままベルリンのイスラム美術館に保存され、「アレッポの部屋」と呼ばれている。忠太はこの内装の壁画に鳳凰と麒麟（上）の図像を見つけ撮影した。
©Johannes Kramer, by courtesy of Museum für Islamische Kunst/Staatliche Museen zu Berlin.

大秦景教流行中国碑とシリア

発見は、麒麟と鳳凰だけでない。中国の長安（現西安）で「大秦景教流行中国碑」の拓本をとった忠太は、アレッポでギリシャ正教会管長に見せる。「管長は『此のことは既に以前から承知している』と云って、その叙利亜文字を訳して呉《く》れた」[*40]。「大秦景教流行中国碑」は、景教（ネストリウス派キリスト教）の中国での布教を示す石碑。七八一年に長安に建立されたが失われ、十七世紀前半に出土した。約千九百字の漢字、古体シリア文字が若干刻まれている。キリストの位格が神・人のふたつで、「神の母」マリアを否定するネストリウス派は、四三一年エフェソス公会議で異端となる。その後ペルシャ人司祭阿《ア》羅本《ラホン》が中国に伝え、日本にも伝わったとの説もある。

野帳には、管長の訳と思われる仏文がある。漢文の碑文の要約だ。忠太は「大秦はローマ帝国だということだが、実はビザンチン帝国であって、なお詳しくいえばトルコのアジア側、即ち小亜細亜およびシリアだ」（筆者現代語訳）と書いた。

幻のバグダッド

忠太はアレッポからクルディスタンとアルメニア、ディアルバクル、モスル、バグダッド、バビロン古趾《こし》へ行く計画だった。[*41] 行きは灼熱《しゃくねつ》とダニにやられ、エーゲ海へ方向転換したので、帰りに行くことにしたのだ。

だがこんどは、雪に阻まれた。

忠太は「知人で君子坦丁堡《コンスタンチノープル》の博物館員をしておる男」が、「公用でハレブへ来合《きあわ》せ私の計画を聞いて切に諫《いさ》め」られた。聞けば「今から内地へ行くと厳寒に苦《くるし》められて研究も何も出来ない、第一にディアルバクルへ行く途中のカラジャ岳は既に雪が深くて殆《ほとん》ど旅行が出来ない」。[*42] 泣く泣く断念した。苦渋の決断を、怪物に刃物で脅され、よよと泣き崩れる戯画で表わした。(**巻頭カラー頁参照**)

その年のアレッポは十一月半ば「華氏百二十三度(摂氏五十・六度)と云う法外な熱暑」だったので、内陸部の豪雪は想像しがたかっただろう。だが出かけていたら、たいへんな目にあっていたはずだ。忠告を受け入れて賢明だった。ちなみに忠太を止めた男とは、筆者の考えでは「ベテルベー」だろう。

これにより、忠太はユーフラテス河流域、メソポタミアの懐を見る機会を逸した。「実に慚《ざん》

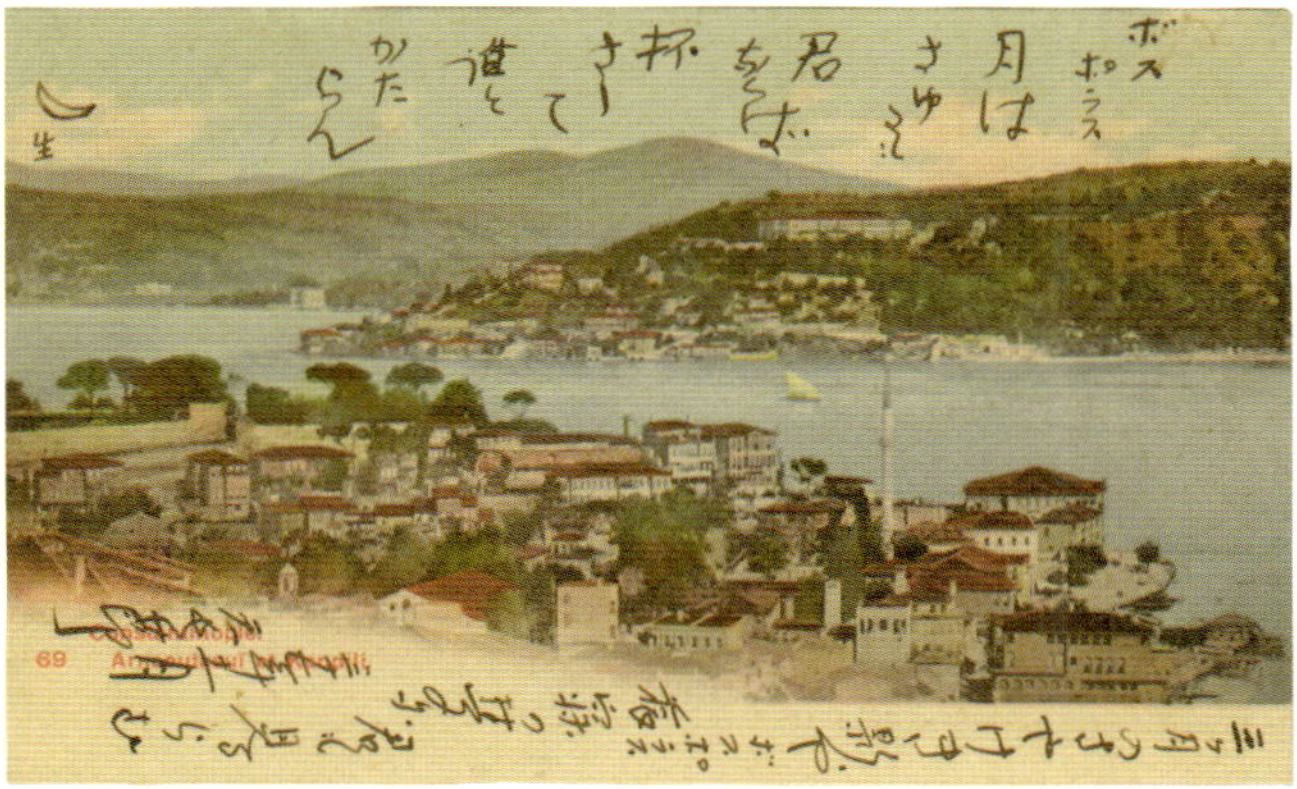

8. 寅次郎がこの葉書をイスタンブルで記した天長節の十一月三日、忠太はベイルート着。短歌に二人の友情が滲む。　日本建築学会建築博物館蔵

愧《き》の至り」[43]で、「旅行順路を選定するのに気候の関係を勘定の内に入れること」[44]と後進に助言した。

アレッポで、忠太はオスマン帝国旅行で最後の便りを、寅次郎から受け取った。ボスフォラス海峡の景色の絵葉書には短歌が二首。（写真8）

ボスポラス　月はさゆるも　君なけば　杯
さして　誰とかたらん
三ケ月の　さやけき影や　ボスポラス　旅
寝の村家に　君も見るらん
三十七年十一月　天長節　☾生[45]

忠太、「條支国《じょうしこく》」をゆく

アレッポを出発、アンタクヤに向かう。そこからは、地中海岸のアレクサンドレット（現トルコ共和国イスケンデルン）、メルシナ（現メルシン）からキリスト教の聖地タルススに寄り、アダナからタウルス（トロス）山脈を越え、一路イスタンブルへ。[46]

道中は隊商宿《ハーン》に泊まる。「既に支那で充分に経験」済みの忠太は、「豆ランプの下で快く食事して、土間の上に蓆《むしろ》を敷いて其の上に快眠することができた」。

緑は慰めとなった。「小川は縦横に通じ、蘆の類が面白く茂っている。其の先に美しい翡翠《かわせみ》が止まって魚を観っている有様《ありさま》、流れには数羽の鵝《が》（筆者注：ガチョウのこと）がさも睦《むつま》じく連れ立って何処《どこ》を的ともなく泳いで行く有様」[47]を眺め、「しばし身の異郷に或るのを忘れた」。

アンティオキアは、紀元前四世紀セレウコス朝シリアの首都。一九三九年シリアのフランスからの独立時、住民投票でトルコに帰属。忠太は大秦景教碑の古代シリア文字の使用、アントンとアンティオキアの音の類似から「アンティオキアは大秦の都アントン」[48]（筆者現代語訳）説を考えた。

この先は最短距離をとる。コンヤ・アダナの中間地点エエーリ（忠太はエレグリと表記）まで鉄道が通じていた。利用するためアンタクヤから騎馬で海沿いのイスケンデルンに出、船でメルシンに渡り、港から鉄道でアダナ、四日間騎馬でタウルス（トロス）山脈を越えた。アダナでは、日本好きの州提督から「大山大将と黒木大将はどっちがえらいか」と質問攻めにされた。

各国領事館を擁するメルシンからアダナへの途中、ポンペイオポリス（現メルシン郊外）とタルススを訪れた。ロードスの植民都市ソーリ滅亡後ローマの将軍ポンペイが再建、ポンペイオポリスとなる。アルメニア王国に滅ぼされ、列柱が残るのみだった。この列柱が「実ニ一奇観ナリ」[*49]、「下ヨリ約三分ノ一ノ所尤《もつと》モ太クシテ上下ニ向ッテ細クナル」具合が法隆寺そっくりだった。中国銅鏡や麒麟・鳳凰の壁画で、東から西の伝播を考えた忠太だったが、ここでは西から東、エンタシスの問題に戻った。

タルススとプロテスタント・コネクション

十二〜十四世紀アルメニア王国の首都。聖パウロの生誕地は、新教徒にとって重要だ。米国プロテスタント宣教教団の拠点で、米国ミッション系のカレッジがあり、忠太は教団関連者とも知り合っていた。野帳にはアメリカ宣教会の Rev. W. N. チェインバーズ、聖パウロ学院の

Rev. C. L. クリスティー、技術者B・ドーフレル[*50]の名が見える。三人目は「タルススの技師は独逸人《ドイツ》であったが、山中で直径四寸長さ二間に達する大蛇を討ち取った手柄話をしていた」[*51]と書いた同人物に違いない。

忠太の行動範囲や人脈をつなぐと、意外な点が浮かび上がる。帝国内のアングロ・サクソン系の人脈だ。

各地の英国領事館は書簡受け取りの拠点だった。中国の騰越ではイスタンブルの大使宛、イズミルではカイロの英国領事宛、次の訪問先の紹介状まで受け取った。イェルサレムからバグダッドの英国領事宛の紹介状もある。[*52]日英同盟下の日本国民、あり得る話だが、それだけではない。

忠太はイスタンブルでも、ミッション系のロバート・カレッジ（現トルコ共和国国立ボアジチ大学）を訪問し、卒業生や創立者の息子の建築家ハムリンとも交流があった。一八六三年設立の同校は、中東初のプロテスタントの高等教育機関。新教徒でなければ知名度も低いタルスス訪問には、この人脈が影響を与えただろう。同時に、当時のオスマン帝国内のこの地方での、新教徒のネットワークの存在を物語る。

旅先で知り合った人々と、忠太は対等な関係が築けていた。たとえば英国領事代理のアーサー・トゥーンシェンドなる人物から忠太宛の手紙。「本日一時、非公式の昼食にいらしていただけるならば幸いです。興味深い廃墟《はいきょ》をお見つけになったそうで嬉しく思います」[*53]。

領事代理から非公式の昼食に招かれるほどの親しい関係。上流人士との社交にふさわしい身支度、立ち居振る舞い、語学力も備えていた証拠だ。前出のイェルサレム領事は、バグダッド領事に「伊東博士は流暢《りゅうちょう》にドイツ語を話されます」と書き添えた。

ときに木賃宿に泊まりながらも、そんな機会に備えるには、従僕が必須だろう。庶民から見れば莫大《ばくだい》な額だが、忠太はほどほどに慎《つつ》ましやかだ。

旅行中、追加の資金調達不透明となったとき「忠太必ず自分の力で見苦しからぬ工夫を致します」と両親に書いた。[*54] 念頭にあったのは、なりふり構わず建築調査だけをするのではなく、欧米の学者や外交官と関係を作り、対等に渡り合う日本人としての、自分の姿だったろう。

タウルス山脈を越える

タルスス出発は一九〇四年十二月三日。富士山級の山々の連なる「雄牛《タウルス》（トロス）山脈」を越える驢馬《ろば》の旅だ。**（写真9）** 山脈越えは、コンヤ・アダナ間の再短距離、古来アレクサンダー大王や十字軍の遠征経路の幹線道路。隊商宿《ハーン》やオーストリア人営業の西洋式宿もあった。鉄道敷設予定地で「贅沢《ぜいたく》旅行者」もあり、宿泊料は高額。「寝具、飲食、器具は一切携帯」し、「蓆

9. タウルス山で、忠太は世界旅行中最高の寒さを経験した。野帳第十一巻　日本建築学会建築博物館蔵

10. 大きな風呂敷包み、ひとつは柱頭各種、もうひとつは唐草模様。犬に吠えられる忠太の重い頭は、これからの課題でいっぱい。野帳第十一巻　日本建築学会建築博物館蔵

一枚の他は何の設備もない」ハーンの宿泊料が、中国内地の六倍だった。

摂氏氷点下二十一度の寒さは、深い谷底に松の絶景撮影のため写真機を据えても「私の指は血も骨も一時に凍り、無情の器械もかっぱとひれ伏して起き」ないほど。それも満州の出征軍人に比べ「なお自分の境遇の安楽過ぎるのを勿体《もったい》なく思う」[*55]忠太だった。

鉄道始発駅エエーリに辿《たど》り着き、コンヤ以前の最終停泊地カラマンでは、日本出発以来最大の寒気、摂氏氷点下二十七度を経験した。コンヤからはアンカラ、エスキシェヒール経由でイスタンブルへ戻った。

紅雲帰君

イスタンブル帰着は一九〇四年十二月十五日。百三十七日のオスマン帝国国内旅行だった。

二日後、米沢へ「今度の旅行は印度旅行よりも更に面白う御座いました、何しろ変化に富んで居りますから」と認《したた》める。初体験の砂漠、海面以下三千尺（約九百九十メートル、死海付近）から海抜五千五百尺（約千六百六十七メートル、タウルス峠）の高低差、エジプトの「百三十五度（摂氏約五十七度）の炎熱」、「タウルスの山中の氷点以下十八度（摂氏約氷点下二十七度)」の寒暖差を伝え、「埃及《エジプト》の汗が直ぐタウルスで氷《こお》りになります」[*56]と書いた。「鉄道一千四百七十七里(約五千八百キロ)、水路六百六十里(約二千五百九十二キロ)、馬車行百九十一里(約七百五十キロ)、騎馬行百五里(約四百十二キロ)、合計二千四百三十三里(約九千五百五十四キロ)」と計算した。

水彩の自画像「紅雲帰君の図」(**写真10**)がある。「アラビアから草」や、柱頭の図柄の風呂敷包みを前後に下げ、重い頭を杖《つえ》で支え、犬に吠えられ歩くシルクハットにモーニングの大和紳士。抱えきれない収穫を手にし、疲労困憊《こんぱい》の君府帰着が、よくあらわれている。「紅雲」[*57]は、夕映えの雲、花霞《はながすみ》や、紅葉の美の比喩とされ、寅次郎宛の絵葉書の署名や画作に見られる。「新月」寅次郎から贈られた雅号ではと筆者は想像するが、どうだろうか。

忠太は日本で土耳其《トルコ》式「から草」の風呂敷を広げる前に、欧州と米国を歩く。西洋で、忠太の「東洋」はどう変貌するだろう。忠太の見た「世界」と、歴史と文化の「から草」。祖国「日本」は、どこだろうか。

【引用文献・註】

*1 「叙利亜沙漠」、『伊東忠太建築文献　第五巻　見学紀行』龍吟社　一九三六年　四七三頁

*2 *1に同じ。

＊3　「叙利亜沙漠」、『伊東忠太建築文献　第五巻　見学紀行』　龍吟社　一九三六年　四七七頁。ただし、土地所有がスルタンに帰すオスマン帝国の制度から見ると、これは誤解だ。各国（正しくは各宗教宗派）の礼拝所は、信教の自由に基づく。
＊4　一九〇四年十月二十五日、イェルサレムの伊東忠太より米沢の両親宛書簡　山形県立図書館蔵
＊5　＊4に同じ。
＊6　伊東忠太「野帳」第十一巻
＊7　＊6に同じ。
＊8　「叙利亜沙漠」、『伊東忠太建築文献　第五巻　見学紀行』　龍吟社　一九三六年　四七七頁
＊9　「土耳其・埃及旅行茶話」、『伊東忠太建築文献　第五巻　見学紀行』　龍吟社　一九三六年　五五一頁
＊10　一九〇四年十月二十五日、イェルサレムの伊東忠太より米沢の両親宛書簡　山形県立図書館蔵
＊11　一九〇四年十月二十六日付、伊東忠太より妻千代子宛絵葉書、消印イェルサレム十月二十六日　山形県立図書館蔵
＊12　＊6に同じ。
＊13　「土耳其・埃及旅行茶話」、『伊東忠太建築文献　第五巻　見学紀行』　龍吟社　一九三六年　五五二頁
＊14　＊13に同じ。
＊15　＊6に同じ。
＊16　「土耳其・埃及旅行茶話」、『伊東忠太建築文献　第五巻　見学紀行』　龍吟社　一九三六年　四七九頁
＊17　「叙利亜沙漠」、『伊東忠太建築文献　第五巻　見学紀行』　龍吟社　一九三六年　四八〇－四八一頁
＊18　「叙利亜沙漠」、『伊東忠太建築文献　第五巻　見学紀行』　龍吟社　一九三六年　四七二頁
＊19　「叙利亜沙漠」、『伊東忠太建築文献　第五巻　見学紀行』　龍吟社　一九三六年　四八一－四八二頁
＊20　「叙利亜沙漠」、『伊東忠太建築文献　第五巻　見学紀行』　龍吟社　一九三六年　四八二頁
＊21　＊6に同じ。

＊22 ＊21に同じ。
＊23 「叙利亜沙漠」、『伊東忠太建築文献　第五巻　見学紀行』龍吟社　一九三六年　四八三頁
＊24 山田寅次郎よりダマスカスの伊東忠太宛絵葉書、「ベテル氏便第一号」日本建築学会建築博物館蔵
※消印切手剥離のため判読不能
＊25 山田寅次郎よりダマスカスの伊東忠太宛絵葉書、「ベテル氏便第三号」日本建築学会建築博物館蔵
※消印切手剥離のため判読不能
＊26 一九〇四年十月十七日（英国郵便）、山田寅次郎よりベイルートの伊東忠太宛絵葉書　日本建築学会建築博物館蔵
＊27 「土耳其・埃及旅行茶話」、『伊東忠太建築文献　第五巻　見学紀行』龍吟社　一九三六年　五七二頁
＊28 「土耳其・埃及旅行茶話」、『伊東忠太建築文献　第五巻　見学紀行』龍吟社　一九三六年　五七三頁
＊29 ＊28に同じ。
＊30 「土耳其・埃及旅行茶話」、『伊東忠太建築文献　第五巻　見学紀行』龍吟社　一九三六年　五七二－五七三頁
＊31 「叙利亜沙漠」、『伊東忠太建築文献　第五巻　見学紀行』龍吟社　一九三六年　四八四頁
＊32 「叙利亜沙漠」、『伊東忠太建築文献　第五巻　見学紀行』龍吟社　一九三六年　四八四－四八五頁
＊33 「土耳其・埃及旅行茶話」、『伊東忠太建築文献　第五巻　見学紀行』龍吟社　一九三六年　五五七頁
＊34 「叙利亜沙漠」、『伊東忠太建築文献　第五巻　見学紀行』龍吟社　一九三六年　四八五頁
＊35 ＊34に同じ。
＊36 忠太の表記に従ったが、オスマン帝国の制度では「貴族」はいないので、地方の有力者と理解するべきである。
＊37 「叙利亜沙漠」、『伊東忠太建築文献　第五巻　見学紀行』龍吟社　一九三六年　四八七頁
＊38 伊東忠太「野帳」第十一巻

＊39　As a rule for publication of our pictures you would need to mention the photographer Georg Niedermeiser or Johannes Kramer (those with I_2682…), refer to the Museum für Islamische Kunst / Staatliche Museen zu Berlin and send us a copy of the publication.

＊40　＊37に同じ。

＊41　一九〇四年五月三十日付、伊東忠太より米沢の両親宛書簡　山形県立図書館蔵

＊42　＊37に同じ。

＊43　「土耳其・埃及旅行茶話」、『伊東忠太建築文献　第五巻　見学紀行』　龍吟社　一九三六年　五六九頁

＊44　「土耳其・埃及旅行茶話」、『伊東忠太建築文献　第五巻　見学紀行』　龍吟社　一九三六年　五七一頁

＊45　山田寅次郎よりアレッポの伊東忠太宛絵葉書、消印場所日付不明　日本建築学会建築博物館蔵

＊46　「土耳其・埃及旅行茶話」、『伊東忠太建築文献　第五巻　見学紀行』　龍吟社　一九三六年　五六〇頁

＊47　＊46に同じ。

＊48　伊東忠太「野帳」第十一巻

＊49、50　＊48に同じ。

＊51　「土耳其・埃及旅行茶話」、『伊東忠太建築文献　第五巻　見学紀行』　龍吟社　一九三六年　五六四頁

＊52　一九〇四年十月二十六日付　イェルサレムのC.N.Tenders（英国領事）よりバグダッドのNercessian（英国領事）宛、伊東忠太の推薦状　伊東忠太「野帳」第十一巻に挿入　日本建築学会建築博物館蔵

（参考）全文は次の通り

H.B. His Consulate

Jerusalem, Oct 26, 1904

Mr. Dear Dr. Nercessian,

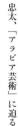

I write you those lines to introduce to you the bearer Dr. C. Ito, Professor at the Imperial University Tokio-Japan, who is seeking a ***（判読不能）in the interior of this country now proceeding to Bagdad.

I shall feel obliged for any advice or assistance you will kindly extend to him during his stay in your city.
With your kind references and hosting this will find you in the enjoyment of good health. Believe me, yours very Acicued?

Prof. Ito speaks German fluently.

C.N. Tenders?

＊53　一九〇四年十一月二十八日付　日本建築学会建築博物館蔵　伊東忠太「野帳」第十一巻に挿入

＊54　ムンバイの伊東忠太より米沢の両親宛書簡、孟賣一九〇三年十一月三十日、受取り消印見あたらず　山形県立図書館蔵

＊55　「土耳其・埃及旅行茶話」、『伊東忠太建築文献　第五巻　見学紀行』　龍吟社　一九三六年　五六六頁

＊56　一九〇四年十二月十八日付、イスタンブルの伊東忠太より米沢の両親宛書簡　山形県立図書館蔵

＊57　「紅雲」の語源は不明だが、いくつか出典がある。江戸時代の僧徳龍の詩「秋江の晩望」に、「秋江の暮を吟望すれば／紅雲は碧流（へきりゅう）に映ぜり／寂寥（せきりょう）たる疎柳（そりゅう）の下に／漁父は扁舟（へんしゅう）を繋げり」、『小学読本』では「樹下に至れば天を見ずして、唯万花の紅雲の如きを見るのみなり」と登場する。名古屋市北区、群馬県前橋市に「紅雲町」があるが無関係か。明治後期生まれで同姓同雅号の日本画家、伊東紅雲（一八八〇－一九三九）がいるが別人。貴重な示唆を下さった群馬県立女子大学の北川和秀教授に感謝いたします。

第XI章

新月東帰、紅雲西去

イスタンブル出発

日本に居て八一生涯かかッても分らないことが僅《わずか》三年に充《み》たずして要領を得られると云《い》うことは、実はこの旅行の御蔭《おかげ》です、実に嬉しさに堪《た》えられません、この嬉しさに満たされて居ますから、私の旅行はいつも愉快で、野に寝ても、山に臥《ふ》しても、心は金殿玉楼《きんでんぎょくろう》の裡《うち》に居る様です、粗菜を咬《か》んでも、悪水を飲んでも、心は大牢《たいろう》（筆者注：素晴らしい御馳走の意）の美に飽く思いです[*1]

一九〇五（明治三十八）年一月二十日、忠太は約五ヶ月のオスマン帝国国内旅行を終えた心境を米沢の両親にこう綴《つづ》った。

旅順陥落の報は、イスタンブルで聞いた。

正月を中村商店の人々と祝った矢先の一月三日。日本を代表する同店には人々が続々と戦勝祝いに訪れ、「満都みな狂喜して日本の為に祝賀しました」[*2]。忠太も「実は重荷を一ッ下《おろ》した様な心もちが致しました」。

正式な留学先は「中国・印度・土耳其《トルコ》」。公的な任務終了である。「これから先は、いよいよ帰朝の途です」と喜びを素直に明かす。

三年余り離れていた故郷、血と涙のある以上は何で恋しくないことがありましょう、その恋しい故郷へ、成功を負うて目出度《めでた》く帰るのですから、これ程嬉しいことはないのです[*3]

だが三日後の一月二十三日、出発日を急に変更する事態が起こる。「兼て御承知の山田寅次郎氏急用起《おこ》り、明日日本へ帰られることになりました、その船は、希臘《ギリシヤ》へ寄港しますので、丁《ちょう》度《ど》よい路《みち》連れになりますから、私も急に出発を早め、いよいよ明日山田氏と共に出発」[*4]することにした。

「急用」は、寅次郎の日本でのたばこ事業に関することだろう。紙巻き煙草用のライスペーパーは外国産に頼っていたが、日露戦争の財源確保に大蔵省が煙草の専売制を強化、寅次郎はこの年、大阪で東洋製紙株式会社（後に王子製紙と合併）の立ち上げに参画する。世界最大級のタバコ産地として、技術先進国でもあったオスマン帝国からライスペーパー製造技術を日本に導入し、初の国産化に成功した。のちに寅次郎が大阪実業界の重鎮となる、第一歩である。

寅次郎の急な帰国は、ポートサイドでの用事を伴《ともな》っていた。旅先からも忠太の旅程を思いやり、ローマの日本公使館気付で絵葉書を送り、「再会は五月雨頃か　子規《ほととぎす》　新月生」[*5]神戸着は三月十二日の予定と書き送った。忠太の日本帰国を待って再会を約したのだろう。

新月東帰、紅雲西去——ピレウスの別れ

オスマン帝国の出国審査は厳しく「凡《すべ》て土耳其に関する一切の品物を差し押える。然《しか》るに私の所持品はみな土耳其に関する書籍、写真其《そ》の他種々な物品であるから、尋常なやり方では迚《とて》も通過しない」。が同行のおかげで「税関は山田氏の熟練なる手腕で一つも検査せずに通過してくれた」[*6]。

忠太と寅次郎は、アテネの港ピレウスで忠太の妻千代子へ絵葉書を出す。

「君府《くんぷ》出発以来風波なく、海上平穏只今《ただいま》当地着山田氏と分袂《ぶんべい》、アゼンス府へ向かう所、正月二十六日正午　ピレオ港にて　忠太　千代子どの」。

寅次郎は、自分は日本まで直行し忠太から託されたものも「数有之候《かずありこれそうろう》」と書き添えた[*7]。（写真1）

福島安正の紹介で知り合ったふたりは、留守宅への訪問を依頼するほど気安い友人同士となった。忠太も寅次郎の住所を、大阪今橋三丁目の土耳其屋中村商店と、東京本所横綱二丁目十四番地村松内、の二通りを野帳に記している[*8]。

別れに際し、忠太は寅次郎に一編の漢詩を吟じた。

1. ピレウスから東京の妻千代子へ宛てた忠太と寅次郎と連署の葉書。日本建築学会建築博物館蔵

新月東帰
紅雲西去
異郷一別
故国再会

新月東へ帰り
紅雲西へ去る
異郷にて一別す
故国にて再会せん

野帳第十二巻の片隅の漢詩には、新月に腰掛け、紅《あか》く棚引く雲に立つ、ふたりの女性寓意《ぐうい》像が添えられている。新月を日本へ赴く寅次郎に、紅雲を欧州への旅を続ける自らに喩《たと》えた詩だ。

この図案と漢詩は、実際に寅次郎に送られていた。山田家所蔵の絵葉書アルバムに、野帳と全く同じ図柄で清書・着彩されたものが見つかったのだ。（巻頭カラー頁参照）差出人はもちろん忠太。別れに名残を惜しむ、忠太の細やかな友情が伝わってくる。

ふたりのやりとりは、帰国後も続いた。一九一一（明治四十四）年寅次郎が『土耳古画観』を出したとき、忠太は再び文章を寄せた。現存の書簡では、一九一三（大正二）年一月二十二日付台北《たいぺい》の寅次郎から本郷西片町《ほんごうにしかた》の忠太宛、台北の春の様子を伝える絵葉書が最後である。

エンタシスからの解放――忠太のパルテノン詣で

いよいよパルテノンにやってきた。

目前にあらわれた鮮やかな印象を、忠太はこう記す。「四方絶壁の台の上に数々の古建築が半崩れて立ち並んでいる中に、一きわ目立つパルテノンは、世界第一の美建築として、二千四百年前から威風堂々あたりを払って立ったる有様、誰でもアッと嘆賞しない訳には行かない」[*9]、「空前絶後の美建築」は、「至って簡単な純朴な社であるが、其《そ》の簡単で純朴な所に云うに言われない妙味がある」[*10]。

当時のギリシャは「立派な大学と高等工業学校」があり、「学術に忠実」。アテネのドイツ考古学研究所にも出入りした。だが、「彼らが二千年前にもっていた芸術はみな忘れられたように」見えた。背景にはオスマン帝国の支配がある。十五世紀以来すでに四百年。一八二〇年代に独立したばかりのギリシャにとって、オスマン都市としての過去は、短くはなかった。
忠太がピレウスでとらわれた「奇妙な感じ」もそのためだ。「市の体裁は奇妙に土耳其的」[*11]で、トルコ語は通じるし、「赤帽の先生たちが徘徊《はいかい》していたり、（中略）君府で見慣れている飲食店、飲食品が至る処《ところ》に見えたりする」。その様子が、「どうも土耳其だか希臘《ギリシヤ》だか一寸《ちよつと》自分にも分からないくらいであった」。

先入観もあったにちがいない。欧州の言説では「西洋文明の源流」なのだ。そのギリシャが、イスタンブルよりも「土耳其的」だとは、実際に訪れなければ思いもよらない。

独立したとはいえ、テサロニキあたりまでまだオスマン帝国領。アテネには、イスタンブルを彷彿《ほうふつ》とさせる地区がいまでもある。残滓《ざんし》は色濃かったにちがいない。いっぽう当時のイスタンブル政財界では、富裕なギリシャ正教徒が有力。都市の景観を左右する建築的投資も多い。「或《あるい》は土耳其のほうが奇妙に希臘的」な感じには、そんな背景があった。

オスマン帝国国内旅行で経験した〈東西〉の境界の揺らぎ。それは、十九世紀以来欧州帝国主義と独立運動によってオスマン帝国が失い続けた領土、国境のゆらぎでもあった。オスマン帝国から独立後のギリシャでは、国家の文化的自己同一性《アイデンティティ》のゆらぎが続いていた。

「建築に無かるべからざるもの」

アテネの古代ギリシャ建築を、忠太はどう見ただろう。

プロピレイオン、ハドリアヌス門、オリンポスのジュピター神殿などを訪問、詳細なメモが残る。ギリシャ建築の美点を、第一に柱の縮幅、第二に内外部空間の傾斜、第三に数学的なプロポーションに基づいた曲線使用、とまとめた。[*12]

パルテノンの「凸《とつ》曲線」、「隅柱《すみばしら》ノ寸法」、「エンタシス」ももちろん書いた。目の錯覚対策としてのエンタシス、ローマの建築家ヴィトルーヴィウスが建築理論書で言及したパルテノンのエンタシスをメモし、ペンネソーン、ホーファー&シャウベルトなど、十九世紀の建築史家による再発見の経緯を調べた。帰国後の大正十一(一九二二)年には「世界第一の美建築パルテノン」を発表している。[*13]

法隆寺との関連から注目したのは、アテネのオリンポスのジュピター神殿だった。約十七メートルの柱の頂・底部の直径、高さ位置ごとのエンタシスの双曲線、補正値を十八ヶ所にわたって記載した忠太は、柱の下から約五分の一の部分が最も太く、上下に向かってほぼ同一のカーヴを描く点を、「我ガ法隆寺ノ柱ト同ジ意匠ナリ」[*14](一部拙訳)と分析。**(写真2)**

だが忠太は、もはやこれをギリシャと法隆寺をつなぐ証拠とは見なかった。

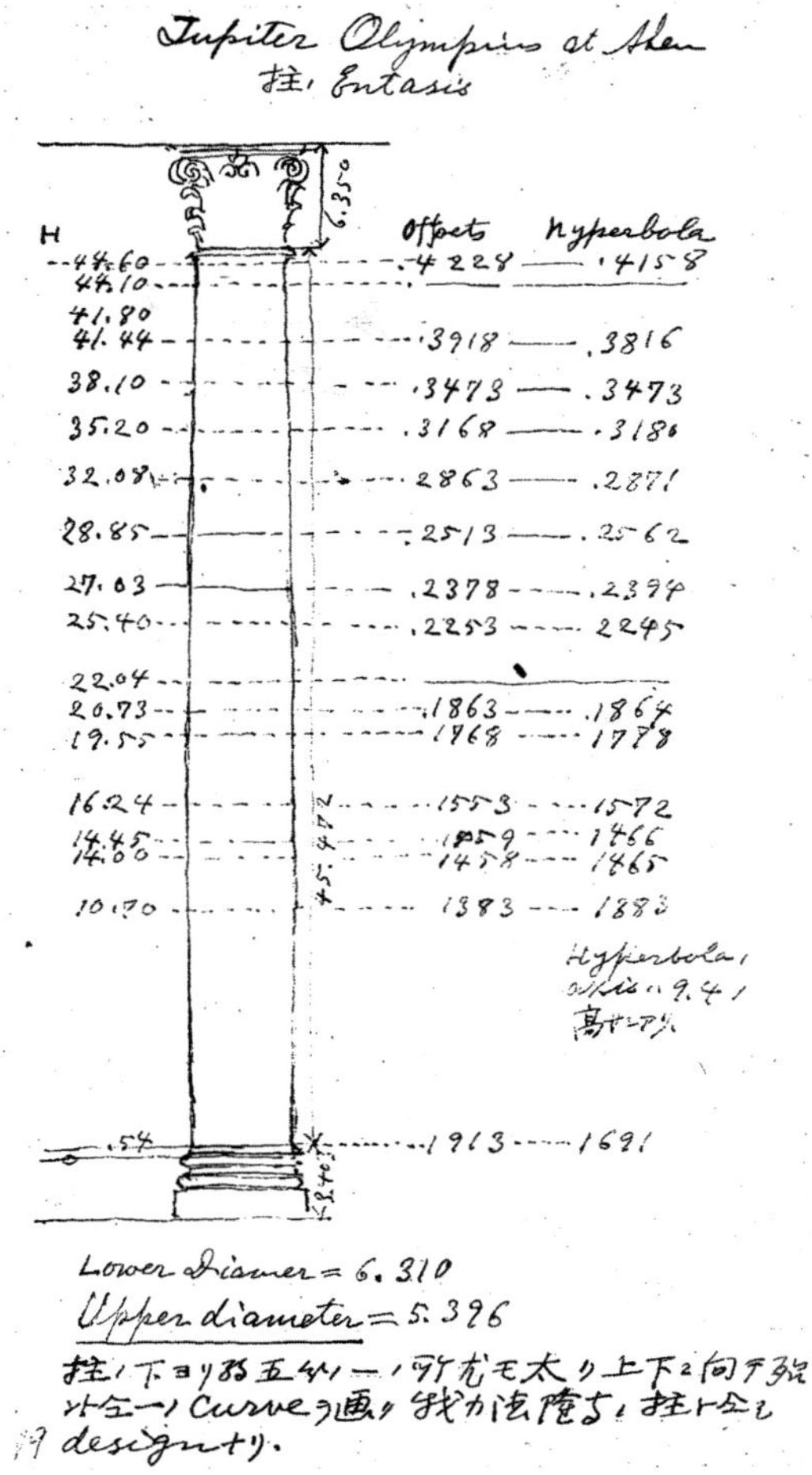

2. オリンポスのジュピター神殿の柱についてのメモ。「我ガ法隆寺ノ柱ト同ジ意匠ナリ」とある。野帳第十二巻　日本建築学会建築博物館蔵

エレクテイオン、アゴラのテーセウス神殿、パルテノン、プロピュライア、オリンポスのジュピター神殿の五つのエンタシスを比較し、さらにブルネレスキ、パッラーディオ、ヴィニョーラなど、ルネサンス、マニエリスムのイタリアの建築家たちのエンタシスの扱いを研究した。そして、こう結論を下す。

「要するに柱は先細り無かるべからざる、これがある以上は膨張なかるべからず故にエンタシスは建築に無かるべからざるものなり」

場合によっては先細りをつければエンタシスは必要ないが、重要な大柱には必要。しないのは、建築家の無能か、経費の障害かによる、とした。[*15]

エンタシスは建築にとって普遍である。

これが、はるばるアテネで忠太がたどり着いた結論だった。

忠太はエンタシスに関するこの結論を、とくに法隆寺と結びつけてはいない。だが、日本建築を世界建築の枠組みに組み込もうとした忠太のその後を考えるとき、法隆寺のエンタシスも自然の流れとして「建築ニ無カルベカラザルモノ」と忠太のなかで位置づけられた、と理解できる。

忠太は生涯に三つの「法隆寺建築論」を発表した。

一八九三（明治二十六）年の初版で試みたエトルスク[*16]の神殿と法隆寺の比較は、発表のその場で批判に遭《あ》う。一八九八（明治三十一）年の最終版ではこれを完全に引っ込め、ギリシャとの繋《つな》がりを、エンタシスと忍冬《すいかずら》模様に限定して議論を展開した。[*17]

エンタシスを普遍と看做《みな》すことはそのまま、法隆寺をギリシャに繋ぐ、論拠のひとつを放棄することになる。その意味ではこの結論は、エンタシスとの決別とも言えるだろう。

エンタシスの東漸《とうぜん》の魅力的なアイデアは、その後ひとり歩きして一般に広く受け入れられたが、学界では実証的研究に主流が移る。[*18]ひとり忠太の幸福な夢想として残り、学術的には法隆寺建築ギリシャ起源説は、敬して遠ざけられるものとなった。忠太は、むしろ「飛鳥《あすか》文様の起源に就《つい》て」[*19]で試みた建築装飾の文様研究など、文化の重層性を考え始める。

忠太の出発点として有名なエンタシス研究。

柱という手がかりには当時の西洋建築史研究の傾向も影響していた。柱の研究は、当時の西洋古典建築研究に不可欠の要素だったのだ。[*20]日本建築史の研究が、十九世紀に確立された西洋建築史の方法論から出発している以上、法隆寺の柱から始めることは、当時としては自然な選択だった。

エンタシスとの決別は、「東洋建築」が、西洋建築の常套《じょうとう》の柱の研究では語れないという見極めに繋がった、といえば、穿《うが》ち過ぎだろうか。エンタシスは普遍、との結論によって、忠太はいわば足枷《あしかせ》から解放される。関心は、西洋と東洋の重層的な境界、という独特の発想へと転換するのだ。

欧州で探した「東洋」

コリント、ミケーネ、オリンピアと、ギリシャを東から西へ抜けながら、忠太は各地のエンタシスを倦《う》まず計測した。アドリア海を望むパトラスから、イタリアの南端ブリンディシへ渡る。ここからイタリア、ドイツ、フランス、イギリスの各国を、三ヶ月かけて回った。

留学先に中国・印度・土耳其を選んだことと、後年の思想的傾向から、忠太は東洋にしか関心がなかったように見られがちだ。

しかしほんとうに、欧州・米国旅行は、東京帝国大学教授就任のための「付けたし」だったのだろうか。野帳を見ると、かなり精力的に見学しているのだ。

各国の比重は、ギリシャ十三泊、イタリア二十六泊、ドイツ通算三十二泊、ウィーン八泊、フランス十八泊、英国四十五泊、ニューヨーク六泊と、圧倒的に英国が多い[*21]。欧米での滞在期間四ヶ月弱は、三年三ヶ月の全行程から見れば、たしかに短い。

訪問先は、イタリアのナポリ、ローマ、フィレンツェ、ヴェローナ、ヴェネツィア、ミラノの六都市に対し、フランスではパリのみ、ドイツではミュンヘン、フランクフルト、ケルンの三都市を回りベルリンに長逗留《とうりゅう》。英国ではロンドンに長期滞在、オックスフォードに遠出したのみ。ギリシャ、イタリア、フランスでは建築の作例を見学し、ドイツ、英国では、図書館や書店などに出向き、勉強している。言語の問題もあっただろう。
詳細な建築リストを作り、[*22]見学先は建築史全体を見渡した上で選んだ。バロック以降の建築がないという問題は別にして、顕著なのは中世建築への比重だ。欧州中世建築の理論家ヴィオレ・ル・デュクやジョン・ラスキンに傾倒し、卒業設計にゴシックの大聖堂を選んだ若い日を考えれば当然。日本を傍流とみなす西洋建築史の主流への反発から、古典主義に反抗した欧州中世建築復興の理論家たちに共感した忠太は、〈本場〉でロマネスクやゴシック建築を歩いた。そして欧州でも「東洋」への関心を温め続けた。

木造建築は東洋の特徴と決めつけていたが、そうではなかった。「木造建築の例多し、多くはイオニア式なり」。ナポリで、東アジアに固有と考えていた木造屋根の架構の曲線が、ポンペイにもあると知る。中国の類似例を考え、今現場に例がないのは木造だった為《ため》で、「曲線は支那《しな》、日本特有ではない、湾曲した屋根も已《すで》にここに見える」[*23]（筆者口語訳）と気づいた。

この視点から見たヨーロッパ建築は、違って見えた。

ヴェネツィアのサンタ・マリア・グロリオーザ・デイ・フラーリ聖堂（一三三八年）は「この手法アレッポ辺に見えたるアラビア式意匠なり」。ルネサンス初期の代表作のひとつ、フィレンツェのサンタ・マリア・ノヴェッラ聖堂（十三世紀半ば）も、壁面を幾何学的に仕切った色石装飾は「慥《たし》カニ東洋起源ナリ」。

ナポリの聖ドメニコ・マッジョーレ教会（一二八三－一三二四）、ローマのパラッツォ・コルシーニ（一六三三年）、ヴェネツィアのサン・マルコ大聖堂（一〇九四年）にも、いわゆる「イスラム建築」の要素をみつけた。イタリア建築へのイスラムの影響は、二十世紀後半に指摘されはじめ、現在では常識だが、この時点での洞察は慧眼《けいがん》だ。

忠太は欧州で「東洋」を探し、「世界」を構想した。

ローマでは、キルヒャー博物館で人類学資料の個人コレクションに接し「東西の野蛮人民ノ風俗ミナアリ、東洋ニテハ日本、支那、シャム、ブルマ、マレー、南洋諸島、アフリカノ全部、北米、及ビ南米アリ」。これもひとつの世界観だ。「野蛮人民ノ風俗」（原文ママ）と日本は隣り合わせ、「支那、シャム、ブルマ、マレー、南洋諸島」が「東洋」の点、注意を引く。

ベルリンの装飾美術館、パリのギメ美術館、ロンドンのケンジントン博物館（現ヴィクトリア・アンド・アルバート美術館の前身）、大英博物館。欧州列強が植民地的興味とともに収集した東洋美術のコレクションを、忠太は抜かりなく見た。スペイン、ペルシャなど未踏査の地方の手工芸や建築部材も研究した。

忠太は世界建築の全体像をつかみ、体系化しようとしたのだ。

欧州列強が国力を傾けて蓄積した〈東洋学〉の網羅性と、理論的な枠組みの吸収は、旅行の最後の仕上げとなる。忠太の「東洋建築史」は、西洋の〈東洋学〉の成果を見ずに、成り立ち得ないものだったのだ。

「エトルスク」も、機会を逃さず観察した。「法隆寺建築論」では、エトルスクから法隆寺への影響を考えたが、欧州で逆に、エトルスクが東洋起源との学説を知る。エトルスク建築の筒天井《ヴォールト》を東洋起源と考え、ペルシャ起源のイヴァーンと結びつけた。[*24] ラスキンら英国の建築学者が潜在的な植民地主義から主張した、十字軍の昔に遡《さかのぼ》るビザンチン美術への東洋《オリエント》の影響があった。[*25]

「法隆寺建築論」で、日本建築の正統性を西洋のパラダイムを用いて証明したかった忠太は、ユーラシアから欧州へ至る旅の過程で、西洋から東洋への文化の流れという拘《こだわ》りから脱却する。逆に東から西への経路があること、文化とはむしろ、東西のあいだの絶え間ない行き来の上に成り立つことに気づいてゆく。視点の転換は、紛れもなくオスマン帝国での日々に熟成されたものだ。

　東から西、の視点は、ときに東洋的趣味の優越へと姿を変える。ヴェネツィアのサン・マルコ大聖堂で「尤《もつと》モ趣味アルハ其ノ東洋趣味《オリエンタル・テイスト》ニアリ」と書いたとき、忠太は東西の趣味の優劣を考えていたはずだ。

　相反しながら影響を及《およ》ぼしあう西洋と東洋、という考え方は、こうして形づくられていった。東西の境界が重層的に重なるオスマン帝国、「土耳其」の地を旅行することによってこそ、初めて獲得されたものだろう。

ミケランジェロとサラ・ベルナールを酷評

忠太は欧州で、いわゆる「西洋建築史の王道」をどう見ただろう。たとえば、イタリアのルネサンス建築。最高傑作とされるローマのサン・ピエトロ大聖堂は、装飾が濃厚過ぎるとしながらも、絶賛した。壮大さの点で「第一流ナリ」、内部各部屋の大きさ、高さ、光線すべてが美しい。また、奥行き「二町」(約二一八メートル)、ドームの直径「二十五間」(約四十五メートル)は「無法ノ寸法」だが、プロポーションが良いので「破格ノ寸法ナルコトニ気付カズ」[*26]と賞賛した。

だが意外にも、大伽藍《がらん》の建築家ブラマンテ、ミケランジェロには、全く口を閉ざしている。僅《わず》かにミケランジェロの彫刻に触れているにすぎない。

モーゼ像は「鬼気人ニ迫リ勢飛バント欲ス」。だが代表作とされるフィレンツェのサン・ロレンツォ聖堂のメディチ家礼拝堂では、寓意彫刻『夜』、『昼』、『曙《あけぼの》』、『夕暮れ』を捕《つか》まえて「彫刻は例の覇気勝ちて優美の点なし」、「彼は到底優美なる上品なる人物を彫する事ヲ得ざるなり、婦人の筋肉等已て力士のそれの如《ごと》し」。「決して円満なる第一流の彫刻家とはいえない」[*27]とけんもほろろだ。

絵画作品にも点が辛い。ヴァティカンのシスティーナ礼拝堂の天井画は、筆力は非凡だが絵としての位置（天井）が適当でない、天井装飾としては過多にすぎ、「名画モ名画タルダケノ値ヲ示シ難シ」。[*28]

どうやら忠太は、ミケランジェロがあまり好きではなかったらしい。

これに対し、ヴァティカンの絵画館《ピナコテカ》では「就中《なかんずく》ラファエルのもの尤《もつと》も傑出せり」と、ラファエロに好意的だった。

価値観の揺るぎなさは、パリで一世を風靡《ふうび》したサラ・ベルナールの「椿姫《つばきひめ》」でも同様。忠太は、この西洋演劇史上の大女優を「浮世の写生で全く写真を見るようだ」、「模擬の巧で創造的なところがない」、「椿姫の臨終の如きも余りにくどくて妙味なし」と評した。もっとも、サラ・ベルナールへの評価はフランス人にとっても賛否両論なのだそうである。

パリでの忠太は、クリュニー修道院やノートル・ダム大聖堂など中世建築を見て回る傍ら、郷里の旧藩主の次期当主上杉憲章《のりあき》（一八七六－一九五三）の留学に随行の後輩中条精一郎とも再会し、楽しいときを過ごした。サラ・ベルナール見物に案内したのも、この友人だったかもしれない。「(上杉次期当主の）御附役《おつきやく》の中条精一郎は私と同じ専門の建築家で、私の為にイロイロ案内して呉《く》れます。若様が好い成績を挙げて御帰りになれば、それは中条の功労と云ッても宜《よろ》しいのです」[*29]と米沢へも書いた。

ロンドンで考えた「世界建築」

ロンドンでは帰国の船便を手配し、旅装を整えた。野帳には「製図機械屋」、「双眼鏡」などの商店の住所もみえる。

英国滞在はオックスフォード、ケンブリッジへの遠出を含めて四月十二日から五月十九日の一ヶ月あまり。春のはずだが「倫敦《ロンドン》の冬は煙多く霧多く全市朦々《もうもう》として遠近の差顕著なり」。英国人が食事前に手を洗うのを煤煙《ばいえん》で汚れるため、海外旅行を好むのは本国の悪天候のため、読書好きを自然の風景で眼を楽しませるものがないから、とまで分析した。

書を渉猟し、博物館に通い、世界美術の枠組みを夢想する。オスマン帝国で芽生えた「東」と「西」の境界の揺《ゆ》らぎ、様式の国民国家的な発想への根本的な疑念。そこへ理論的な枠組みを与え、建築史家としてのその後の忠太に決定的な影響を与えたのが、ロンドン滞在中の思索だった。

忠太の出発点は、欧米の知の枠組みである「建築」の分野で、なんとか日本を認めさせたいというものだった。

西洋列強に追いつけともがく日本の、政治的立場を強烈に反映していた。根底には、知の世界での根強い西洋中心主義があった。西洋を建築史の主流（幹）、非西洋を枝葉末節と位置づ

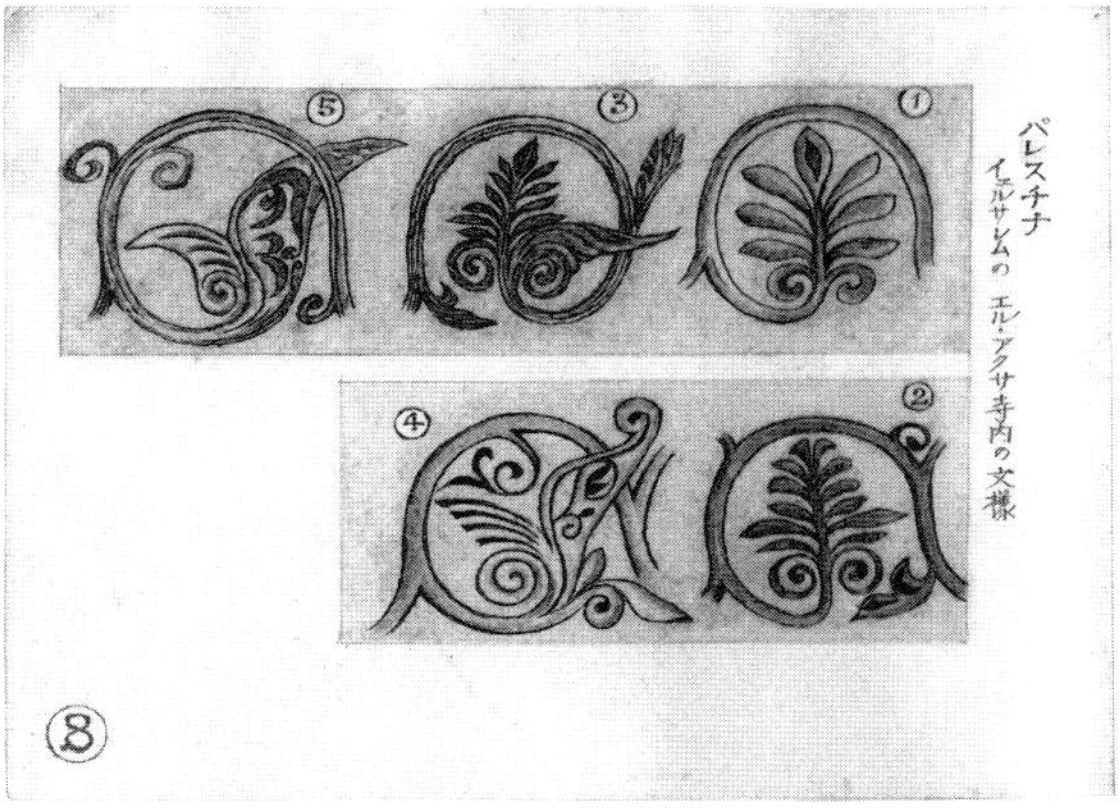

3. エルアクサ・モスクで観察した忍冬の文様への変化図。小冊子『忍冬と葡萄等』より　日本建築学会建築博物館蔵

けたフレッチャーの「建築の木」は、その象徴だ。

ところが、いわゆる「イスラム美術」の起源を考え始めた忠太は、オスマン帝国国内旅行を通じて、様式が、一本の筋ではなく、多様な要素が複雑に絡まり合って、多元的に生まれることに気がついた。

文化の数があるだけ、組み合わせには、ほぼ無限のヴァリエーションがあるはずだ。それは、どうやったらあの「建築の木」のような簡潔な図に示せるだろう。

ロンドン滞在中、そんな忠太がヒントを得たかもしれない要素が、ふたつある。ひとつは、ケンジントン博物館の展示品の分類方法、もうひとつは、グスターヴ・ジョルジ・ゼルフィ著『美術発達史提要』[*30]の口絵である。

前者から見よう。たとえば「ケンジントン

博物館に於ける宝石の形式年代」。博物館の宝石展示だ。既存の文化が組み合わさって複合文化を形成する。

たとえば、ササン朝ペルシャ、インド、スキタイの三要素から、インド・ササニアン、スキタイ・ペルシャン、スキタイ・ササニアンの複合文化が生まれる。

忠太はこの発想を、仏像の様式理解にも適用した。ガンダーラ式Aが変化してA′になり、再変してB「純粋中国式」と、数式のように理解できる。忠太の図によれば、「ガンダラ式」はギリシャ、インドのふたつの要素から出てトルキスタン式を生み出し、ここから「唐式」、「魏式」に分かれる。魏式は推古式に受け継がれ、再び唐式と合流して「天平式《てんぴょう》」となる。線的というより網の目状の相互関係である。例の小冊子『忍冬と葡萄《ぶどう》』に描いたエルアクサ・モスクの忍冬文様の変化と同じだ。**（写真3）**

ひとつの様式が別の様式と出会い、その混合の様式が生まれる。様式と様式は無限に影響しあい、「東」と「西」の境界も、曖昧になっていく。網の目状に無数に影響しあう文化のモデル。国民国家が文化を創るという理論を発達させた当時の西洋建築史の言論から見れば、破格に斬新だ。

ゼルフィ『美術発達史提要』と忠太

忠太の思索のもうひとつのヒント、ゼルフィ『美術発達史提要』。一八七六年出版の本書は、ロンドンの国立美術実習学校（現ロイヤル・カレッジ・オブ・アートの前身）で装飾美術を教えたハンガリー出身のゼルフィ・グスターヴ（一八二〇－一八九二）の講義録だ。

美術史家よりも工芸家の卵に向けて、装飾意匠の歴史的展開をわかりやすく概説した教科書で、教授法的なアプローチ、体系化、実践的方向づけ、美的・倫理的な観点が特徴的だ。ギリシャ、ローマ、初期キリスト教、エジプト美術など古典に比重が置かれ、先史時代と未開芸術、中国、インド・ペルシャ・アッシリア・バビロン、ヘブライ、エトルスク美術などは通観にとどまる。

忠太はこの本の口絵のチャート図を、野帳に細大漏らさず筆写した。「世界建築」の概念構築に向けて、相当参考にしたと考えてよい。**（写真4）**

チャートは、一見フレッチャーの「建築の木」に似ている。だが、紀元前一万年の長い時間軸と、インドのヴェーダ時代や仏教も主流を占める点が違う。「ネグロ」「アーリアン」「トゥーラニアン」の人類学的系統や、石器・ブロンズ・鉄器など当時最新の考古学分類を含み、画期的だ。

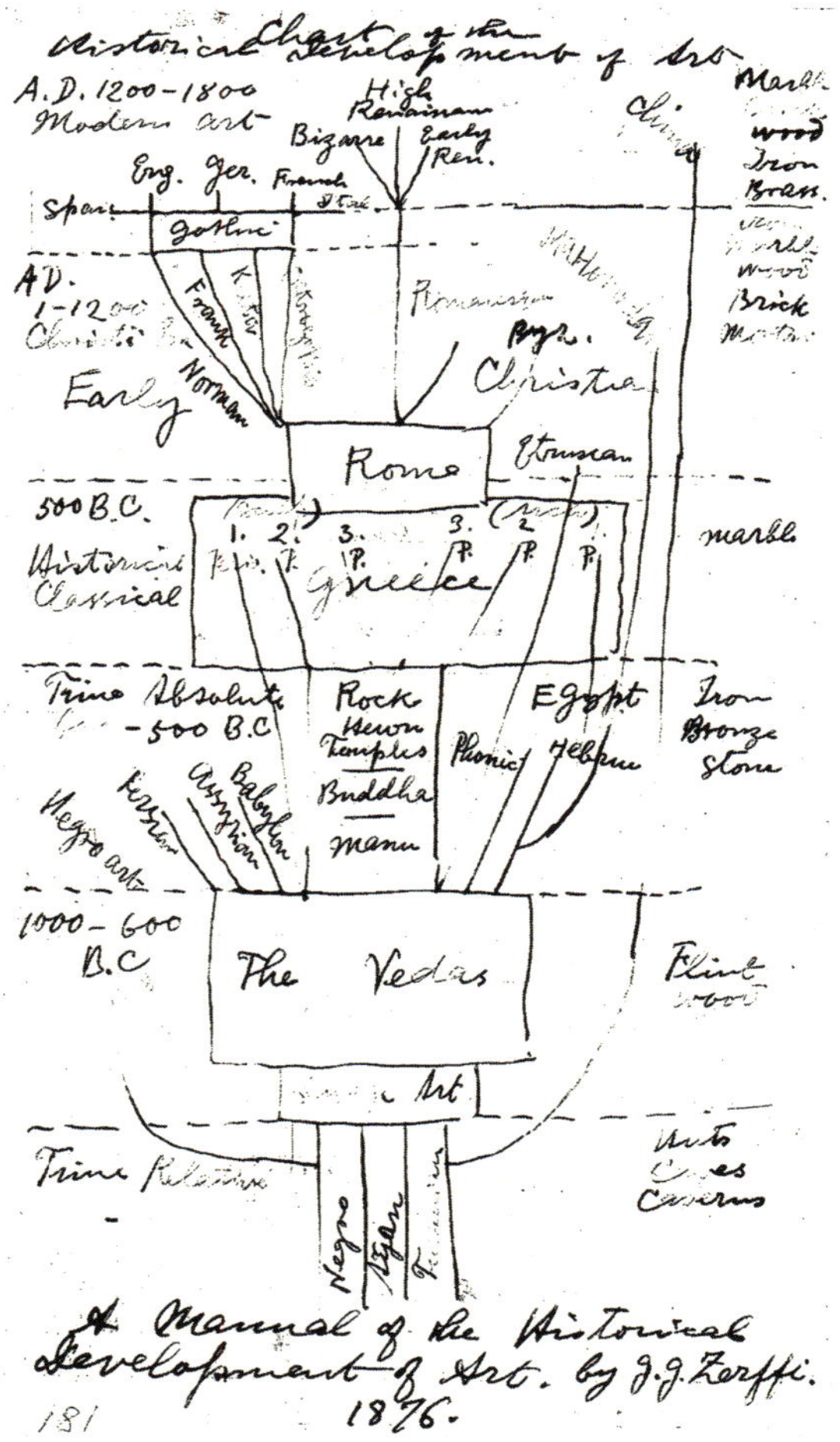

4. 忠太が野帳に克明に筆写したゼルフィの世界美術史のチャート図。ゼルフィはヨーロッパの周縁からの視点をもっていた。野帳第十二巻　日本建築学会建築博物館蔵

著者のゼルフィは、ハンガリー独立運動家として亡命し各国を転々、のち逆にウィーン中央政府のためにスパイ活動をし、晩年英国で国籍、職と地位を得た人物。[*31] ファーガソンやフレッチャーのような生粋の英国帝国主義者と違うのは、国民国家の虚構をシビアに知る、筋金入りのマイノリティの視点だろう。

ゼルフィには、日本との意外な接点がある。王立歴史協会の評議員の彼は、一八七九年、歴史叙述の方法論について、日本から執筆依頼を受けた。依頼者はロンドン駐劄日本公使館の見習書記だった末松兼澄（一八五五－一九二〇）。日本国史編纂《へんさん》の責任者だった重野安繹《やすつぐ》（一八二七－一九一〇）の命を受け、「英仏歴史編纂方法の取り調べ」中だった。のちに逓信大臣、内務大臣などを歴任、伊藤博文の娘婿でもある末松は、ケンブリッジ大学で法学学位取得、源氏物語の英訳、英文の「源義経ジンギス・ハーン説」などでも知られる。

七七三ページの『歴史の科学』[*32]は、冒頭に「主な目的は、自国の歴史を書きたいと願う日本の学者たちの前に、もっとも秀逸な欧州の類型を置くことなのです」[*33]とする末松の依頼書を掲げる。ゼルフィはこれを受け「日本の学者のためとくに……歴史学樹立のための技術的な方法論と、その読解・記述の哲学的方法論を提唱した」[*34]。

忠太がチャートを写した『装飾美術提要』は、この『歴史の科学』の三年前の著作。約四半世紀後に歴史ではなく「自国の建築史を書きたい」と考えた忠太が出会ったのが、日本の国史編纂とも関わりのあるゼルフィの著作だったのは、奇遇だろうか。末松や忠太を惹《ひ》き付けたのは、「中心」にいるものにはもてない、ゼルフィの複眼的な視点だったのではと、筆者は考える。

夢路に辿るは

欧州を旅行中、ずっと忠太の念頭にあったのは「これからの日本」だった。

博物館で名画に触れても、考えるのは日本の絵画との違い、美術がこれから進むべき方向性。欧米での人物画の発達は、自然条件と感情表現の習慣の違いだが、「これ当然なり今更《いまさら》欧画の長を羨《うらや》み我の長所を忘るるが如きは愚の至《いたり》なり、我は益々《ますます》進みて我の長所を発揮すべきなり」と考えた。

一九〇五（明治三十八）年の欧州には、欧米を席巻したジャポニズムの余波があった。「日本美術工芸の精巧は天下無比なり、殊に模様図案に於《おい》て然《しか》り」。パリの林忠正やニューヨークの山中商店など、日本の画商の活躍で、海外の個人や美術館が日本美術の本格的なコレクションを形成した時期だ。

同時に、それを上回る量の輸出用美術工芸品が生産・販売された。茶、生糸に続き、輸出品目の第三位は陶磁器。忠太は、異国の要素を養分としてアール・ヌーヴォなど新しい様式を生み出す欧州の貪欲な芸術的傾向を見抜いた。「今や欧米は我が意匠を巧みに換骨奪胎して美を成す、我奮励を要す」と、日本も流行に安んじられないと自戒している。

公務を終えた安心感からか、忠太はこの頃しきりと日本の知友を夢に見た。一九〇五年二月一日ギリシャ滞在時からイギリス出発前の五月五日まで「夢裡《むり》の人」のメモが残る。幼なじみとの温泉行き、母や妻と古跡見物、帰朝勧告を受けたり、岡倉覚三（天心）に会ったり、兄と観音像の仏師に会いに行ったり、実に多様だ。欧州が舞台の夢は稀で、殆どが日本、登場人物は日本の家族・朋友《ほうゆう》。まさに「夢路に辿《たど》るは　郷《さと》の家路」だった。

「新大陸」へ　そして帰国

一九〇五年五月十九日ロンドンを出発、リバプールから「ニューヨルク」行きの船に乗る。九日間の航海後、着いたのは別世界だった。

忠太は「この建築の国アメリカをみてまず大いに驚いた」。[*35] 約四十年後、忠太は回想する。「街という街は今建設の真最中で、どこもかしこも掘りくりかえしている。ヨーロッパの都会では、こうした風景はどこにもみられなかった。国としての新しい発展ぶり、その横溢《おういつ》した活気はたいしたものだと眼をみはった」。そして、「夜を日に次ぐ大土木工事の仰山《ぎょうさん》さの中に、アメリカの国力の象徴をみたようで」、「これは大変な国だなーと思った」。当時のアメリカ合衆国は、空前の好景気「狂騒の二十年代」を前に、ハワイ王国、グアム、フィリピン、など太平洋・東南アジア圏で植民地を獲得し、清国へも食指を伸ばしていた。

この街に、忠太は約六日間滞在した。「西八十四番街一五〇番地ミス・ウェルド　部屋代・朝食及《および》夕食付一週七―八＄」と野帳にメモがみえる。[36] 当時の為替一ドル約二円[37]で計算すると、一週間で約十五円。一円一万円とすると、十五万円だ。

「この手紙を御覧の頃は私はモー日本へ帰ッて居るのでしょう」との、世界旅行中最後の手紙には「当市は欧州の大都とはまた格別で実に金の力でドンナことでもヤッて居ります」とある。「明日出発です」の日付は、六月二日である。

時間節約のため通常航路のサンフランシスコ・ハワイ経由をとらず、ニューヨークから大陸横断鉄道で六日かけて英領アメリカ（現カナダ）のバンクーバーへ出、英船エンプレス・オブ・ジャパン号に乗った。二週間後の六月二十五か二十六日、横浜に到着。

一九〇二（明治三十五）年三月二十九日の新橋出発以来、三年三ヶ月ぶりの祖国だった。

【引用文献・註】

＊1　一九〇五年一月二十日付、イスタンブルの伊東忠太より米沢の両親宛書簡　山形県立図書館蔵

＊2　一九〇五年一月五日付、イスタンブルの伊東忠太より米沢の両親宛書簡　山形県立図書館蔵

＊3　＊1に同じ。

＊4　一九〇五年一月二十三日付、イスタンブルの伊東忠太より米沢の両親宛書簡　山形県立図書館蔵

＊5　山田寅次郎よりローマの日本公使館気付伊東忠太宛絵葉書、消印場所日付不明　日本建築学会建築博物館蔵

＊6　「希臘旅行茶話」、『伊東忠太建築文献　第五巻　見学紀行』龍吟社　一九三六年　六〇九頁

＊7　一九〇五年一月二十六日、ピレウスの伊東忠太と山田寅次郎より伊東千代子宛絵葉書　日本建築学会建築博物館蔵

＊8　伊東忠太「野帳」第十二巻

＊9　＊6に同じ。

＊10　＊6に同じ。だが約四十年後、太平洋戦争終末間近の回想では、忠太は「心の底からパルテノン神殿の建築を礼賛する気にはなれなかった」と述べている（岸田日出刀『建築学者伊東忠太』乾元社　一九四五年　二〇八頁）

＊11　「希臘旅行茶話」、『伊東忠太建築文献　第五巻　見学紀行』龍吟社　一九三六年　六〇九頁

＊12　＊8に同じ。

＊13　伊東忠太「世界第一の美建築パルテノン」、『科学知識』一九二二年九月号、二一－五頁

＊14、15　＊8に同じ。

＊16　現在のイタリア北西部に展開したギリシャ文明。

＊17　「法隆寺建築論」の三つのヴァージョンについての議論は、丸山茂『日本の建築と思想－伊東忠太小論』同文書院　一九九六年　四二－四七、六五－八二頁、青井哲人「法隆寺と世界建築史－伊東忠太、『法隆

寺建築論』の二重性とその帰趨」、『日本における美術史学の成立と展開』所収（東京国立文化財研究所、二〇〇一年三月刊、文部省科学研究費基盤研究〈A〉報告書）を参照。

＊18 その経緯は、井上章一『法隆寺への精神史』弘文堂 一九九四年 に詳しい。

＊19 「考古学雑誌」一九一〇年十二月号、一九一一年二月号

＊20 西洋建築史の柱へのこだわりを俯瞰的にまとめたものとして、Joseph Rykwert, The Dancing Columns, The MIT Press, 1998. がある。

＊21 オスマン帝国訪問前にもドイツに滞在している。一九〇四年三月十九日インドのムンバイを出発後、トリエステ、ミュンヘン経由で四月十日ベルリン着（十四泊）ウィーン（八泊）、ブダペスト経由でイスタンブル着

＊22、23、24 伊東忠太「野帳」第十二巻

＊25 ビザンチンの東洋的性格に関して、Marc Crinson, Empire Building: Orientalism & Victorian Architecture, Routledge, London and New York, 1996, pp. 72-92. とくに第一部第三章〝Oriental Byzantium: Interpreting Byzantine Architecture, 1840-70〟.

＊26、27、28 ＊22に同じ。

＊29 一九〇五年四月三十日、ロンドンの伊東忠太より米沢の両親宛書簡 山形県立図書館蔵

＊30 Zerffi Gusztáv Palyaképe, A Manual of the Historical Development of Art. Prehistoric-Ancient-Classic-Early Christian. With Special Reference to Architecture, Sculpture, Painting and Ornamentation, Hardwiche & Bogue, London, 1876.

＊31 詳しくは、フランク・ティボル著、西沢龍生訳『ある亡命者の変身』彩流社 一九九四年 を参照。

＊32 G.G. Zerffi, The Science of History, with an Introductory letter by K. Suyematz of Japan, W. H. and Collingridge, London, 1879.

＊33 Science of History, Introductory letter by Suyematz, Japan, pp. vii-viii. より拙訳。

＊34　Science of History, Preface, p. iii. より拙訳。
＊35　岸田日出刀『建築学者伊東忠太』乾元社　一九四五年　二一〇－二一一頁
＊36　＊22に同じ。
＊37　一八九七－一九一七年、金本位制で為替は一ドル二円強で安定していた。

終章

青雲語る日々は遠く

その後——忠太、寅次郎、そして光瑞

それから約三十年後の一九三四（昭和九）年九月二十八日、東京。

関東大震災後、復興した西本願寺築地《つきじ》別院（現築地本願寺）に、本尊を安置する法要が行われた。信徒十数万人を集めた正式な落成式慶讃会は翌年四月だったが、事実上の完成である。施主は西本願寺新門主の勝如《しょうにょ》上人大谷光照《こうしょう》、建築家は東京帝国大学工学部教授の伊東忠太。

瓦屋根の街並に忽然《こつぜん》と現れた白亜の殿堂は、辺《あた》りを圧していた。外観は「印度仏教式」。古代中天竺《てんじく》の様式を基礎として後期印度式を加味し、細部にはインドネシアのボロブドゥールなど東南アジアの仏教建築の様式も使われていた。そして本堂内部は「純日本式」[*1]。

前門主大谷光瑞《こうずい》の個人秘書を長年務めた原田武子によれば、光瑞は「仏教は印度から来たものだから築地の別院はぜひ印度式に建てたい。外観を印度式にして堂内は純日本式にすると同時に靴で出入りできる様にして種々の儀式が執り行われる様にしたい」という希望をもっていた。一九一四（大正三）年、西本願寺の財務問題を引責して門主を辞任し、甥の光照が跡を継いだとはいえ、光瑞の意向は隠然たる力を持っていた。

内部の反対にも押し通し、「日本に於《お》ける印度建築研究の権威」だった忠太に依頼した。忠太は、「私は一生を通じて印度建築の研究はしたけれども、実際に建てたことがない。これが

最初で最後となろう、これは自分の畢生《ひっせい》の事業として世に残るものを作りたい」と語ったという。[*2]

その言葉通り、築地本願寺は忠太生涯の代表作となり、東京のランドマークとして今も親しまれる。

建築家とパトロンの理想ともいえるふたりの関係は、世界旅行中の出会いに遡《さかのぼ》る。中国を旅行中の一九〇二（明治三十五）年、貴陽から雲南の途中楊松駅で大谷探検隊の一分隊と出会った。そして帰国直後の夏のある日、忠太は京都に西本願寺の門主、大谷光瑞を訪ねた。

伝統宗教である仏教も、時代に合わせて近代化すべきと考えた門主と、宗教建築も時代の流れを汲《く》んで機能を重視する近代生活に合わせるべきとする忠太の主張は、ぴったりと一致した。

西本願寺大連別院（実現せず）の設計にはじまり、真宗信徒生命保険株式会社本館（現本願寺伝道院）、そして代表作となる東京の西本願寺築地別院。奇抜な意匠が注目されがちだが、忠太が光瑞のために設計した寺院は、靴を脱がずに入る椅子式のホール形式、室内を暗くする深い軒を排し暖房設備、水洗トイレ、エレベーター完備で、使う人の快適さを重視。鉄筋コンクリートやリノリウム、ブロンジング仕上げのスチール材など、最新の技術や建材を使用し、印度、日本の様式の折衷に苦心した。忠太の「未来の日本建築」の理想に満ちている。

このふたり、いや、寅次郎を含めた三人には、トルコをめぐる後日談がある。

光瑞は、門主辞任の翌々年一九一六（大正五）年、シンガポールでゴムの栽培に、その翌年にはインドネシアのジャワで農園事業に着手した。高地の気候を利用しての桑栽培、養蚕と絹糸の生産である。だが、オランダ植民地での農園経営にも邪魔が入り、事業はいったん頓挫する。[*3]

それに前後して光瑞が注目したのが、建国間もないトルコ共和国だった。忠太が築地本願寺の設計・施工をめぐる人間関係の煩雑さに苦しんでいた頃、光瑞はインドネシア・欧州・トルコのあいだを盛んに行き来し、事業を立ち上げたのである。関係者のあいだでは伝説のように知られていたが、証拠がなかった業績が、筆者自身も関わる近年の調査により、次々に実証されている。

拠点はイスタンブル、アンカラ、ブルサの三つ。事業内容はそれぞれ貿易会社、農園、日本の技術を移入した絹染織工場だった。外務省外交資料館所蔵の史料により、アンカラでの事業は、共和国の初代大統領ケマル・アタチュルクとの共同事業だったことが判明した。[*4]たまの帰国時、本願寺の建物の打ち合わせをしながら、光瑞は忠太とブルサの温泉の話でもしただろうか。

光瑞のブルサでの共同経営者ギョクチェン家は、十六世紀から続くハマムのオーナー一家でもある。忠太が満喫したのはこれだろう。ギョクチェン家には当時の書類から、光瑞の贈り物、当時生産された絹、信州の岡谷から運んだ日本製の染織機械まで、現在も大切に保存されている。工場は一九二八（昭和三）年に開業し、一九三二年に閉鎖した。

この間、日本とトルコの関係も新たな段階に入る。ローザンヌ条約を受け一九二四（大正十三）年、両国間についに正式国交が結ばれた。日本大使館も初めてイスタンブルに設置された。光瑞は引退後職業を「農業」と名乗りながらも、大阪財界の重鎮として健在だった。

寅次郎はといえば、忠太とともにイスタンブルを出発した船で急ぎ帰った一九〇五（明治三十八）年、大阪で現在の王子製紙の前身となるシガレットペーパーの工場を立ち上げた。そのまま両国を行き来しながら製紙業に携わり、一九二五（大正十四）年には大阪商工会議所を中心として、日土貿易協会を設立、初代理事となった。一九三一（昭和六）年には大阪商工会議所のメンバーとともにトルコ共和国を再訪し、アタチュルクの手厚いもてなしを受けた。

新生トルコ共和国は、日本を優遇した。日本も、新しいトルコを好意で迎えた。日土貿易協会は、イスタンブル・カラキョイにあるオリエント急行の旧イスタンブル支社ビルを借り上げ、コンスタンチノープル日本商品館を開いた。光瑞のイスタンブルでの貿易事業は、商品館から至近のバンカラル・ジャッデシに事務所を構え、ブルサの絹製品の輸出その他を手がけた。イスタンブルの日本大使館は、トルコとその周辺諸国の領事を集めて、日土貿易会議を主催した。

ちょうどその頃、のちに総理大臣となる臨時代理公使芦田均《あしだひとし》（一八八七－一九五九）が中心となって当時外務省事務次官だった吉田茂を説得し、日本政府はイスタンブル・ギュムシュスユに現在もある旧イスタンブル総領事館の建物を分割払いで購入した。[*5] これは、中東地域で日本政府がはじめて所有した大使館建築となった。

「建築進化論」の世界観

結局のところ、忠太は世界旅行によって、日本人としての「世界観」、それに基づく建築観を、掴《つか》んだのだろうか。

それにヒントを与えてくれるのが、論文「建築進化の原則より見たる我が邦《くに》建築の前途」（通称「建築進化論」）だ。帰国の四年後、一九〇九（明治四十二）年一月に『建築雑誌』に発表されたこの論文は、建築を生物に喩《たと》え、材料と意匠の相互関係、宗教、様式の発生と死滅、影響、変化などの観点から建築の進化の説明を試みたものである。木材から石材、鉄材へ、の発展史観に基づき、ダーウィンの進化論や、当時学会を賑《にぎ》わせていたメンデルの遺伝の法則など、最新の世界的思潮の影響があきらかだ。

忠太はここで、世界の建築様式、文化の関わり合いを、大きさの異なる複数の円の重なりととらえた。**（写真1）** 日本を出る前に『法隆寺建築論』で考えた、ギリシャから日本へ、という

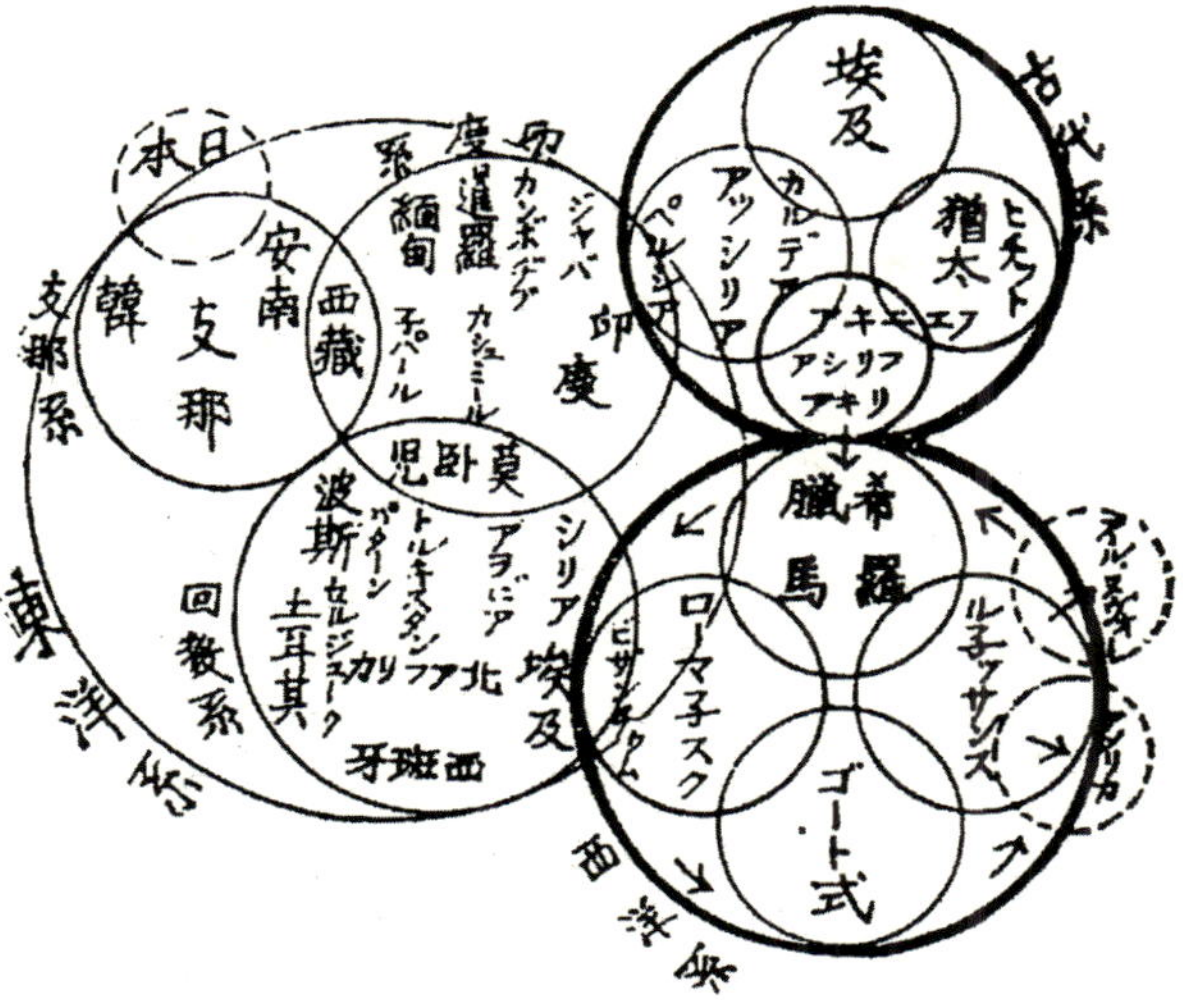

1. 忠太考案の世界の建築様式分類の図。「建築進化の原則より見たる我邦建築の前途」(『建築雑誌』一九〇九年一月号所収)

一方通行の文化の流れではなく、相関的、流動的で、複数の中心のある相互関係である。

忠太は世界の建築的傾向をまず「東洋系」「西洋系」「古代系」の三つの大きな円に分ける。「東洋」は、地理的にはすべて日本の西にある文化圏である。この中にさらに「印度系」「支那《しな》系」「回教系」の三つが、互いに重なりながら存在する。「支那」と「印度」の重なりあった点は「西蔵」[*6]、「印度系」と「回教系」の重なりあいは「莫臥児《ムガール》」という具合だ。

いっぽう「西洋系」では、希臘《ギリシャ》羅馬《ローマ》、ローマネスクビザンチウム、ゴート式、ルネサンスの四つが重なりながら大きな円の中に存在する。「東洋系」と違うのは、希臘羅馬からルネサンスへの方向へ時間の要素が導入されている点だ。

最後の「古代系」では、東西の区別は逆になくなり、過去に興亡した各文化がまとめられている。「埃及《エジプト》」「アッシリアカルデアペルシア」「フェニキアフリシアリキア」「ヒチット猶太《ユダヤ》」の四つが主な要素である。「古代」から、「フェニキア……」のように西洋系に影響を及ぼしたり、「ペルシャ」が東洋の印度系と重なりあって示されたりしている。

枠組みからはみ出ようとしている要素もある。当時流行の「アールヌーヴォ」と「アメリカ」、そして「日本」である。これらの行く先はどこだろうか。それはおそらく、「未来」だろう。進んでゆくべき未来の様式として、忠太はアメリカ、アールヌーヴォと、母国日本を示したのだった。

「古代系」と「東洋系」には時系列がなく、西洋のみにある点、空間的・時間的な相関関係が混同されている点など、突っ込みどころは色々ある。だが、フレッチャーの「建築の木」のような、線的な歴史発展を基本とする西洋中心の建築史モデルと比べると、各時代・地方の建築が配慮され、複数の中心をもつ忠太の関係図は、格段に画期的だ。

東京大学大学院建築学専攻研究室には、この関係図のもとになったのではないかと思われる下書きが複数存在する。中国や周辺諸国の王朝名が時系列に沿って直線的に並べられ、関連性が線的に矢印で示されたもの、時系列は無視して多元的に関わり合う関係性のみが矢印で示されたもの。描きかけては上にバッテンがつけられたもの。頭をひねりながら図を描く忠太の姿が、目に浮かぶ。

文化の関連性を同じ大きさの三つの円の重なりによって示す方法は、きっとそんな試行錯誤から生まれた。

忠太はこの「建築進化論」で、「世界」という枠組みのなかに日本を位置づけた。それまで日本人が一方的に受容してきた西洋中心の「世界」観に対して示された、はじめての別の選択肢だ。その意味では、忠太の世界旅行の、集大成といえる。

日本人が見た、日本建築の将来への展望である。

日本の「イスラム建築史」事始め

ところでわれわれが見慣れているあの世界地図が、外国で紹介するとたいへん驚かれるのをご存知だろうか。

北を上にして、日本列島と太平洋が中心に描かれたメルカトル図法の地図は、グリニッジ天文台とヨーロッパ大陸を中心に据え、太平洋が途中で切れている地図を見て育つトルコの学生には、コペルニクス的転回といえるほど、新鮮に映るらしい。[*7] 同様に、直線的な発展史観を自明のものとして教育を受けたヨーロッパの知識人は、忠太の「中心のずれたたくさんの円の重なり合い」という文化の発想に、革命的な衝撃を受ける。

忠太の「建築進化論」は、日本語でしか発表されなかったが、二十一世紀の今日、海外で静かな注目を浴びている。グローバリゼーションやネットワークの発達によって「中心」や「周縁」がなくなった世界で、文化が多元的に存在することを早くから見抜いていた忠太の視点は、ヒントになるらしい。もっとも、忠太の視点が海外で理解されるようになったのも、グローバリゼーションのおかげだろう。

だが、驚いている人に、私は意地悪く追い討ちをかけることにしている。「日本からすれば、〈中近東〉は西で、アメリカは東なんです。けれど日本では、中近東は〈東〉と呼ばれるのです。なぜだかわかりますか？」と。

日本の知の仕組みのなかで、中近東はなぜ中近「東」なのか。

旅行中の忠太が、尺寸法とインチ法を両方使っていたように、当時日本の知識人は、西洋の知の仕組みが作り上げた世界観を受け入れ、自分のものにしようともがいていた。その世界観には、西洋が決めた「東洋」という考え方も入っていた。そう、「東洋」というものが、西洋との対比のなかで、あるいは「東洋」の他の国々と日本との差別化のなかで作られた時代に、忠太はいたのだ。[*8]そして、忠太自身もその中に自分を組み込んでゆく。

ただ、インチには慣れきれず、尺寸に換算してはじめて大きさが掴《つか》めたように、借り物の世界観には、無理がともなう。ほんとうは日本の西にある〈中近東〉がいまも「東《オリエント》」のところに、ヨーロッパの視点をそのまま受け入れた当時の日本と、それを変えないまま学術を発展させた今の日本の、複雑さがある。

その意味で今日、「土耳其《トルコ》」、そして「回教／イスラム美術」に日本で初めて取り組んだ忠太の試みを考えることは重要だ。欧米の視点からはじまった中近「東」の用語の不自然さを知ること、それは欧米経由でない、日本人としての直接的な理解につながるからだ。

忠太は、帰国直後に五ヶ月の中国出張、その後もほぼ一年おきに中国各地や仏領インドシナなどへ長期出張する生活だった。日光大修理や東大寺大仏殿重建工事など文化財保護の任務、銅像台座や入澤達吉邸など実作の仕事も増えてゆく。

そんな合間を縫って発表された文章を、年代順に並べてゆくと、忠太の思想の痕跡のようなものが浮かび上がってくる。世界旅行の折々に考えていた「東洋建築」というアイデアは、忠太のなかで鳴り響き続けていた。

帰国翌年の一九〇六（明治三十九）年に発表した「東洋建築の系統」、「東洋建築雑話」。同年十二月には中国のイスラム寺院「清真寺」についての論文。前出の「建築進化論」は一九〇九（明治四十二）年、「アラビヤ芸術の起源に就《つい》て」と同時期の出版だ。[*9]

そして、帰国後半年も経たない一九〇五（明治三十八）年十二月一日には、東京帝国大学で新講座を開講する。「東洋建築史」。日本ではじめての試みである。美術史では忠太の友人でもある瀧精一（一八七三－一九四五）が東京帝国大学で〈極東〉を意味する「泰東巧藝史」を開講したのが一九一〇（明治四十三）年。そもそも「東洋」の用語自体、学者のあいだで使われるようになったのが一九〇〇年前後というから、飛躍的に新しい。*10

現在東京大学大学院建築学専攻研究室に保存される伊東忠太資料のなかから、講義ノートが出てきた。詳細に下調べされ、忠太の几帳面《きちょうめん》ぶりが窺《うかが》われる。

ノートの最終ページには、「講義割（明治三十八年度－九年度）」が記されている。講義期間は一九〇五年十二月一日から翌年六月十一日まで、回数は四十三。そのうち内容が記されているのは五月二十日の三十七講までで、以下は空白だ。

オスマン帝国領内を旅行しながら忠太とともに「回教建築」や「東洋建築」を考えてきたわれわれとしては、この講義で忠太が、将来の日本を担う建築の学生になにを教えたのか、気になるところである。

スケジュール順に書けば、「緒論」に続き、印度仏教建築六回、ジャイナ建築一回、ヒンドゥ建築六回、波斯《ペルシャ》一回、中国八回、韓国&満州一回。これに「回教建築」が続く。なんと十五回。圧倒的な比重である。

「回教建築」十五回の内訳は、アラブ、エジプト、シリア、ペルシャ（古代）、ムーア、ペルシャ

（イスラム化以降のイラン地方）、トゥルクメン、インド（パタン、ムガル、その他）、中国、カシミール、セルチュク、初期トルコ、後期トルコ。東南アジアやアフリカ以外は網羅している。

忠太は「東洋建築史」の講義で、三分の一以上を「回教建築」に割いていた。前後して発表された論文からも、関心の在処《ありか》がよくわかる。

欧州旅行中に考えていた「これからの日本建築」も、忠太は考え続けた。「建築進化論」（一九〇九年）は、世界建築の枠組みのなかで未来の日本建築を考えた論文だったし、同じ年、「新日本建築の様式」、「建築の美」、「再び日本建築の将来のスタイルに就《つい》て」などを立て続けに発表した。[11] 同時に「東洋建築」への関心も衰えることなく、「日本及《および》東洋諸国に於ける建築様式の系統」、「サラセン建築」[12]へと続いてゆく。

忠太は、これらと並行して中国や日本の古代建築についての論考も次々と手がけた。そして、それらを組み込むべき「東洋建築」の枠組みを考えた。目指すのは、日本を含めた、あるいは日本と異なるものとしての「東洋」の定義だ。日本は欧米列強にとって「東洋」だが、「東洋」のなかでは、他の国々と違う。リーダーである。それは、歴史や美術史の分野で進められ、日本の帝国主義支配の理論的基盤となっていった「東洋」概念の創成と軌を一にする。「回教建築」は、その懐を歩いた忠太にとって、中国、インド以外に日本に影響を与えた「東洋」として、重要な意味をもっていたのだ。

世界旅行の蓄積が通史というかたちで集大成されるのは、大正末から昭和はじめにかけてである。忠太は、一九二六（大正十五、昭和元）年「東洋建築史概説」を皮切りに、一九三一（昭和六）年にかけて立て続けに「支那建築史」、「印度建築史」、「サラセン建築」を発表している。[*13]

　これらの通史の内容をみてみると、忠太の「東洋」が、現代のわれわれが漠然と思い描くものとは、ずいぶん違うことに気づく。帰国直後の「東洋建築史」講義割りとも違っている。まず、一九二六年の『東洋建築史概説』には、「中国」が含まれていない。別途『支那建築史』を書いたから割愛したと考えるとしても、忠太の『東洋建築史概説』、書き出しは「亜細亜《アジア》に於けるギリシャ・ラテン系芸術」。そう、「法隆寺建築ギリシャ起源説」は、「建築進化論」を生み出してなお、形を変えて生きていたのである。

　忠太の「東洋建築」は、続いて初期サラセン建築、サラセン建築、そして、マウル建築を説く。サラセンがいわゆる「イスラム」だと、すでにわれわれは知っている。「マウル」とは、十九世紀欧州の建築史で頻出する「ムーア」、すなわち中世北アフリカ、イベリア半島のイスラム建築のことである。

　つまり忠太は、「東洋建築史」を、西側から語りはじめた。アフリカ、イベリア半島までが「東洋」の範疇《はんちゅう》である。

　あきらかに現代の「東洋」と違う点だ。

だが、現在の国境に隠されて、われわれが忘れてしまっていることがある。忠太が旅行した当時、そこは、現在のトルコからエジプト、スーダンまで続く、オスマン帝国というひとつの国だったのである。アナトリア、シリア、パレスチナを「東洋」とするならば、同じオスマン帝国領内のエジプトも、旧領土だった北アフリカも、当然「東洋」だ。背景には、オスマン帝国の存在、そしてイスラムという宗教が決定的に影響した地域の広がりがある。

当時トルコ系か否かとの議論が盛んだった突厥《とっけつ》や、モンゴル起源のムガル朝なども含めると、結局忠太の『東洋建築史概説』は、半分近くが「回教」とオスマン帝国旅行の成果によっている。忠太のいう「東洋」が、東アジアに偏った現在の「東洋」と大きくかけ離れているのは、「土耳其《トルコ》」とよばれたオスマン帝国を見た、証《あか》しにほかならない。その意味では、「土耳其」旅行は、忠太にとっての「東洋建築」、「回教建築」観に、決定的な影響を与えた。

忠太はオスマン帝国で「回教建築」に出会い、「東洋」を発見し、建築史思想の基盤となる、文化の重層性という考えを見出したのだった。

青雲語る日々は遠く

東京大学大学院建築学専攻教室でひとり資料をめくっていたある日、筆者はこんな和歌が記された絵葉書を見つけた。

君去りて　青雲語る　友もなく　シボ降る雨に　ひとりつくねん

寅次郎から忠太へ、青雲（大志）を熱く語り合った友を思いながらイスタンブルの秋の長雨を詠んだ歌だ。「ひとりつくねん」と残った寅次郎も、西へ去った忠太も、その後それぞれの分野で大輪の花を咲かせた。

若者が青雲の志を抱き、未知の世界に飛び出して、新しいことをなしとげられるほど単純な世界に、いまのわれわれは生きていない。残された痕跡をひろい集めながら彼らの物語を紡いできた筆者は、そのことを思う。

だが、価値観が複雑を極め、不確かな世界に生きる今、互いに関わり合い、変わり続ける流動性こそが文化の本体と百年前に見極めた忠太の視点は、これからの時代を泳いでいくヒントになるだろう。正義はひとつではなく、美の価値観もひとつではない。アジアとヨーロッパ、東西の境界とは、人間が頭の中に勝手に作り出したものだけれども、敢えていえば、眺めるうちに刻々と色と方向を変え続けるボスフォラス海峡の流れの、変化の姿そのものだろう。

こんどはわれわれが、新たな旅に出る番だ。

了

【引用文献・註】

＊1 藤音得忍『築地別院史』築地本願寺別院　一九三七年　三二〇－三三六頁、千葉乗隆『新修　築地別院史』本願寺築地別院　一九八五年　四一九－四二七頁

＊2 原田武子「時を惜しむ」、『大乗』第五巻第十号　一九五四年十月　一四五－一四七頁

＊3 外務省外交史料館所蔵外務省記録E門四類三項一目　養蚕業関係雑件　第一巻　在バタビヤ総領事館事務代理石黒璋作成　一九二七年十月二十五日～一九二八年九月四日　および　同E門四類三項一目　養蚕業関係雑件　第一巻　在バタビヤ総領事三宅哲一郎・農林技師外務省嘱託永井治良作成　一九二八年十月七日～十一月三十日

＊4 外務省外交史料館外務省記録、E門四類三項一目在外本邦人経営の農場関係雑件 B09041286500

＊5 外務省外交史料館 JMFA 0.4.3.0.1-32 昭3公217 および JMFA 0.4.3.0.1-32　昭四公第八十八

＊6 全チベットの総称として、主に明治末より昭和期にかけて使用された地域概念の呼称。

＊7 この話の理論的基盤については、Robert Young, White Mythologies,　Routledge, 1990. を参照。

＊8 その議論について、詳しくは Stefan Tanaka, Japan's Orient: Rendering Pasts into History, University of California Press, Berkeley and Los Angeles, California, 1995, pp. 68-104.、稲賀繁美『東洋意識：夢想と現実のあいだ―1887-1953―』ミネルヴァ書房　二〇一二年

＊9 「東洋建築の系統」『早稲田学報』一九〇六年二月　（『伊東忠太建築文献』第1巻所収の「伊東忠太博士重要文献目録」に、タイトルおよび掲載号・刊行年が出ているが、「早稲田学報」当該号に論文がなく、本文の所在不明）、「東洋建築雑話」『日本美術』九十二－九十三号　一九〇六年、「清真寺」『歴史地理』八巻二十号　一九〇六年十二月　八－十五頁、「アラビヤ芸術の起源に就て」『史学雑誌』第二十編一号　一九〇九年一月　十二－四十四頁、「建築進化の原則より見たる我邦建築の前途」『建築雑誌』第二十三輯第二六五号　一九〇九年一月　四－三十六頁

＊10 美術史の分野での「東洋美術史」の誕生について、藤原貞朗「日本の東洋美術史と瀧精一――中国美術史

編纂をめぐる国際的・学際的競合」、稲賀繁美編著、前掲書、pp.301-334

＊11 伊東忠太「新日本建築の様式」『建築雑誌』第二十三輯第二七十号　一九〇九年六月　五十四－五十五頁、「建築の美」、『建築雑誌』第二十三輯第二七一号　一九〇九年年七月　四十八－五十一頁、「再び日本建築の将来のスタイルに就て」、『建築雑誌』第二十三輯第二七五号　一九〇九年十一月　二十九－三十九頁

＊12 伊東忠太「日本及東洋諸国に於ける建築様式の系統（一）」、『建築工芸叢誌』一巻一号、一九一二年二月、一－三頁、「日本及東洋諸国に於ける建築様式の系統（二）」、『建築工芸叢誌』一巻二号、一九一二年三月、三頁、「サラセン建築」、『工業大辞書』第二巻、一九一三年九月　一九二一－一九二六頁

＊13 伊東忠太「東洋建築史概説」『世界美術大全集』一九二六年、「支那建築史」『東洋史講座』一九二九年十一月、「印度建築史」『アルス建築講座』一九三〇年十二月、『サラセン建築』一九三一年七月、早稲田建築講義

おわりに

これを書けるところまで行きつけたのが感無量である。

涼しげな浅瀬に片足を入れたが最後、ずぶずぶと引きずり込まれて首まで浸かり、気がついたらあっぷあっぷあっぷと溺れている――、ここ数年、ずっとそんな心境だったからだ。

先日、パリのフランス国立美術史学院で行われたシンポジウム「罵倒するイメージ：十八世紀から今日まで視覚的諷刺」に招待され、参加したときのことだ。

筆者は伊東忠太の諷刺漫画的な作品について話をした。その後、なぜかひとびとは伊東忠太作品がイスタンブルにあると思い込んでいた（画像にはひとつ残らずクレジットを入れていたのに）。それは発表者である筆者がイスタンブルに拠点を置いているからだが、「いや、伊東忠太の〈野帳〉やはがき絵の原画は、東京の日本建築学会に所蔵されています」というと、怪訝な顔をされた。「なぜ東京にある作品を、イスタンブルにいる日本人であるあなたが研究しているの？」

いわれてみればそうだ。

そもそも、オスマン美術・建築史を研究していた（はずの）筆者が、なぜこのような深みにはまったのだろうか。本書を手にとり、「ジラルデッリ」というイタリアの苗字とも相まって、得体の知れなさをお感じのむきもあると思われるので、すこし触れておこう。


ちょうど二十年前、イスタンブルに留学してきたとき、筆者の念頭には、明治と時代的に平行するオスマン美術の近代化、オスマン帝国が近代に経験した〈オスマン美術史〉の記述の歴史があった。本文にも登場する『オスマンの建築様式』がそれだ。調べているうちに、「そういえば、日本にもまったく同じ状況で出版された本があったな」と思い出した。それが『稿本日本帝国美術略史』だった。

伊東忠太との最初の出会いは、『稿本日本帝国美術略史』の、「建築」部門の筆者として意識したことだったろう。そういえばこの人、オスマン帝国を旅行していたな、と思い、『伊東忠太建築文献』の「土耳其」の部分だけを、拾い読みしたりしていた。

そして二〇一〇年は「トルコにおける日本年」だった。記念行事のひとつとして行われた展覧会、「新月と太陽：イスタンブルの三人の日本人：山田寅次郎・伊東忠太・大谷光瑞」（THE CRESENT and THE SUN Three Japanese in İstanbul Yamada Torajiro, Ito Chuta, Otani Kozui）の開催準備の過程で、筆者は忠太がオスマン帝国スルタンから拝領した勲章、山田寅次郎と忠太のあいだの親密な関係をみつけた。その後、ウェッジの根岸あかねさんから執筆をご提案いただいたのが本書である。

忠太の旅行記は軽妙な逸話に事欠かないし、軽い読み物を仕上げるのはそれほど難しくはないだろうと当初は思っていた。ところが、そうはいかなかった。旅行中の忠太の見聞や思索の背景を知るには、当時の建築・美術史の学術的環境、忠太の個人的人間関係・関心、考古学の発掘状況まで、膨大な知識が必要だった。そうわかったときにはもう遅い、筆者は抜け出せない深みにいた。

結局、おもしろおかしい旅行記の代わりに、「明治のイスラム建築史研究事始め」ができあがった。書き終えたいまとなっては、むしろ、そこまで行きつくのが当然だった、という気がしている。これまた思いがけず、日本人としてイスタンブルと深く関わる人生を歩んできた、筆者の感想である。

世の中には、自分のなかではまことに筋が通っているのだが、外からすればそうは見えないことがままある。筆者と忠太のかかわりも、それにあてはまる。

二〇一四年夏、マルセイユの地中海文明博物館で行われたシンポジウム『地中海』で、フランス国立美術史学院（当時）の友人フィリップ・セネシャル（Philippe Sénéchal）氏から声をかけられ、伊東忠太がみた地中海について話したのがきっかけで、フランスは忠太を「発見」

した。

ヨーロッパ中心主義から抜け出すべきとのジレンマをいまだに抱える二一世紀ヨーロッパの美術史家たちに忠太が与えた衝撃は、鮮烈だった。あれほど反抗したヨーロッパ文明に、自分が描いた妖怪絵や諷刺画、「建築進化論」で提案した重なる円の世界建築の見取り図が、どれほどのインパクトを与えたか。忠太が生きていたら、真面目な顔で受け答えをしながら、内心ほくそ笑んだにちがいない。

ヨーロッパだけではない。はじめて〈野帳〉を海外にだしていただいた二〇一〇年のイスタンブルでの展覧会で、トルコの観覧者の方々が示して下さった忠太の視点への共感、二〇一二年、インド近代建築史の世界的権威パータ・ミッテル（Partha Mitter）氏とイスタンブル・ボアジチ大学で行った共同セミナーで得られた、同時代の世界的動向との連動という見地。洋の東西という枠を超えて、忠太の仕事は、いま、国際的に評価されはじめている。しかし旅行後の忠太は、世界観を得たとともに、大日本帝国主義の理論的基盤を支える国粋主義者となった。本文では多くを言及しなかったが、現代に生きるわれわれは、その独創性を評価するとともに、忠太の業績を批判的に検証する視点も失ってはならない。

本書の執筆にあたり、じつに多くの方々にお世話になった。すべての方のお名前を挙げることはできないが、ここに記しておきたい（所属先名称は当時）。

資料掲載をご快諾いただいた忠太の作品・関係資料所蔵先の日本建築学会建築博物館、東京大学大学院工学系研究科建築学専攻研究室、山形県立図書館、米沢市上杉博物館、山田長光氏、イスタンブルの総理府オスマン文書館（Başbakanlık Osmanlı Arşivleri）の方々。

資料調査でお世話になり、画像使用でもご厚意を賜った各機関。トルコ国立ボアジチ大学（Boğaziçi Üniversitesi）、トルコ国立宮殿局（Milli Saraylar）、イスタンブル・ドイツ考古学研究所（Deutsches Archäologisches Institut）、イスタンブル・リサーチ・インスティチュート（İstanbul Araştırmaları Enstitüsü［İAE］）、イスタンブル・フランスアナトリア研究所（Institut Français d' Études Anatoliennes［IFEA］）、コンヤ・カラタイ博物館（Konya Karatay Müzesi）、フランス国立美術史学院（Institute Nationale d' Histoire de l' Art［INHA］）、フランス国立図書館（Bibliothèque Nationale［BN］）、ベルリンのイスラム美術館（Museum für Islamische Kunst）、日本の国立国会図書館、国立公文書館、外務省外交史料館。

一部、トルコ国立宮殿局所蔵の日本美術工芸品についての部分は、美術工芸振興佐藤財団とサントリー文化財団からの研究助成の成果である。二〇一〇年の展覧会の時よりお世話になり、伊東忠太研究の端緒を開いて下さった方々。東京大学の村松伸氏、早稲田大学の中谷礼仁氏、金沢工科大学の山崎幹泰氏、文化庁の山口俊治氏。

また、折りにふれ意見交換、文書解読の手助けなど研究をご支援いただいた方々。ボアジチ大学セルチュク・エセンベル（Selçuk Esenbel）氏、同アフメット・エルソイ（Ahmet Ersoy）氏、同アネスティス・ヴァシラケリス（Anestis Vasirakelis）氏、イスタンブル・セルバンテス学院長パブロ・マルティン・アスエロ（Pablo Martin Asuero, İnstituto Cervantes, İstanbul）氏、NPOシリア・平和のための文化遺産のエスペール・サブリーン（Esper Sabreen, Heritage for Peace Syria）氏、日本経済新聞内田洋一氏、ＴＢＳヴィジョン匂坂緑里氏、米沢有為会梅津保幸氏、日本学術振興会カイロ連絡事務所長（当時）の長谷川奏氏、同所員坂東和美氏、群馬県立女子大学の北川和秀氏、鹿児島大学の渡辺芳郎氏、在東京イスラエル大使館文化部の内田由紀氏、イスラエル政府公認ガイドの竹入栄一氏、筆者の早稲田大学時代の同級生近藤真子氏、フルーティスト池田さく子氏。

そして、辛抱強くここまで導いて下さった根岸あかねさん。

最後に、ここ数年忠太に明け暮れる「マンマ」を、諦めの境地で自由にさせてくれ、時には車を駆って忠太の足跡を追う旅の道連れともなってくれた人生の伴侶、パオロ・ジラルデッリ（Paolo Girardelli）と娘・ジラルデッリ青木美那。

すべてのかたがたに、心からの感謝を捧げる。

二〇一五年盛夏　イスタンブルにて

ジラルデッリ青木美由紀　識

ジラルデッリ青木美由紀

1970年生まれ、美術史家。早稲田大学大学院博士課程単位取得退学。トルコ共和国国立イスタンブル工科大学博士課程修了、文学博士(美術史学)。イスタンブル工科大学非常勤准教授補。『藝術新潮』「大特集:永遠のイスタンブール」(2012年9月号)企画・コーディネート・執筆。共著に『万国博覧会と人間の歴史』(佐野真由子編、思文閣出版 2015年)がある。イスタンブルを拠点に、展覧会キュレーションのほか、NHK BS「世界遺産　時を刻む」、BS日本テレビ「中谷美紀トルコ紀行」の案内役など、テレビ出演でも活躍中。

明治の建築家 伊東忠太　オスマン帝国をゆく

2015年12月20日　第1刷発行

著　　者 ……… ジラルデッリ青木美由紀
発 行 者 ……… 山本雅弘
発 行 所 ……… 株式会社ウェッジ
〒101-0052　東京都千代田区神田小川町1-3-1
NBF小川町ビルディング3階
電話:03-5280-0528　FAX:03-5217-2661
http://www.wedge.co.jp/　振替00160-2-410636

DTP組版 ……… 松﨑芳則(ミューズグラフィック)
画像調整 ……… 小林則雄(ノアーズグラフィック)
印刷・製本所 ……… 図書印刷株式会社

※定価はカバーに表示してあります。　ISBN978-4-86310-157-9　C0026

伊東忠太がイスタンブルで見た建築一覧

●折込み地図「伊東忠太がイスタンブルで見た建築所在地」内に記載する番号（例❶）は、下記の各建築物に付記する番号（例❶）と対照の関係にある

●下記の「No.」欄の（　）内数字は、「野帳」に記された番号を表す。「忠太が記録した建築名」（欧文）欄名称は、忠太が実見した当時の名称、（　）内は建設当時の名称を表し、日本語表記による名称欄は、建設当時の名称、（　）はオスマン帝国時代後の名称を表す

●一般に「イスラム建築はキリスト教の建築のように〈宗教〉と〈世俗〉に分けられない」とされる。ここでは便宜的に「宗教の礼拝に使われるもの（いわゆるモスク）」と、そうでないものに大別した。

No	忠太が記録した建築名	施設名	建設年（西暦）
ビザンチン時代の宗教施設：15件			
❶（2）	St. Sophia	アヤソフィア（現アヤソフィア博物館）	オリジナルは360建設開始、現在の建物は537落成
❷（6）	Kaharie Djami	コーラ修道院教会（現カーリエ博物館）	オリジナルは5世紀、現存の建物の大半は1081
❸（14）	Kutschuk St. Sophia	聖セルギオス・カイ・バッコス教会（現クチュック・アヤソフィア・ジャーミイ）	6世紀
❹（15）	Budrum Djami (Church of the Convent Myre-lation)	ミレライオン修道院教会（現ボドルム・ジャーミイ）	922以前
❺（16）	Zeyrek Kilise Djami	パントクラトール修道院・教会（現モッラ・ゼイレック・ジャーミイ）	1118-1124の間
❻（17）	Eski Imaret Mesjidi (S. Saviort Pantopoptes)	クリスト・パンテポプテス修道院（現エスキ・イマーレット・ジャーミイ）	1087以前
❼（18）	Gül Djami (S. Theodosia)	聖テオドシアス教会（現ギュル・ジャーミイ）	10世紀初頭
❽（19）	Fethiye Djami (S. Mary Pammakaristos)	テオトコス・パンマカリストス教会（現フェティエ・ジャーミイ）	11-12世紀
❾（20）	Ahmed Pasha Mesjidi (S. John the Baptist)	洗礼者ヨハネ教会（現ヒラーミー・アフメット・パシャ・メスジディ）	11-12世紀
❿（21）	Emir Akhor Djamisi (Church of S. John the Bap-tist)	洗礼者ヨハネ教会（現イムラホール・ジャーミイ、イリヤス・ベイ・ジャーミイ）	5世紀
⓫（22）	Koja Mustafa Pasha Jamisi (S. Andrew)	聖アンドレアス教会（現コジャ・ムスタファ・パシャ・ジャーミイ、スンビュル・エフェンディ・ジャーミイ、Monē tou Hagiou Andreou en tē Krisei	6世紀、St. Andrew =ὲν τῆ Κρίσει とギリシャ文字で表記
⓬（23）	Kilisse Mesjidi (TheodoreTyrone)	聖テオドロス教会（現ヴェファー・キリセ・ジャーミイ）	オリジナルは5世紀、現在の建物は10世紀
⓭（24）	Kalender Khāneh Jami (Mary Diaconissa)	テオトコス・キリオティッサ教会（現カレンデルハーネ・ジャーミイ）	オリジナルは6世紀、現在の建物は11-12世紀
⓮（29）	St Irene	アギア・イレーネ教会（現アヤ・イリーニ博物館）	オリジナルは360以前、現在の建物は8世紀

No	忠太が記録した建築名	施設名	建設年（西暦）
⑮(31)	Arab Jami	聖パオロ教会（現アラブ・ジャーミイ）	オリジナルは1233、現在の建物は1325
オスマン朝時代の礼拝用施設：10件			
⑯(3)	Mosque of Sultan Ahmed II	スルタン・アフメット・ジャーミイ、通称ブルーモスク	1616
⑰(7)	Sultan Selim	ヤヴズ・セリム・ジャーミイ	1522
⑱(8)	Sultan Mohamed II	メフメットII世のモスク、通称征服王（ファーティヒ）ジャーミイ	1470
⑲(9)	Suleimanie	スレイマーニエ・ジャーミイ	1558
⑳(10)	Beyajid	バヤジッド・ジャーミイ	1506
㉑(11)	Laleli Djami	ラーレリ・ジャーミイ	1763
㉒(12)	Rustem Pasha Mosque	リュステム・パシャ・ジャーミイ	1564
㉓(13)	Nuri Osmaniye	ヌル・オスマーニエ・ジャーミイ	1755
㉔(33)	Piale Pasha Jamisi	ピヤーレ・パシャ・ジャーミイ	1573
㉕(番号なし)	Shehit Mehmet Pasha	シェヒット・メフメット・パシャ・ジャーミイ＝ソコルル・メフメット・パシャ・ジャーミイ	1571/72
オスマン朝時代の非宗教施設：6件			
㉖(5)	Museum of Ancient Costume	古代服装博物館（現存せず）	
㉗(25)	Ahmed Fountain	アフメットIII世の泉亭（チェシュメ）	1728
㉘(26)	St. Sophia	アヤソフィア北東の給食所の門	1739
㉙(27)	Gate of Government Office	バーブ・アアーリ、オスマン政府の門	オリジナルは1756
㉚(28)	Museum	博物館、現イスタンブル考古学博物館	1891
㉛(番号なし)	Rumeli Hisar	ルメリヒサール	1452
ラテン・カトリック系キリスト教宗教施設：2件			
㉜(30)	St Georgio 仏国天主教	聖ゲオルギオ教会	オリジナルは16世紀 ＊1
㉝(32)	St. Benoit, in the Monastery of the Lazarists	ラザロの修道院の聖ブノワ教会	1427 ＊2
ビザンチン時代の非宗教施設：1件			
㉞(1)	Galata Tower	ガラタ塔	1348
キリスト教以前のローマ時代遺跡：1件			
㉟(4)	Obelisque	オベリスク	4世紀 ＊3
その他			
㊱		中村商店	
㊲		英国大使館（現英国総領事館）	1845

㊳		ユルドゥズ宮殿	1880落成
㊴		ガラタ橋	
㊵		シルケジ駅	1890
㊶		ハイダルパシャ駅	忠太が使用した駅舎は1878、現在の建物は1909
㊷		ロバートカレッジ(現ボアジチ大学)	1863設立

＊1　忠太は仏国天主教と書いているが、ギリシャ正教総本山の誤り
＊2　ラテン・カトリック修道院・教会。ジェノヴァ出身者が設立、17世紀頃からマルセイユ出身者中心のフランス系、忠太の書く「仏国天主教」とはこちらの方だろう
＊3　オベリスクはエジプト第18王朝(紀元前15世紀)のトトメスIII世時代のもの。ローマ帝国皇帝のテオドシウス1世が4世紀にイスタンブルに建立した

伊東忠太がオスマン帝国で見た建築一覧

- 以下の表は伊東忠太がオスマン帝国各地で見て野帳に記録した建築物の一覧である
- 原則、忠太が野帳に記録したリストの順に列記し、施設名および建設年には適宜注釈を加えた
- 野帳に記録されている順序と内容を反映しているため、国名や都市名が複数ページに重複して掲出されている
- 施設名（カナ）は、現地での呼称に準じている（例：Medrese［メドレセ：トルコ語、マドラサ：アラビア語］）
- 建設年は原則完成年を表記し、イスラム暦で記録されている年号を西暦に換算、その際複数年にまたがる場合は、スラッシュを入れて表記（例：1427/1428）、建設期間が複数年にわたる場合は、ハイフンを入れて表記（例：1076-1078）

No	忠太が記録したリスト	施設名	建設年（西暦）
トルコ			
ブルサ			
1	Ghazi Hungiar (Chekirge Djami) Sultan Murat I. Türbe	ヒューダベンディギャール・ジャーミイと墓	1385
2	Sultan's Türbe (near Murad II's Mosque)	ムラーディエ墓地、メドレセ（イスラム神学校）	1426
3	Murad's II.'s Mosque	ムラーディエ・ジャーミイ	
4	Osman's Tomb	オスマン・ガーズィの墓とメドレセ（イスラム神学校）	オリジナル 建設年不明、 現建物は1863年
5	Ulu Djami	ウル・ジャーミイ	1402
6	Sultan Orchan's mosque	オルハン・ガーズィ・ジャーミイ	1340
7	Yeshil Türbe	イェシル・トゥルベ（緑の墓廟）	1421
8	Jashil Djami	イェシル・ジャーミ	1421
9	Bayesid Mosque	ユルドゥルム・ベヤジット・ジャーミイ	1395
10	Murad II Mosque, medrese	ムラーディエ・ジャーミイとメドレセ（イスラム神学校） ※no.2,3と重複	1426
アンカラ			
1	Augusteum	アウグステウム（アウグストゥス帝神殿）	
2	Hadshi Beiram	ハジ・バイラム・ジャーミイ	1427/1428
3	Citadel	アンカラ城	古代・中世
4	Ala-Uddin's Mosque	スルタン・アラアッディン・ジャーミイ	1236
5	Arslan-Hane	アスランハーネ・ジャーミイと墓廟	12世紀初頭
6	Merli Khane	メフレヴィーハーネ	1566
7	Saboni Mesdjid (Karamük Mesdjid)	サブーニー・ジャーミイ （別名カランルック・ジャーミイ）	14-15世紀
8	Yeshir Akhi Djami	イェシル・アヒー・ジャーミイ	1439年以前
9	Eiyop Mesjid	エユップ・メスジディ	不明
10	Sulu Khane	スル・ハーン	1511
11	Augusteun's Tower	※No.1と重複と思われる	
	Angoraノ民家		

キュタフヤ・エスキシェヒール			
1	Factory of Majolica tile	キュタフヤ タイル製作所	
2	Factory of carpet	絨毯製作所	
3	Yilderim Mosque turbe (Son in law of Sultan Bayezid)	※No.4 ウル・ジャーミイと同一	
4	Ulu Djami	キュタフヤ・ウル・ジャーミイ ※No.3ユルドゥルム・ベヤジット・ハーン・ジャーミイと同一	1401
5	Kalef-i-bala Djami	カレ・イ・バーラー・ジャーミイ (ユカル・カレ・ジャーミイ、ヒサール・ジャーミイ)	1378(忠太1375と記録)
6	Medjidieh Medresse	ヴァジディエ・メドレセシ(イスラム神学校) (現キュタフヤ博物館)	1315(忠太1304と記録)
7	Tchavdry hissar	チャヴダルヒサール(アイザノイ) Çavdarhisar (Aizanoi)	青銅器時代 主要モニュメントはフリギア時代
4	Düyer	デュエル ※(都市名)ページだけが用意してあるが記載なし	フリギア時代
5	Arslankaya	アスランカヤ ※墓室、porch, Lion gate, 穴などを記載	フリギア時代
5a	Ayasin	アヤシン ※墓7例、Roch-cut church8例、家族の墓1例の平面図を記載	フリギア時代
6	Yalup Dagh	ヤプル・ダア(Yapılı Dağı)	フリギア時代
7	Yazlu-Kaya	ヤズル・カヤ(Yazılı Kaya)	フリギア時代
8	Kimbet	キュンベット(Kümbet)	フリギア時代
コンヤ			
1	Türbe Mewlana	メヴラーナの墓	1273以降
2	Mektebe-i-Idadi	メクテビー・イダーディ(高等学校)	1889開校
3	Karatai Medresse	カラタイ・メドレセシ(イスラム神学校) (Karatay Medresesi)	1251
4	Sheikh Sadreddin	サドレッティン・コネヴィ・ジャーミイと墓	1274
5	Alaeddin Mesjid	アラーエッディン・ジャーミイ	1220
6	Sirtscheli Medresse	スルチャル・メドレセシ(イスラム神学校) Sırçalı Medresesi、共和国以降は同名の博物館	1242
7	Sahib-ata-Emerge Djami	サーヒブ・アタ・ジャーミイ	1258、1871再建
8	Indshe Minareli Medresse	インジェ・ミナーレリ・メドレセ(イスラム神学校) İnce Minareli Medresesi	1264
アクシェヒール			
1	Iplik Djhami	イプリクチ・ジャーミイ ※「イプリクチ」は、「糸屋の」の意	1337
2	Tash medresse	タシュ・メドレセシ(石のイスラム神学校、現アクシェヒール博物館)	1250

No	忠太が記録したリスト	施設名	建設年（西暦）
3	Kütchück minaret	アクシェヒール・ギュドゥック・ミナーレ・メスジディ （Akşhir Güdük Minare Mescidi）	1226
4	Said Muhamed's Türbe （Said Muhamed Hairani）	サイード・マフムード・ハイラーニーの墓	1268
5	Ulu Djami	アクシェヒール・ウル・ジャーミイ	1213
6	Imaret Djami	イマーレット・ジャーミイ ※「イマーレット」は給食所の意	1510
7	Türbe Adscha's ?	不明	
8	Nazraddin H	ナスレッディン・ホジャの墓 ※ナスレッディン・ホジャはNo.4と同一人物	不明 1476に修理の記録あり
9	Said meheddin		
	Bazar	市場	
	Armenian Church	アクシェヒール　アルメニア教会	1862
	民家		
アフィヨン・カラヒサール			
1	Imaret Djami	イマーレット・ジャーミイ ※「給食所のモスク」の意	1427
2	Yokari Bazar Mesdjid	ユカル・パザル・メスジディ （Yukarı Pazar Mescidi）※「上市場礼拝所」の意	1264
3	Türbe Sahabaler Sultan （Seldjukische Resteありと称す）	サーヒップレル・スルタンの墓	14世紀
4	2. Km westchish an Route nach Kalaidsik aselmliche resteeines in den felsen gegrabenen phrygish-römischen Temples	フリギア・ローマ時代の神殿	
5	Alte Seldjukishe Festung	直訳は「古いセルチュク時代の城塞」 アフィヨンのカラヒサール（「黒城」）と思われる ※セルチュク朝、オスマン朝時代の遺跡が現存、ヒッタイト時代に遡り年代同定不能	
マニサ			
1	Ulu Djami	マニサ・ウル・ジャーミイ複合施設	1366
2	Ajius Athanasius　(Kirche) Magnesie	マグネシア（マニサ）・アタナシウス教会	不明
3	Muradie	マニサ・ムラーディエ・ジャーミイ	1586
4	Sultan Djami	マニサ・スルタン・ジャーミイ複合施設 ※No.3の一部	1522
	（忠太野帳に記載のマニサ別リスト）		
1	Polat Kare Osman Oglu	マニサ城のことか？	

2	Konak	邸宅	
3	Haus des Scheiks der Derwische	アフィヨン・メヴレヴィーハーネ（マニサ）	1368/1369
4	Von Murad II gebauter chain		
5	Von Murad III (gest 1595) "Provincial Imenhause" & Hospital	no.2に同じか？	
6	Ulu Djami	ウル・ジャーミ　※No.1に同じ	
7	Sultan Djami	マニサ・スルタン・ジャーミイ　※No.4に同じ	
8	Muradie Djami	マニサ・ムラーディエ・ジャーミイ　※No.3に同じ	
9	Ruinen einer Akropolis von römischer Bauast（市の南なるHügelの上に在り）		
ベルガマ			
1	Roman theater	ローマ時代の劇場	
2	Theater	劇場	
3	Circus	円形劇場	
4	Basilika (Roman)	ローマ時代のバシリカ	
	Burg berg von Pergamon	ペルガモンの「城山」	
1	Agora	アゴラ	
2	Wall	城壁	
3	Roman gate	ローマ時代の門	
4	Second gate	第二の門	
5	Agora	アゴラ	
6	Dyonisos Temple	ディオニソス神殿	
7	Zeus Alter	ゼウス神殿	
8	Byzantine Chapel	ビザンチン時代の礼拝堂	
9	Athena Temple	アテナ神殿	
10	Bibliothek	図書館	
11	Königliche Palast	王宮	
12	Julia Temple	ジュリア神殿	
13	Trajaneum	トライヤネウム（トライアヌス神殿）	
14	Theater	劇場	
15	Ionisch Temple	イオニア式神殿	
16	Gymnascium	ギムナジウム	
エフェソス			
1	Theater	劇場	
	Agora	アゴラ	

No	忠太が記録したリスト	施設名	建設年（西暦）
	Temple	神殿	
	Odeon	オデオン	
	Gymnasion	ギムナジウム	
	Artemision	アテナ神殿	
	Selim Djami	セリミエ・ジャーミイ	
	Aquaduct	水道橋	
プリエネ			
15	Priène	プリエネ	
1	Theare	劇場	
	Athena Tmple	アテナ神殿	
	Asklepios	アスクレピオン	
	Gymnasion	ギムナジウム	
	Markt (Agora)	アゴラ	
ミレトス			
16	Miletos	ミレトス	
1	Old mosque （Balad Jami)	イリヤス・ベイ・ジャーミイ（İlyas Bey Camii)	1404
2	Agora	アゴラ	
3	Small Theater	小劇場	
4	Cheshme ?	チェシュメ（泉亭）？	
5	Theater	劇場	
ディディム			
17	Didymoi Temple	ディディム	
	Temple d'Apolin Didyme （After Texier)	ディディムアポロン神殿（シャルル・テクシエの書籍による）	
ギリシャ			
クレタ			
1	Cania	カニア（都市名）	
2	Retimo	レティモ（都市名、現レティムノン）	
3	Candia	カンディア（都市名、イラクリオンのこと）	
4	Knossos （Ruin of palace of King Minos)	クノッソス宮殿	紀元前1700-1400頃
エジプト			
アレクサンドリア			
1	Pompei's Column	ポンペイの柱 ※イタリアのポンペイとは無関係	279
2	Katacombs	カタコンベ	2世紀以降
3	Museum	博物館（現グレコ・ローマン博物館）	

4	Agyptieshe Pantheon	ティカイオン（ティカ神殿） ※ティカ神殿、パンテオンとの議論もある	1世紀末-2世紀初頭
カイロ			
	museum	エジプト博物館（またはエジプト考古学博物館） ※現在のアラビア語名称はal-Mathaf al-Misri（エジプト博物館）。英語名称はEgyptian Museum	
	Pyramids at Giza	ギザ　ピラミッド群	
1	Mohamed Ali	ムハンマド・アリー・モスク	1848
2	Sultan Kalaun	※ムイッズ通りにあるカラーウーンの複合施設のことか？　No.9と重複	
3	Josefs Brunmen	ユースフの井戸 ※ユースフ（サラディンサラーフ・アッディーン）の井戸　サラディンの本名（ユースフ・ブン・アイユーブ）に因む	1193
4	Musque Sultan Hassan	スルタン・ハサン・モスク ※モスク、マドラサ（イスラム神学校）、墓廟からなる	1363
5	Mosque el-Mahmudiyeh	マフムード・パシャのモスク	1568
6	Mosque Rifa'iyeh	リファーイー・モスク	1912
7	Jami'a Ibun Tulun	イブン・トゥールーン・モスク	876 & 1296（忠太は879と記録）
8	Kait Bey	カーイト・バーイのマドラサ（イスラム神学校）か？ ※サビール・クッターブではなく、こちらのマドラサか？	1475
		カーイト・バーイのサビール・クッターブか？	1479
	Arab Museum	※現イスラム芸術博物館にあたる	1858開館
9	Mosque Kalaun (1285)	スルタン・カラーウーンの複合施設（モスク、マドラサ、病院、墓廟）	1285
10	Mosque Mohamed au-Naser	スルタン・ナースィル・ムハンマドのモスク ※マドラサ（イスラム神学校）、墓廟（モスク機能もあり）	1304
11	Barkükiyer (Mosque of Barkuk)	スルタン・バルクークのモスク ※マドラサ（イスラム神学校）、ハーンカー（スーフィーの修行場）、墓廟（モスク機能もあり）	1386
12	Mosque el-Hakim (1003)	ハーキム・モスク	1013
13	Bab-al-Futuh	フトゥーフ門	1087
14	Bab-en-Nasr	ナスル門	1087
15	Mosque ez-Zahir	スルタン・ザーヒル・バイバルス・モスク	1269
16	Mameluken Gräber	マムルークの墓（地区名か？） ※Baedekerによれば「マムルークの墓」地区はシタデルの南の墓地地区で、さまざまな時代の墓がある。現称「南の墓地」の地区を指すと思われる	
17	Bab-ez-Zweher	ズウェイラ門（Bab al-Zuwayla）	1092

No	忠太が記録したリスト	施設名	建設年（西暦）
18	Mosque el-Muaiyad	スルタン・ムアイヤド・シャイフのモスク	1420
19	Mosque el-Fukihani	ファカハーニー・モスク ※「ファカハーニー」は「果物売り」の意。もとはファーティマ朝カリフ、ザーヒルが1149/1148年に建築を命じたとされるが、現在の建物は1735建造	1735
20	El-Ghuri	スルタン・グーリーのマドラサ（イスラム神学校）・墓廟 別名「グーリーヤ」（グーリーの〈建物〉の意）	1505
21	Gami'a el-Azhar	アズハル・モスク	970
22	Kaliefen Gäber Kait Bey	カリフの墓（地区名か？） ※カリフがこの場所に葬られているわけではない	
		Kait Bey→スルタン・カーイト・バーイの複合施設 ※墓廟。マドラサ（イスラム神学校、含むモスク機能）、訪問者滞在用の場所なども含む。ラブウ（スーフィー他訪問者の居住区）やサビールなどもそばに建設	1474
	El-Aschraf	※いくつか可能性があり 特定困難	
	Yusaf	※不明	
	Barkuk	スルタン・ファラジュ・ブン・バルクークの複合施設 ※バルクークの複合施設と言及されることが多いが、実際の建設者はその息子ファラジュ。バルクークとその一族（息子ファラジュほか）の墓あり。ハーンカーと墓廟（モスク機能も含む）	1411
	Bursbay	スルタン・バルスバーイの複合施設 ※マドラサ（イスラム神学校）、ハーンカー、墓廟からなる（モスクの機能も含む）	1432
	Umm el-Ashraf	（ハディージャ・）ウンム・アシュラフの墓廟 ※詳細は不明だが、バルスバーイの母でないかとされる	1440
	Jami'a Amr	アムル・ブン・アル＝アース・モスク ※エジプトおよび北アフリカで初めて建てられたモスク。何度も建て直されている	642
	Coptic Church　コプト教会		
	St.George　聖ジョージ教会	聖ジョージ教会 ※オリジナルはおそらく10世紀、ギリシャ正教会の教会。現在の建物は20世紀初頭の火事で消失後の再建	1909
	St. Maria　聖マリア教会	ハンギング・チャーチもしくは ムアッラカ教会（聖処女教会） ※コプト正教会の教会。1047年に総主教座がアレキサンドリアからここに移され、1300頃まで置かれていた。何度も建て直されている	690?
ルクソール			
	Great Temple at Luksor	ルクソール神殿	紀元前1400

	Karnak	カルナック（神殿複合施設）	エジプト第18王朝 紀元前1300-1500頃
	Temple of Osiris&Opet	オシリス・オペット神殿	紀元前2世紀
	Great Ammon Temple	アムン神殿	紀元前13-14世紀
	Kings Tombs	王家の谷	
	Tomb of Ramses VIth	ラムセス6世の墓	紀元前12世紀
	Tomb of Amenophis II	アメンホテップ二世の墓	紀元前15世紀（忠太メモでは1898）
	Tomb of Seti I	セティ一世の墓	紀元前13世紀
	Der-el-Bahri	デル・エル・バフリー	紀元前15世紀
	Ramesseum	ラムセウム（ラムセス神殿）	紀元前13世紀
	Medinet Habu	メディネット・ハーブー	紀元前12世紀
	Kurna Temple of Seti's I	クルナ（セティ一世の神殿）	紀元前13世紀
	Der-el-Medine	デイル・エル・メディナ村 Deir el-Medina	紀元前16-11世紀に興隆の居住跡
	Memnons Coloss	メムノンの巨像	紀元前14世紀
イスラエル・パレスチナ			
ヤッファ			
	Hotel du Parc 主人私有の博物館		
イェルサレム			
1	Grabes Kirche	聖墳墓教会	335
2	Erlöser Kirche	贖（あがな）いの教会	1898
3	König's Grab	王の墓	1世紀頃
4	Marien Grab	マリアの墓	12世紀
5	Kidron Thab (a)Absalom Grab	キドロンの谷　アブサロムの碑	1世紀
	(b)Jakobs cave	祭司ヘジル家の墓	1世紀頃
	(c)Pyramide des Zacharias	祭司ゼカリヤの墓	1世紀
6	Damascus gate	ダマスカス門	元はローマ時代、現存のものは1537
7	Baumwollengrotte	「綿の洞窟」、ソロモン王の石切場、ゼデキヤの洞窟 Solomon's Quarries	自然物
8	Jeremias grotte	ジェレミアの洞窟、ゼデキアの洞窟、スレイマンの洞窟、王の洞窟、コーラの洞窟　他呼称多数（おそらくNo.7と8は以前は同一物とされた）	伝承によれば2600年前　入口部分は自然物
9	Haram esch-Scherif a. Felien dom	神殿の丘　岩のドーム	690 丘は自然物

No	忠太が記録したリスト	施設名	建設年（西暦）
	b. Cübet-eb es-Silsele	鎖のドーム　Qubbat as-Silsila	691
	c. Entrance Gate (Toran?)	フルダ門（二重門）	
	d. Golden Gate	黄金の門 Bab al-Zahabi	520
	e. Tower	塔（ダヴィデの塔）あるいはイェルサレム城塞	紀元前2世紀 現存の建物は マムルーク朝時代
	f. Mesdjid-el-Aksa	エルアクサ・モスク	705
10	Himmelflahrts Kapelle	昇天教会（イェルサレム）	もとは390頃、 現存の建物は1150 頃
11	Prophetengräber	予言者たちの墓	5-6世紀頃（伝承）
12	Stephan Gate	聖ステファンの門 （別名獅子門、羊門）	現在の建物は 1539
ベツレヘム			
	Geburts Kirche	降誕教会	もとは339、現在 の建物は565
ヨルダン			
アンマン			
1	Theater	ローマ時代の劇場	2世紀
2	Odeon	ローマ時代のオデオン	2世紀
3	Colonade	ヘラクレス神殿か？	2世紀
5	Basilica	バシリカ（教会）	6-7世紀
6	mosque	ウマイヤ朝時代のモスク ※同定不可能	8世紀
7	temple	ウマイヤ朝時代の王宮 （忠太野帳にはササン朝とメモ）	720頃 （忠太のメモでは 612）
8	Aqueduct	ローマ時代の水道橋	2世紀か
マダバ			
	Grecian Church	聖ゲオルギウス教会（マダバ地図）	6世紀
シリア			
ダマスカス			
1	Bab-üs Sarir	東南の門 Bab al-Saghir	
2	Bab-isch-Soherki	東門	
3	Omaiad Mosque	ウマイヤド・モスク（ダマスカス大モスク）	715
4	これに付属する古寺の一部	Qubbat al-Khaznaのことか？	1172

5	medrese im Sük il Chaijatin (Schureiderbazaar) with tomb of Sultan Mür-id-din 今日にてはMedreset in Nurijeと称す	ヌーリエ・マドラサ（イスラム神学校）Madrasa Nuriye	
6	Mauelukien Daber Baibars tomb	ザヒリヤ・マドラサ（イスラム神学校）／図書館とスルタン・アル・ザヒール・バイバルスの墓	1277
7	Kal'a or Citadelle	ダマスカス城塞	1076–1078、1203–1216
8	Private dwelling house	民家	
9	Chan Asad Pasha	アサッド・パシャのハーン	1752
	ダマスカス・ハウラン間の廃墟		
ミスミイェー			
	Missimiye	ミスミイェー Mismiyeh（古代のファエナ Phaena）	
シャフバ			
	Shouhba	シャフバ（Shahba）古代末期のフィリッポポリス	3世紀頃
サティール			
	Satil	アティール（Atil）ローマ時代の神殿が存在	2世紀頃
カナワート			
	Kaunmat	カナワート Qanawat（Kanawat）ハウラン地方最古の居住地のひとつ	紀元前19–20世紀頃
スウェダ			
	Sweda	アル・スウェダ（地名）	
ボスラ			
	Bostra	ボスラ（古代都市）	
ダマスカス			
1	Omayaden Moschee	ウマイヤド・モスク（ダマスカス大モスク）※XページのNo.3と同一	705
2	Triumghobogen der Portal des alter tempels.		
3	Khan Asad Pasha	アサッド・パシャのハーン ※XページのNo.9と同一	1752
4	Bab-wsch-Scherki	ダマスカス東門（バーブ・シャルキー、太陽の門）	3世紀頃
5	Bab-es-Sarîr	ダマスカス小門（バーブ・アル・サギール）、墓地 al Saghir	オリジナルは7世紀
6	City Wall	ダマスカス城壁	基礎は1世紀頃
	木工及金工		

No	忠太が記録したリスト	施設名	建設年（西暦）
7	Khayatin　メドレセ	ハイヤーティーン・マドラサ（イスラム神学校）（Madrasa al-Khavyatin） 別名イスマーイール・バーシャー・アズム・マドラサ ※カヤティン派はイスラム教シーア派の宗教グループ、アラウィの4つの連合の1つ。忠太はカヤティン派の神学校を複数尋ねている。「カヤティン」は「仕立て屋の」の意で、ダマスカスにはシェムシ・パシャにより1553年建造のスーク・カヤティン（仕立て屋の市場）もある	
8	Savoniye Djami	サブニイェー・モスク　Sabuniyeh	1464
9	Sinaniye Djami	アル・シナニエ・モスク	1590/1591
10	Babyahiye Djami	Badraiye Medresesiか？	1257
	Dwelling house	民家	
	House of Asad Pasha	アズム宮殿	1751
レバノン			
ベイルート			
	別に見るべきものなし		
バアルベック			
ホムス			
	トルコ時代の古城	ホムス城か？	12-13世紀（アイユーブ朝）
シリア			
ハマ			
	Mesoud djami		
	Yeni Djami		
	Ashker Djami		
	Djami Sultan	アル・フィダー・モスク（al-Fida）	1326
	Kebir mosque	ハマ大モスク	もとは8世紀、1982破壊、復元
	Djami el-Aaiya		
	Al Kum (village)	ホムス砂漠にある村	
アレッポ			
1	Djami Zakariye	アレッポ大モスク（洗礼者ヨハネの父の家）	もとは8世紀、現存の建物は11-14世紀
2	Djami el-Halawiye	Al-Zawy Al Hilaleyaのことか？	
3	Synagoge	アレッポ中央シナゴーグ	伝承によればもとは10世紀、15世紀に建造1947破壊後大補修

4	Djami el-Kakim	シリア・カトリック教会、 聖アシア・アル・ハケムのことか？	1500
5	Citadel & wall	アレッポ城と城壁	丘は自然物、建造物は中世
6	Mosque attrouche	アトルーシュ・モスク Al-Atroush	1403建設開始
a	Dwelling house	民家	
b	Djami Zakariye	アレッポ大モスク （洗礼者ヨハネの父の家） ※No.1と重複	もとは8世紀、現存の建物は11-14世紀
c	Djami el-Halawiye	Al-Zawy Al Hilaleyaのことか？ ※No.2と重複	
d	Beharamiye Djami	バハラミイェ・モスク	1583
e	Djami el-Kakim	Al-Zawy Al Hilaleyaのことか？ ※No.4と重複	
f	Mosque attrouche	アトルーシュ・モスク Al-Atroush	1403建設開始
g	Chukralla Wekilの家	※現在ベルリンのイスラーム博物館に移築保存	
h	Greek Catholic Church	シリア・カトリック教会のことか？	
i	Synagogue	アレッポ中央シナゴーグ ※No.3と重複	伝承によれば もとは10世紀、15世紀に建造、1947破壊後大補修
j	Citadel & Wall	※No.5と重複	
アンタクヤ途上の遺跡			
	Antakiye途上のRuinの例下の如し		
1	Kasser benet (Közler Kulesi)	カスル・エル・ベネット	ビザンチン時代
2	Sermeda	サルマダ（都市名）Sarmadaローマ時代の墓、聖ダニエル修道院、アンティオキア総主教建設の教会（722年）など	
3	Dana	ダナ（アレッポ・アンタクヤ街道付近の村の名前） ローマ時代のテトラピロンあり	ローマ時代
4	Helb Lagé	アレッポ北東の都市Jubb el Kalbのことか？	
5	Serdjifa	セルジッラ Serjilla（都市名）	ローマ末期ビザンチン初期
6	Der Simboul	Deir Sonbol遺跡　シリア北部世界文化遺産の古村落群。「死の都市」のひとつ	古代～ビザンチン時代
7	Djibel Zewi	ジェベル・ザウィイェー Jebel Zawiyeh、ジェベル・リハ、アレッポ南西の古代都市 ※忠太メモ〈Djebel=mountain〉	紀元前5世紀頃 十字軍時代（11-12世紀）
8	Roueha	ルワイハ Ruwaiha（都市名）	

No	忠太が記録したリスト	施設名	建設年（西暦）
XII	Turmanin	トゥルマニン　480年頃建設のバシリカの廃墟	
XIII	Dana	ダナ（アレッポ・アンタクヤ街道付近の村の名前） ローマ時代のテトラピロンあり ※No.3と重複	ローマ時代
XIV	Der Shan	デル・シャン	
XV	Sermeda	サルマダ　sarmada ※No.2と重複	
XVI	Kasr el-Benet	カスル・エル・ベネット ※No.1と重複	
トルコ			
アンタクヤ			
I	Serai	アンタクヤ城のことか？	紀元前4世紀
2	Armenian Church	アンタクヤには3つのアルメニア教会があり、同定不可能	
3	Agaの家のコレクション		
イスケンデルン			
XVIII	Alexandrette　(Iskenderun)	イスケンデルン（都市名）	
メルシン			
XIX	Mersina	メルシン（都市名）	
	Pompeiopolis	ソーリのポンペイオポリス（都市名）	新石器時代、ヘレニズム時代、ローマ時代など
タルスス			
XX	Tarsus タルスス		
I	Armenian Church	聖ポール教会のことか？	
2	City wall & gate	クレオパトラ門（海の門）	ビザンチン時代
3	Dunuk Tash (Sardanapalus Tomb)	ドヌック・タシュ（Donuk Taş、サルダナパルスの墓） ※サルダナパルスは伝説によればアッシリアの最後の王、7世紀の人。近年の発掘調査でローマ時代の神殿と判明	
4	Water fall	滝 ※忠太メモ「この地方に於ては兎に角奇観なり」	自然物
アダナ			
I	Ulu Jami	アダナ・ウル・ジャーミイ	1541
タルスス			
I	Kilisse Djami	エスキ・キリセ・ジャーミイ、 バイテムル（Baytemur）・ジャーミイ	13-14世紀、モスクとしての使用は1415以降
2	Ulu Jami	タルスス・ウル・ジャーミイ	1579

イヴリズ			
	Hitit Moument at Ivriz	イヴリズのヒッタイト遺跡	鉄器時代-新ヒッタイト 紀元前8世紀頃
カラマン			
1	Hatuniye Medrese	ハートゥニエ・メドレセシ	1381-1382
2	Fort	カラマン城 Karaman Kalesi	11-12世紀
3	City Wall	城壁	
4	Emil Musa Jdami	エミール・ムーサー・メドレセシ ※Emir Musa Medresesiのことと思われる	13世紀頃 （詳細不明）、 1927に破壊
5	Imaret Djami	カラマン・イマーレット・ジャーミイ	1432
エスキシェヒール			
	Mewlahane Djami	エスキシェヒール・メヴレヴィーハーネシ Eskişehir Mevlevihanesi（イスラム神秘主義の修道場）	1521

参考文献

エジプト

Karl Baedeker, Egypt and Sudan: Handbook for Travellers, 7th ed. (Leipzig: Karl Baedeker, 1914)

Massimo Capuani, Christian Egypt: Coptic Art and Monuments through Two Millennia (Cairo: The AUC Press, 2002) Guide Map: Medieval Cairo, 1-4 (Cairo: The Palm Press, 2000-2007)

Caroline Ludwig, Gertrud J.M. van Loon, and Gawdat Gabra, eds., The Churches of Egypt; From the Journey of the Holy Family to the Present Day (Cairo: The AUC Press, 2012)

Bernard O'Kane, The Illustrated Guide to the Museum of Islamic Art in Cairo (Cairo: The AUC Press, 2012)

Caroline Williams, Islamic Monuments in Cairo: The Practical Guide, 6th ed. (Cairo: The AUC Press, 2008)

http://www.sca-egypt.org/eng/MUS_Egyptian_Museum.htm

http://www.sca-egypt.org/eng/MUS_Islamic_Museum.htm

http://patriarchateofalexandria.com/index.php?module=content&cid=002008#prettyPhoto

イスラエル・パレスチナ

Matson, The American Colony Guide-Book to Jerusalem and Environs, Vester & Company, The American Colony Stores, Jerusalem, Palestine, p. 157

ヨルダン

E. Borgia, Jordan Past&Present, Vision S.r.l., Roma, 2001

Burton MecDonald, Russell Adams, Piotr Bienknowski Eds., The Archaeology of Jordan I, Sheffield Academic Press, 2001 p. 431, 440-445

シリア

Hugh Kennedy, The Monuments of Syria: A Guide, Tauris, New York, 2009

https://books.google.com.tr/books?id=z_IBAwAAQBAJ&pg=PA354&lpg=PA354&dq=madrasa+nuriye&source=bl&ots=zN5JUGNpc_&sig=4ZZIL6LxArTohhkFwccr-rTCOeE&hl=en&sa=X&ei=bqa3VKbxGOeY7gbUsoAg&ved=0-CCAQ6AEwAQ#v=onepage&q=madrasa%20nuriye&f=false

レバノン

http://www.syriaphotoguide.com/home/category/aleppocity/

Warwick Ball, Syria: A Historycal and Architectural Guide, Northampton, Massachustts,UK, 1994, 2007.

トルコ

http://www.eskisehirmevlevihanesi.org

http://www.turkiyeermenileripatrikligi.org/site/surp-krikor-lusavoric-ermeni-kilisesi-5-bolge-anadolu/

http://www.mersinkulturturizm.gov.tr/TR,73148/tarsus.html

http://www.karamankultur.gov.tr/kulturMd/sayfaGoster.asp?id=183

【あ】

【 な 】

【 は 】

【 ま 】